政治家のレトリック

言葉と表情が示す心理

木下 健
オフェル・フェルドマン［著］

勁草書房

政治家のレトリック

はしがき

話が上手い人は、他の人とどのような違いがあるのだろうか。政治家の他、コメンテーター、司会者、ビジネスマン、芸能人、お笑い芸人など話が上手い人には共通した特徴がある。それは説得するための話術、つまりレトリック（修辞学）を上手く用いていることである。何気なくテレビを付けた時に、話している人の話が面白くて、つい見てしまった経験もあるだろう。あるいは、他人の話を聞いて、自分もそう思っていた、上手く説明してくれた、納得した、共感したと感じることもあるだろう。本書は政治家が用いる政治的レトリック・話術に焦点を当て、どのようにして人々を説得しているかを明らかにする。本書の研究は、政治を舞台にしているものであるが、実際の生活で役に立つレトリック・話術が多く用いられている。ビジネスでのプレゼン、会議での議論、商談の他、あらゆる人とのコミュニケーションで活用できるものである。本書で紹介する政治的レトリックを応用して、生活に活かすことができれば、他人よりも話が上手くなるだろう。

これまで「腑に落ちた（Make Sense）」と感じる経験をしたことがあるだろうか。人はどのような時に「腑に落ちた」と感じるのか。腑は、はらわた、心の奥底を意味し、心の奥底から納得できた場合に、「腑に落ちた」という感覚を得る。話が上手い人の特徴の一つは、例え話が上手いことである。

私（木下）は過去に「政治はプロレスだ」と言われたことがある。「政治がプロレスである」という例え話に何が含まれているのか。それは、政治には表舞台と表には出てこない裏の舞台があることを意味している。同様の表現として、コインの表と裏という場合もある。実際のプロレスが、真剣勝負をしていないとは断言できないが、観客に見せるパフォーマンス（舞台上での演劇）として行われていることは事実である。政治も同様で、表の国会審議やテレビの討論番組は、パフォーマンスとして行われている。他方で、表舞台以外の場所では、政府与党内でのやり取りや、与野党間の交渉、密室政治とされる次の総裁を派閥の領袖やその他の幹部が決めることなどが行われている。日本の場合は特にそうである。日本の国会では政治プロセスの顔となる社会問題や政治問題についての演説が行われ、両院の日常業務に関する手続きは、通常、本会議での採決によって決定される。しかし、多くの場合、このような採決は、会期前に政党間の交渉で決まっていたことを承認するだけのものである。「密室政治」あるいは「待合政治」と呼ばれるこの交渉は、世間からは遠く離れた場所で、国会対策委員会に所属する各政党（与野党）の代表が集まり、様々な問題についてそれぞれの立場から話し合う。各党の主張をすり合わせ、政府側に対する資料提出要求や参考人招致など、国会での委員会の運営について協議する。テレビカメラや国民の前で率直に意見をぶつけ合うことがないように、代表者たちは日本の伝統的なプロセスである「根回し」を行う。つまり、インフォーマルな交渉を伴う個人的な交流を通じて、公的な委員会などが行われる前に、与野党のメンバー全員の協力関係を築こうとしている。

同様に、国会議員や官僚も、定期的に秘密の裏会議を行っている。法案をスムーズに成立させるために、各省庁の官僚と与党を中心とした有力議員との間で、法案の内容や目的について事前に交渉している。また、特定の法案への支持を得るために、国会議員と政府関係者の間で、法案の提出方法や日程などについて非公式な話し合いが行われることもある。こうしたことを考えたとき、「政治はプロレスだ」という言葉は、真実味を帯びる。他人に納得してもらうため、別のものに例えたり、身近な例を用いたりする手法がよく使われる。

２０１７年10月の衆議院選挙以降、政治状況あるいは、社会状況は大きく変動してきた。２０１２年12月から7年8か月に及ぶ安倍政権は突然の終焉を迎え、安倍政権の後を引き継いだ菅政権は1年の短命政権（在職日数３８４日）となり、終わりを迎えることになった。さらに２０２０年初めから猛威を振るい始めた新型コロナウイルスの影響により、外出の際にマスクは必須となり、従来の行動様式は変更せざるを得なくなった。こうした危機的な状況に対して、知事や市町村長は自治体のトップとして、マスメディアの取材に答え、定例記者会見で住民に対して、新型コロナウイルスへの対応を説明している。そこで、知事たちは「新型コロナウイルスとの戦い」と表現し、あたかも戦時中のような表現を用いて、危機的状況を説明している。ここでも、新型コロナウイルスをどのように位置づけるか、表現するかという話術が用いられている。政治的な話術の上手い知事や市長は評判を上げ、他方で対応が悪いとされる話が下手な知事や市長は評判を下げることになった。

本書の研究は、２０１７年以降のデータを中心としているが、一部に２０１５年のデータも含まれている。その目的は安保法制のときから、今日に至るまでの政治状況を政治討論番組や国会審議のデータを用いて明らかにすることである。本書によって、国民が政治家の話術に惑わされず、客観的に物事を把握し、選挙や世論の表出の際に正しい判断ができるようになることを期待している。加えて、本書には、様々な理論的、概念的、方法論的アプローチが含まれており、さらなる研究の必要性を強調している。また、政治的レトリックの在り方と心理学的なプロセスとメカニズムを解明するために理論、実証、方法論、ケーススタディを深める必要があることを他の研究者に促したいと考えている。

本書が、政治的議論やレトリックの分野に関心を持つ学生や研究者または意識の高い有権者にとって、重要な示唆を与えてくれることを願っている。

目次

序章　コミュニケーションの本質

1　本書の目的

本書は、政治的レトリックがいかに用いられているかを明らかにすることにより、有権者が政治に向き合う際に気を付けるべき視点を獲得することを目指している。政治コミュニケーション論の観点から、政治家の用いるレトリックにより、いかに国民を納得させようとしているかを示すことで、有権者は適度な距離を保ち、物事を判断することが可能になる。人が説得的コミュニケーションを受けた場合に、その物事に対して、どれくらい真剣に考え、反論できるかによって、説得されるかどうかが変わり得る。

まず説得と説得に対する抵抗について概説する。説得とは、ある個人もしくは集団が、別の個人や集団を対象にして、非強制的に相手の態度や行動を変化させる社会的影響の行為として定義される（榊 2002; 深田 2002）。説得を行う側である政治家は視聴者に影響を与えるという意図を持って話す。他方で、説得を受ける側（視聴者）には、自由な選択の余地がある。話し手の背景として重要な要因が専門性であり、説得の目的に関わる専門的な肩書を有することで、効果を持つとされる。一般的には、医師や弁護士といった専門職であれば、社会的信頼性が高いため、聞き手は信用しやすく、説得されやすい傾向がある。また、聞き手側が相手に対して魅力を感じる場合、説得に効果が増す。

説得コミュニケーションとして、ホヴランドらは、エール方式と呼ばれる5つの段階があることを指摘している（Hovland, Janis & Kelly, 1953）。エール方式は、①注意の段階で、聴衆を引きつけることとなる。冗談や興味深い話を語るなどを行う場合もある。②理解の段階で、聞き手が認知的に話し手のメッセージの解釈に参加するプロセスである。この段階で、分かりやすい説明と単純なメッセージが用いられることがある。③受諾の段階では、メッセージが聴衆の態度、信念、意図、行動などの変化を達成することに相当している。④保持の段階では、望ましい行動が取られるように、メッセージが長期間にわたって維持されなければならないことを指す。⑤行動の段階では、説得的なメッセージが要求した具体的な行動の変化がなされる。

また、ペティとカシオッポによる精緻化見込みモデル（Elaboration Likelihood Model of Persuasion）が提示されている（Petty & Cacioppo, 1986）。精緻化見込みモデルとは聞き手の態度変容に関するモデルであり、情報に対して深い思考を伴って検討が加えられる中心ルート思考の場合、態度変容は容易ではないとされる。他方で、受け手がメッセージを処理する能力が十分でない場合、情報の信頼や魅力といった手がかりをもとに推論され、態度変容が起こると考えられる。このルートは周辺思考ルートと呼ばれており、態度は持続的ではないとされる。

心理的リアクタンス理論（Psychological Reactance Theory）は、他者からの説得的な働きかけが、受け手の態度の自由選択への脅威や制限として捉えられると、受け手側に心理的リアクタンスと呼ばれる自由の回復を目指す動機付けの状態が喚起され、説得の意図に反して態度や意見が逆方向に変化するブーメラン効果が起こるとする（Brehm, 1966）。特に、個人が特定の立場に強く関与している場合には、反対の立場を強要されるとリアクタンスが提起され、強く拒否される。

次に、実際に、２０１５年9月19日に成立した安保法制を巡る議論を例として、説得コミュニケーションについて考えてみたい[1]。安保法制を成立させたい政府与党側は、北朝鮮による核ミサイルや中国の軍事力増大といった外部の環境の変化を挙げ、日米安保体制を強化することで抑止力が増し、平和と安定がもたらされることを主張した。他方で、安保法制に反対した民主党を始めとする野党は、憲法違反であること、他国の戦争に巻き込まれる危険があることによって反対した（木下 2017）。安保法制に関して、賛成の立場となるか、反対の立場になるかについては、安全保障政策に関して、タカ派[2]であるか、ハト派であるかというイデオロギーの違いがあるものの、説得コミュニケーションの観点からは、反対派の方に傾きやすくなる。それは、憲法に違反していると主張する立場は、社会的地位の高い憲法学者によって提起されたことが第1の要因である。第2に、憲法違反であるという主張は、有権者に対して脅威として捉えられ、政府が暴走するのではないかという不安をかき立てる。第3に、他国の戦争に巻き込まれるという点は、メッセージの受け手である国民に対して恐怖を与えるものであり、感情に訴えかけるものである[3]。こうした要因によって、安保法制の反対派は動員され、デモ活動が行われた[4]。さらに反対派の動きは、テレビ・新聞やＳＮＳ（ソーシャル・ネットワーク・サービス）を通じて拡散され、信念を共有する幅広い支持者によってさらに加速して広がっていった[5]。

こうした説得に関わる政治コミュニケーションは、安保法制に限ったことではなく、２０１８年の外国人の受け入れに関する「特定技能1号」、「特定技能2号」の創設の際の議論にも見受けられた。また、２０２０年11月の大阪都構想をめぐる住民投票でも同様に、賛成派と反対派から様々なレトリックを駆使したコミュニケーションが行われた。これは２０２１年6月11日に成立した国民投票法の改正についても当てはまり、立憲民主党は有料広告規制を入れるべきとして反対していた。国民投票法の改正については、附則に、施行後3年をめどに憲法改正の賛否を呼びかけるCM規制で必要な措置を講じることを明記することで妥結した。こうした議論は、重要法案に関する議論の際に必ず行われるものであり、賛成側、反対側の双方が世論を味方に付けるため、レトリックを駆使したコミュニケーションを行う。SNSが発達した現代においては、政治家、マスメディアのみならず、個々人が情報の発信者となり、フェイクニュース（fake news）も入り混じるようになってきており、状況は複雑さを増している。

2　政治コミュニケーションと民主主義

政治コミュニケーションと民主主義を考えるにあたり、政治リーダーの役割はこれまで以上に大きくなっていることに留意しなければならない。それは、議院内閣制であっても、首相は大統領制化しているとされ、強いリーダーシップを発揮するようになってきたためである（ポグントケ・ウェブ 2014）。政治の大統領制化の議論は、以下の3つの効果を持つ。第1に、リーダーシップの権力資源が集中することであり、執政府の長は、政府の執政部門に関しては外部からあまり干渉されずに統治を行うことができる。第2に、リーダーシップの自律性の確保であり、執政府の長は、在職期間中は党の圧力から十分に保護され、活動することができる。執政府の長は自律性を有しており、その指導力は有権者へのアピールの成否により左右される。第3に、選挙過程の個人化であり、最高位の公選職に対して当然向けられる関心によってもたらされる。選挙過程の個人化とは、選挙過程のあらゆる側面が筆頭候補の人格によって決定的に形成されることを意味する。大統領制化の議論は、日本を含めて、ドイツ、イギリス、フランス、ベルギー、オーストリア、スウェーデン、イスラエル、ロシア、トルコと多様な国で論じられている（岩崎 2019）。

ロザンヴァロン（2020）によると、普通選挙の実施という第一段階の民主主義から、第二段階の「行使の民主主義」への移行が存在すると指摘されている。行使の民主主義には、理解可能性、統治責任、応答性、真実を語ること、高潔さの５つの側面がある。統治者中心の時代には、政治リーダーの才能や徳性が、判断基準としての役割を果たす。信頼は国民との関係を特徴づけるものであり、その関係はある目的を追求する能力や誠実さ、あるいは共通善への献身をその人物に見出すことができるかどうかによる。政治リーダーには、高潔であることと真実を語ることの２つの資質が求められる。政治リーダーには、強いリーダーシップを発揮することが求められるようになっており、加えて、真実を語ること、高潔さという資質が求められるようになっている。こうした時代の変化は、ポピュリズム（Populism）の台頭とも関係している。

ポピュリズムとは、大衆迎合政治を指し、同質的あるいは対立する社会を想定し、純粋な国民と腐敗したエリートの対立がある場合に起こる（Mudde, 2004）。政治リーダーや政治コミュニケーションは、ポピュリズムを促進するものとして機能することが指摘されている。第1章で紹介するが、フランスの極右政党「国民戦線」のマリーヌ・ル・ペン党首（在職期間：２０１１年1月16日‐２０２１年10月現在現職）、オランダの極右「自由党」のヘルト・ウィルダース党首（在職期間：２００６年２月22日‐２０２１年10月現在現職）、アメリカのドナルド・トランプ大統領（在職期間：２０１７年1月20日‐２０２１年1月20日）、フィリピンのロドリゴ・ドゥテルテ大統領（在職期間：２０１６年6月30日‐２０２１年10月現在現職）など、ポピュリスト（Populist）と指摘される多くの政治リーダーが２０１６年から世界を動かしてきた。こうした強いリーダーが登場するのは、単なる偶然ではなく、時代の要請であり[6]、不確実性が増しているからこそ、国民が求めていると考えられる。

これらのポピュリスト政治家が表れたのと同時期に、イギリスのＥＵ離脱をめぐる国民投票（２０

１６年６月23日に実施）やアメリカ大統領選（２０１６年11月８日に実施）では、フェイクニュースが多く流された。候補者たちの出自、対立候補者のスキャンダル、不公正な運動など、様々なフェイクニュースがあり、これは政治に関連するニュースの需要が高まったことが関係している。インターネット上でのメディアでは、アクセス数に基づく広告収入があり、刺激的なタイトルや刺激的な報道が流通するようになっている。広告収入の獲得を目指し、刺激的なタイトルや内容であれば良いと考える一部の人により、真実ではない情報が出回ることになっている。フェイクニュースは選挙のみならず、民主主義へ悪影響を及ぼし、民主主義の土台を揺るがしかねないものといえる。フェイクニュースの出現はポストトゥルース政治（Post-truth Politics）の到来である。ポストトゥルースとは、「脱真実的な」という意味であり、世論形成にあたって感情への訴えかけや個人の信念よりも客観的事実が影響力を持ちにくい状況を指す（西田 2018）。「政治家は雄弁であるが、人々を代表する存在である以上、誠実であるべき」という伝統的な規範の揺らぎが世界的に見受けられるようになったため、出現した言葉である。つまり、客観的事実は重要視されず、感情に訴えかけるよう工夫された情報が流通し、社会や政治が混乱する時代状況を指している。

ＳＮＳに加えて、ラジオ、ケーブルテレビ、衛星放送とメディアの選択肢が増え、人々は自分の選好に近いものばかりを選択して接する「選択的接触」が見られるようになった（Klapper, 1960）。つまり、保守派は保守的な番組ばかりを見て、保守的な考えを持つ人をフォローし、不快感を抱かないようにしている。[7]他方で、革新派は革新的なメディアや革新的な発言をする人ばかりを選ぶ視聴パターンとなった。[8]こうしたメディアとの接触の仕方の変化は、社会の分極化をもたらし、対立を激化させることに繋がる。偏った情報に接触する人は、情報源の多様性を欠く分、インターネット上の偽情報を信じやすいとされる（Jamieson & Hardy, 2011; 稲増・三浦 2016）。

3　本書の構成と概要

本書は、政治家のコミュニケーションに焦点を当て、いかなるレトリックを用いているか、正解のない質問をされた場合に、どのように答えることが良いか、政治家の表情から何が分かるのかを明らかにしている。ポストトゥルース、フェイクニュース、感情に訴えかけるコミュニケーションが流行する現代社会において、我々はレトリックについて何を知っておくべきか、また政治家から学ぶコミュニケーション戦略があるのではないか。政治的レトリックは他者を説得するために用いられる話術の技法であり、テクニックといえる。また政治家は話す際に、内容に合わせて表情を意図的に変えており、これは非言語の対応として機能している。

また本書では、日本の政治コミュニケーションの文化的側面を明らかにしている。日本のコミュニケーションは、曖昧で間接的であり、遠回しな表現が好まれる。厳しい対立をできる限り減らし、相手の顔を傷つけないような配慮がなされる。しかし、表面的には、対立していないように思われたとしても、実際はインタビュアーとゲストの間で、駆け引きが行われている。こうした駆け引きを通じて、インタビュアーは政治家の本音に迫ろうとするのに対し、政治家はレトリックを駆使して、回答を色鮮やかなものに見えるように装飾している。

本書のデータは、２０１６年5月1日から２０１７年4月30日までの1年間のテレビ討論番組データ（第3章から第7章）、２０１９年4月23日から２０２０年4月22日までの1年間のテレビ討論番組データ（第8章・第9章）、２０１９年の予算委員会データ（第10章）、２０１５年の我が国及び国際社会の平和安全法制に関する特別委員会データ（第11章）を用いており、独自に収集し、コーディングしたオリジナルのデータとなっている。加えて、第6章から第8章では、非言語コミュニケーションを扱っている。非言語コミュニケーションと会話分析を組み合わせた手法は、日本では先駆的研究であり、オランダのノルダス社のフェイスリーダー（Face Reader）を用いて表情を測定している。[9] 表情や行動といった非言語コミュニケーションを用いた研究は、今後AIが進歩するに従い幅広く普及していくものと考えられる。本書の議論は、世界政治学会（International Political Science Association）や国際政治心理学会（International Society of Political Psychology）、アジアネットワーク世論研究学会（Asian Network for Public Opinion Research）といった国際学会で報告し、*Journal of Language and Social Psychology* や *Asian Journal for Public Opinion Research* に掲載された論文を基にしている。また学会においても積極的な議論を起こした。本書の章の一部は、既に発行された論文を基にしたものであるが、執筆にあたり、読みやすさを重視し、方法論や分析結果を大幅に書き直している。方法論や分析結果についての詳細は初出を確認していただきたい。

第1章では、政治的レトリックが何であるかを定義し、政治家の言説と海外の研究を中心に、政治的レトリックの多様な側面と性質を明らかにしている。政治的レトリックは、説得のための技法であり、信念を伝え、聴衆の態度や行動を変化させる効果を持つ。政治家の演説は、文化的、社会的、政治的な環境によって変化するものであり、民主主義国と非民主主義国のレトリックのスタイルには違いがある。

第2章では、政治的レトリックの効果について概説している。まず、メタファー（比喩）および演説のレトリック装置（Rhetorical Devices）を明らかにすることで、聴衆の支持を強化するために用いられる技法を示す。次に政治的レトリックの効果は、不確実な状況において、論理的に伝えることで聴衆の理性に働きかけると同時に、怒りや恐怖の感情に訴えかけるという、両方の側面から働きかけるものである。世界の政治リーダーがどのような政治的レトリックを用いて、世論を動かしたかを示す。以上の第1章と第2章はフェルドマンの研究（Feldman, 2020a, 2021, 2022）に基いている。

第3章では、対人関係を維持する上で重要となるフェイス（Face）の概念に焦点を当て、インタビュアーとインタビュイーの双方にフェイスへの脅威がどのような影響を与えるかを検証している。フェイスへの脅威がある質問は、回答にどの程度影響を与えるのか。また、どっちつかずな回答（equivocation）が、インタビュアーの次の質問にどの程度影響を与えるかを検証している。フェイスへの脅威のある質問は、どっちつかずな回答を招いていることが明らかとなった。加えて、どっちつかずな回答は、次の質問でフェイスへの脅威をより高めることが明らかとなった。ゲストの回答に満足できないインタビュアーは、より厳しい次の質問で不快感を表していることを示唆している。本章はフェルドマンと木下の研究（Feldman & Kinoshita, 2019）に基づいている。

第4章では、国会議員、地方レベル政治家、非政治家は政治インタビューで異なる情報を示しているかを検証している。政治インタビューで話される情報は、(a)政策の根拠となる情報、(b)政党や組織の内部に関する情報、(c)政治過程に関する情報、(d)技術的・専門的な情報、(e)事実、常識、歴史の流れ等に分けられる。与党議員や非政治家はより専門的な情報を提供していることが明らかとなった。5W1Hの質問は、情報を聞き出すために用いられており、ゲストから専門的な情報を引き出すことに役立っている。本章は木下（2019a）に基づいている。

第5章では、政治的レトリックとしての他者の発言とエピソードに焦点を当て、事例より、どのように用いられているかを明らかにしている。他者の発言の引用については、与党議員は自分の発言の補強をするために用いることが多く、他方で野党議員は敵対的な発言と対比するために用いていることがわかった。また、エピソードに関する話をする場合、単に自身の経験談を話し、円滑なインタビューに寄与するものと、エピソードと同時に他者の発言を引用し、批判を行っているものが存在することが明らかとなった。本章は木下（2020a）に基づいている。

第6章では、政治インタビューにおける政治家の表情に焦点をあて、厳しい質問をされたときに政治家はどのような表情を示すかを明らかにしている。政治家は、フェイスへの脅威がある質問をされた場合、悲しい表情をすることが明らかとなった。厳しい質問をされたときに政治家は回答に悩み、下を向いて厳しい表情をして考える。そのため、政治家は悲しい表情を見せることになる。本章はキノシタの研究（Kinoshita, 2020）に基づいている。

第7章は、政治家の表情が回答に影響を与えているかを明らかにしている。悲しげな表情はどっちつかずな回答と関係していることがわかった。他方で、嬉しい表情とどっちつかずは関係している訳ではないという結果であった。ただし、日本人は、重要な問題を議論するとき、本音を隠すために笑顔を見せることがある。また、政治家の恐怖と嫌悪の表情は、質問に対して正面から答えることと関係している。

第8章は、政治家がどのような場面で幸福の表情を示すのかを明らかにし、幸福の表情と質問との関係、答えない場合のレトリックとして幸福の表情が用いられているかを事例から検証している。幸福の表情は、嬉しいといった感情を伴うもの、その場を和ませるもの、何らかの気持ちを隠すものの3つに分類でき、その場を和ませるために用いられていたケースが6ケースで最も多かった。幸福の表情を示すことが適切ではないと考えられる場面においても幸福の表情が示されており、質問に答えない場面で用いる幸福の表情は日本文化によるものと考えられる。そして、幸福の表情は必ずしも質問に答えない場合に示す訳ではないことが明らかとなった。本章は木下（2021）に基づいている。

第9章では、政治家のコミュニケーション戦略を歪めているのは何かを明らかにしている。政治家のコミュニケーション戦略の一つとして、引用に焦点を当てている。政治家は、総理大臣や閣僚、新聞記者、官僚、他の政治家、対立候補などの他人の意見を引用したり、紹介することを頻繁に行う。政治家は常に、国民や有権者に自分の見方を共有し、自分の政策提案を受け入れてもらい、自分の信念や戦略を支持してもらうことを狙って話している。他者の発言の引用は、自分の視点や考えが、すでに評価されている他の人と同じ見方をしており、受け入れられていることを聴衆に示し、説得するための証拠として用いられる。この政治家のコミュニケーション戦略を歪めるものとして、フェイスへの脅威が存在していることを明らかにしている。

第10章では、予算委員会の質疑を対象に、国会議員が誰の意見を多く、国会で引用しているかを検証している。質疑によって、質疑者の利害関係者が誰であり、誰の利益を代弁しているかを知る手がかりとなる。小選挙区選出の議員と比例代表選出の議員では異なる利益を考慮しており、公共的利益を代弁しているのか、それとも個別的利益を代弁しているのか異なる可能性がある。分析の結果、小選挙区選出議員は、選挙区・比例区選出の議員より他者の声の引用を多く行うこと、およびメディア・世論・国民の声を引用することを示している。この結果は、小選挙区選出議員が「国民代表である」という理念に従って、議会で質疑を行っていることを示すものである。本章は木下（2020b）に基づいている。

第11章では、野党が内閣提出法案に対して対案を提出した場合の対抗型審議が建設的な議論を促すかどうかを検証している。所属政党への質疑・答弁は、公共の利益を考慮するように発言すること、また所属政党への質疑は、答弁に理屈・根拠があることを示すものとなることを検証している。国会での質疑のみならず、あらゆる会議において、自分の考えに近い人からの質問は、自分の主張に根拠が増すことに繋がる。本章は木下（2019b）に基づいている。

終章において、政治家が用いる政治的レトリックについての総括を行う。政治家の用いる政治的レトリックには、メタファー、皮肉、ほのめかし、慎重なぼかし、象徴（シンボル）の使用など多様な種類が存在し、それらが組み合わされて用いられており、単純に理解し、把握することが難しい状況となっている。こうした政治的レトリックを駆使した話し方は、相手を説得することに役立ち、支持者を増やすことに繋がる。しかし、レトリックの多用は、一長一短であり、じっくり考慮すれば、分かりにくい、立場が明確になっていないと後で認識されることもある。我々、有権者は政治家の話し方の特徴を知った上で、レトリックを認識しておかなければ、惑わされてしまうことになる。また、こうしたテクニックを知っておけば、自分が話をする際に、相手に興味を持ってもらうことができ、相手から承諾を得る可能性も増える。

第1章　政治的レトリックとは

1　社会を支配する者とは

オックスフォード辞典によると、レトリック（修辞学）とは、効果的で説得力のある話し方や書き方の技法を指し、特に演説の形態やその他の構成技法を利用した技術を指す。レトリックは特に他者を説得することを意図しており、狭義には信念の伝達や行動の促進を指す一方で、広義には聴衆の心理に何らかの効果をもたらすことである。政治的レトリックとは、言葉を最大限に利用して、話し手の政治的な見方を聴衆に浸透させることである。政治的レトリックは、政治過程における説得の役割を果たし、政治家、官僚、利益団体のメンバーなどのアクターが公開討論会や日常の政治的な議論において説得力のある議論を構築するために用いる戦略である[1]。レトリックは、理性と感性の双方に働きかけるものであり、理性に対しては、論理に基づいた知識を作り、不確実性が高い政治的な状況への特定の見方を提示し、現実の認識を構成することに働きかける。他方で、感性に対しては、同情、怒り、恐怖などの感情を呼び起こし、人々の政治的態度や行動に働きかける。政治的レトリックは政治心理学の中核となっている。

実際、政治的レトリックという言葉は、ここ数年でかなり頻繁に出てくるようになってきた。特に、反エリート主義、反移民、反イスラムのポピュリストのリーダーが増えていることを考慮すると、政治リーダーは熟練した雄弁家であり、直接、あるいはツイッター（Twitter）やフェイスブック（Facebook）などのＳＮＳを通じて、人々のニーズを満たす方法で話している。アメリカのトランプ大統領やイスラエルのベンヤミン・ネタニヤフ首相（在職期間：１９９６年６月18日‐１９９９年７月６日、２００９年３月31日‐２０２１年６月13日）をはじめ、ハンガリーのオルバーン・ヴィクトル(2)首相（在職期間：２０１０年５月29日‐２０２１年10月現在現職）、イタリアのジュゼッペ・コンテ首相（在職期間：２０１８年６月１日‐２０２１年２月13日）、ルイジ・ディマイオ副首相（在職期間：２０１８年６月１日‐２０１９年９月５日）、マッテオ・サルヴィーニ副首相（在職期間：２０１８年６月１日‐２０１９年９月５日）、フランスのル・ペン国民戦線党首、オランダのウィルダース自由党党首、イギリスのナイジェル・ファラージイギリス独立党党首（在職期間：２０１０年５月11日‐２０１６年11月28日）など、各国の政治リーダーたちは、言葉巧みな演説によって大衆の支持を集めることができた。さらに、ブラジルのジャイール・ボルソナーロ大統領（在職期間：２０１９年１月１日‐２０２１年10月現在現職）、インドのナレンドラ・モディ首相（在職期間：２０１４年５月26日‐２０２１年10月現在現職）、インドネシアのジョコ・ウィドド大統領（在職期間：２０１４年10月20日‐２０２１年10月現在現職）、フィリピンのドゥテルテ大統領、日本の安倍晋三首相（在職期間：２００６年９月26日‐２００７年９月26日、２０１２年12月26日‐２０２０年９月16日）など、ラテンアメリカや東南アジア、東アジアの指導者たちは、近年の選挙で、特定の問題に焦点を当て、新たな議題を設定するレトリック能力を示した。

広い意味において、政治とレトリック、そして言葉の使用は密接に関係している。政治的な社会は言葉によって構成されている。政治における言葉は、政治的地位を獲得し、政策に関係し、国民の支持を動員するために用いられる不可欠な道具である。政治家や政府関係者を含む政治リーダーたちは、スピーチ、声明、討論、交渉、記者会見、条約などの政治に関する文書を通じて、自分の政治的見解や現状を他者に伝え、政治的アジェンダを形成している。政治的な言葉は、日常的な言葉と切り離して考えることはできず、日常と密接に関係している。使い方や文脈によっては、全ての言葉が政治的な言葉になる可能性がある。政治的な言葉には、政治家、官僚、労働組合の代表、利益団体のメンバー、民族主義的なメッセージを発する宗教指導者など、公共の問題に関わる人々が、政治的な問題に関して、政治的な目的のために使用する言葉が含まれる。政治リーダーの言葉には、文書と話し言葉の両方が含まれており、多くの人々の行動や態度に影響を与える。広義では、政治の本質は話し言葉であり、話し言葉を支配する者が社会を支配する。

このような観点から、政治的レトリックを研究することは、政治がいかに行われているかを知るための主要な手段であり、政治家がどのような言葉を使用するかについての研究である。また、挑戦者である政治家（主に野党議員や野党から支持・推薦を受けた候補者）が政治キャンペーンや既存の制度に立ち向かうためにどのように言葉を操るかについて、多くの示唆が得られる。このように、レトリックと政治を交差させる学問は、選挙研究だけでなく、あらゆる形態の説得が含まれる。

2　政治的レトリックの歴史

政治的レトリックの研究は、アリストテレスの研究にさかのぼる。アリストテレスは、人の心を動かすには、ロゴス（論理的な訴え）、エトス（話し手の信頼・地位が認められていることによる訴え）[3]、パトス（感情的な訴え）の力が必要であることを最初に指摘した（Aristotle, 2004）[4]。哲学者、政治理論家、レトリック研究者たちは、ここ数世紀の間に、政治的な言葉を研究してきた。ここ数十年、政治的レトリックの研究への関心は劇的に高まっている。レトリックの研究は、議会での討論、政治インタビュー、選挙キャンペーンなど、様々な分野で行われている。また、メタファーやレトリック装置など、話し方の特徴に焦点を当て、言語学、政治学、心理学、歴史学、行動経済学など、様々な分野で活用されている。公共の場における説得の役割についてのレトリックの研究は、最近では演説に限らず、広告、漫画、自伝、写真、テレビ、ニュース、インターネットなどの様々な種類の媒体で用いられている。

第1章および第2章では、政治家の言説と海外の研究を中心に、政治的レトリックの側面を性質と効果の2つの分野に分けて紹介する。第1章では、政治家の用いるレトリックの性質について焦点を当て、レトリックの性質を内容と文化に応じたレトリックスタイルの2つのカテゴリに分けて論じる。第1章では、世界の政治リーダーが用いたレトリックを紹介し、聴衆を魅了するために過激な言葉を用いていたことを示す。加えて、政治的レトリックとしてのメタファーが政治家やメディアによって、どのように用いられているかを示す。第2章では政治的レトリックの効果を中心に論じる。

3　政治家の用いるレトリックの性質

政治家は、リーダーとしての資質、交渉術、同僚や官僚と効果的な関係を保つ能力に加えて、効果的なコミュニケーションができるだけのレトリックスキルを持っていることを示さなければならない。20世紀以降、アメリカの大統領職は「レトリカルプレジデンシー」[5]と呼ばれるようになった。この言葉は、「修辞=行動」という、公の場での言説に大きく依存したリーダーシップのスタイルを表すものである。アメリカの大統領がレトリックを用いてきた理由の一つは、制度的なものである。大統領を抑制するためのチェックアンドバランスが憲法に定められている政治システムの中で、レトリックは時折その制限を解く方法として機能してきた[6]。大統領は、自分たちのプログラムを阻止しようとする議会にしばしば直面するが、レトリックを通じて、議会を超えて国民と直接つながることができる。大統領は、アメリカの良き政府に必要な法律を通そうとしない議会という共通の敵との戦いに、国民を効果的に動員することができる（Tulis, 1987）。その一方で、国民は、政治指導者の最も重要な特徴として、レトリック、弁舌を考慮するようになり、大統領を行動よりも言葉で判断するようになった。セオドア・ルーズベルト（1901年9月14日‐1909年3月4日アメリカ大統領）、ジョン・F・ケネディ（1961年1月20日‐1963年11月22日アメリカ大統領）、ロナルド・レーガン（1981年1月20日‐1989年1月20日アメリカ大統領）、バラク・オバマ（2009年1月20日‐2017年1月20日アメリカ大統領）など、過去に成功したアメリカ大統領は、レトリックに長けていることで知られている。反対に、感動を与えられなかったといわれている大統領は、レトリックを用いる能力が最も低いと考えられている（Kiewe, 1998）。このような状況は、政治家が国民に適切な考えを伝えるために適切な言葉を選択する技術、またはその欠如が、政治家としてのキャリアを左右するという点で、アメリカのみならず他国の状況と同じといえる。

　政治リーダーは様々な修辞的な責任や役割を持ち、公の場に出ることで国民を正しい方向に導くことが期待されている。グルーブは、過去50年間のイギリス、カナダ、ニュージーランド、オーストラリアの首相のスピーチをもとに、首相がスピーチを通じて演じる議会外の修辞的役割を6つのタイプに分類した（Grube, 2013）。第1は世界のリーダーであり、首相は国際舞台で発言し、支持や模倣に値する他国の行動を明らかにし、2つ以上の国がどのような特徴や利益を共有しているか、あるいはどのような点でお互いに異なっているかを修辞的に説明することである。第2は党首としての役割であり、現在の政策が党の主張する価値観とどのように関連しているかを修辞的に説明し、党が政権をとって行っていることと、他の政党が行うであろうこと、あるいは最後に政権をとっていたときに行っていたこととを区別して説明することである。第3は、地元のメンバーとしての役割であり、首相は、自分の地元の有権者に愛着を持ち、有権者の福祉の向上に関心を持っていることを有権者に綺麗に伝えなければならない。第4は政策提言者としての役割であり、首相は、政策決定の際にストーリーを構築し、政策決定を説得的に説明しなければならない。第5は、国家の代表としての役割であり、修辞的なフレームを用いて、国民が悲劇や喪失を理解することを促し、国に貢献した国民の功績を称えるために、レトリックを用いる。第6は、関係を構築する役割であり、首相は特定の社会的・経済的グループの国家への貢献を賞賛し、特定のグループの利益が政府の推進する政策の方向性と一致することを説明しなければならない。

政治家はこのような修辞的役割において、スピーチ、アピール、主張の内容とスタイル（タイミング）の両方を決定する。政治家の演説は、1つの特定のトピックに焦点を当てることもあれば、異なる選択された問題について語ることもある。また、政治家の言葉は、メタファーやスローガンなどの強力なレトリックを使って、本音を明らかにする直接的なアピールをすることもあれば、自分の意見を暗示するような曖昧な言葉を使うこともある。

4　世界の政治リーダーによる政治的レトリック

政治家やスピーチライターが、特定の時と場所で、特定の聴衆に対して、より大きな政治的議題を戦略的に追求するために、特定のレトリックを選択することは、様々な理由や動機がある。政治家は、自分が最も適任で有能であると認識し、成功につながりそうな議題に話を集中させ、専門ではない慣れない議題や、自分の政治課題や公的イメージに悪影響を与えそうな議題は避ける傾向がある。達成困難な政策目標を達成するために、政治家はアメリカ大統領による「危機的レトリック」(7)に代表されるような特殊なレトリックを用いる。危機的レトリックは、状況に緊急性の要素が含まれていることを除けば、日常のレトリックと変わらない。危機的状況とは、社会的、経済的、国際的など様々な種類の問題、出来事、事象を、緊急で、異常で、正常な状態に戻るために迅速な解決を必要としているものとし、通常とは異なる決定や行動を求めるものである。第二次世界大戦以降の大統領の危機的レトリックを調査したところ、大統領は自分が定義した危機を好み、野党やメディア、国民などの他者が定義した危機を嫌うことが明らかになった。大統領が危機の定義を自分でコントロールしているときに政策は上手く進むといえる。現代の大統領制では、危機を政治的な道具として捉え、多種多様な政治的目的のために手段として操ることが知られている（Kiewe, 1998）。

　ラテンアメリカでは、大統領は自らを英雄や積極的な主人公として位置づけている。ラテンアメリカの大統領の言説では、自らを専門家として、究極のチームリーダーとして、そして祖国の救世主として描かれる。大統領は、レトリックを使って、国民や他の全ての政治的アクターの上に自分を配置する。ここでの自己言及は、大統領の言説における重要な要素であり、大統領を主要なアクターとして描き、官僚やコンサルタントのチームと協力して、支援や賞賛を与える役割を果たしている（Montero & Rodriguez-Mora, 1998）。イスラエルの議員は議会（クネセト）の審議（１９８４年から２００６年の間）において、世界や民主主義社会について語る際に、自身に有利なように物事を企めて論じている。アメリカ、ドイツ、フランス、カナダ、イギリスなどの国は、国際的影響力（エネルギー消費量、鉄鋼生産量、軍事費など６種類の変数を統合）で上位にランクされている国であり、国内問題に関する立法の審議において、自国の国際的影響力が言及される回数が多い（Shenhav et al, 2012）。

このように大統領や議員は、自らを主要なアクターとして描き、強い存在感を示そうとする。

　政治家は、様々な問題について自分の考えを示すために、明示的かつ直接的なアピールを行うことや、下品で攻撃的なレトリックを使うこともある。アメリカのトランプ大統領の選挙戦と大統領就任は、暴力的、人種差別的、外国人嫌い、性差別的な言葉を使うことで特徴づけられている。集会やソーシャルメディアでは、ジャーナリストを「国民の敵」と呼び、女性を侮辱し（「ヒラリー・クリントンは夫を満足させられないのに、どうしてアメリカを満足させられると思うのか」）、書類を持たずにアメリカに来たメキシコ人に「麻薬の売人」、「犯罪者」、「強姦魔」というレッテルを貼り、移民を貶めた。トランプ大統領は、伝統的な大統領選挙の規範から逸脱した候補者であった。逸脱している点として、礼儀、尊厳、自制心、知識などが含まれる。代わりに、攻撃性、操作性、粗野さ、下品さを示した（Krasner, 2020）。過激で激しい言葉を発して有権者に受け入れられたのは、トランプ大統領だけではない。ハンガリーのオルバーン首相は、ヨーロッパに押し寄せる不法移民とテロリズムの蔓延との間に明確な相関関係があることを示した。彼は、「誰かが中東から大量の不法移民を国に連れて行けば、それはテロリズム、犯罪主義、反ユダヤ主義、同性愛の反対者（homophobia）を受け入れることを意味する」と述べた。

　同様に、ブラジルのボルソナーロ大統領も、その過激な意見によってブラジルのメディアから「熱帯のトランプ」と呼ばれ、暴力的なレトリックを頻繁に使っていた。黒人活動家を「動物」と呼び、「動物園に帰れ」、女性に対して「醜いからレイプしない」、性的指向について「喧嘩も差別もしないが、道でキスしている二人の男を見たら殴る」と発言した。同様に、フィリピンのドゥテルテ大統領も、攻撃的な言動をすることで知られている。ある時は、オバマ前米大統領を「地獄に落ちろ」と言い、トランプ大統領を「偏屈者（bigot）」と呼び、フランシスコ法王を「売春婦の息子（son of a whore)」と言った。麻薬中毒者や、麻薬の売人、ジャーナリストなどを個人的に処刑することについても語っている。また、トルコのレジェップ・タイイップ・エルドアン大統領（在職期間：２０１４年８月28日‐２０２１年10月現在現職）も、イスラム教徒の保護者としてのイメージを強化するために、激しい攻撃的な言葉を使い、反イスラム的な考えを持つ人々（トルコに来る予定のオーストラリア人とニュージーランド人）を「棺桶に入れて送り返す……お前たちの祖父にしたように」と警告した。

５　欧米のリーダーのレトリック

欧米の政治指導者は、国民の態度や政治的支持の変化に応じて、感情的なアピールを選択的かつ多様に展開している。ジョージ・W・ブッシュ（２００１年１月20日‐２００９年１月20日アメリカ大統領）、オバマ、トランプ、デビッド・キャメロン（２０１０年５月11日‐２０１６年７月13日イギリス首相）、ジャスティン・トルドー（２０１５年11月４日‐２０２１年10月現在現職）、ヒラリー・クリントン（２００９年１月21日‐２０１３年２月１日アメリカ国務長官）、テレサ・メイ（２０１６年７月13日‐２０１９年７月24日イギリス首相）のレトリックには、希望、恐怖、怒り、共感などの感情が含まれており、有権者の支持を得ようとする際に、異性の男らしさ、女らしさと異なる概念を動員するジェンダー化されたレトリックを用いた（Johnson, 2020）。オーストラリアのジョン・ハワード首相（在職期間：１９９６年３月11日‐２００７年12月３日）が２００１年から２００７年の６年間に行った27回のテロ関連演説の大半には、恐怖を喚起する内容が含まれていた（De Castella, McGarty, & Musgrove, 2009）。しかし、その発言内容は、時間の経過とともに量や形が変化しており、その背景には政治的な状況の変化がある。ただし、その後のスピーチ（２００３年２月４日、２００４年３月30日）では、伝統的な恐怖訴求の特徴が見られ、聴衆に恐怖を引き起こす可能性が高くなっていた。恐怖に関連した内容は、ハワードが望ましい政策プログラムに対する国民の強い反対を克服しようとしているときに最も顕著に見られた。具体的には、イラク侵攻への準備段階（2003年2月）、政府の支持および「対テロ戦争」への軍事的関与に対する国民の支持が低下しているとき、大規模な抗議行動（2003年6月と7月）のとき、政治的論争が起きているときなどである。また、9月11日の同時多発テロの直後、ハワード政権と「テロとの戦い」の軍事的関与に対する国民の支持がともに過去最高であったときなどは、恐怖を煽るような内容が比較的に少なかった。このように、オーストラリアの指導者による恐怖を喚起するレトリックは、政治的な不確実性や対立の高まり、政府やその政策に対する支持が低下したときに、最も強い恐怖のアピールが選択的に用いられていたのである（De Castella, McGarty, & Musgrove, 2009）。

アメリカのジョージ・W・ブッシュ大統領とイギリスのトニー・ブレア首相（在職期間：1997年5月2日－2007年6月27日）が3年間（2001年から2003年）に行った、テロをテーマにしたテレビやラジオの演説49回（ブッシュ30回、ブレア19回）にも、同様の相関関係が見られた。ブッシュとブレアのスピーチの大部分には、怒りや恐怖の感情が含まれていたが、感情的な内容を含むスピーチの割合は、時間や話し手によって大きく異なっていた。ブッシュやブレアの人気が高かったときには、彼らのレトリックには恐怖の内容はほとんど見られなかった。9・11の後や、大規模な戦闘行為が行われていた時期には、恐ろしい出来事があったにもかかわらず、恐怖についての内容はほとんど見られなかった。一方、イラク戦争に向けて、ブッシュとブレアの支持率が大きく低下すると、イラク侵攻前の両政治家のレトリックには、怒りや恐怖の評価内容が目立つようになっていた。ここでもまた、恐怖や怒りのコンテンツは、政治的な不確実性や対立が高まり、政府やその政策に対する支持が低下しているときに、国民の軍事的関与への支持を促進するために選択的に採用されていたと考えられる（De Castella & McGarty, 2011）。

ドイツの政治的レトリックは、20世紀に何度も激変したドイツの政治システムの影響を受けている。その結果、現在のドイツの政治的言語は「変化」しただけでなく、「逆転」した。多国間協力や多国間機関（多国間主義）におけるドイツの統合に関する外交政策の演説において、東西ドイツ統一前（１９８８‐１９８９年）と統一後（１９９８‐１９９９年）の連邦政府の代表者たちの言説には、実質的な変化が見られた。政治家の演説47回（統一前25回、統一後22回）を分析したバウマンは、統一後の時期に、ドイツの自己利益や国際政治におけるドイツの影響力に言及する発言が劇的に増えたことを指摘している（Baumann, 2002）。ドイツの影響力という考えは、国際的な軍事作戦へのドイツの参加を求める声と頻繁に結びついていた。さらに、１９８８‐１９８９年の演説ではほとんど見られなかった国益（nationalales interesse）や自己利益（eigeninteresse）といった新しい言葉が頻繁に使われるようになったこと、また、統一後に責任（verantwortung）といった既存の言葉が再解釈されるようになったことも、言説の変化を反映している。いずれの場合も、言葉の使い方が突然変わったのではなく、既存の言説と連動して変化していった。レトリックとして用いられる責任という言葉の意味が時代と共に変化した例である。１９８０年代の演説では、責任は主に、ヨーロッパの分離を克服するためのドイツの責任、あるいはより一般的には平和と自由のためのドイツの責任を示すために使われていた。この責任は、通常、ドイツの歴史的遺産と結びつけられ、国際関係におけるドイツの責任の高まりを意味していた。それから10年が経ち、状況は一転した。１９９０年代には、より大きなドイツの責任を求める声や、重大さに基づくドイツのグローバルな責任への言及が支配的となった。１９９０年代の「より大きな責任を負う」とは、国際関係においてより大きな発言力を持つことや、軍事的手段を用いる準備があることを意味している。実際、「責任を負う」は「影響力を行使する」や

「軍事行動に参加する」と同義語になっており、その意味は「権力を行使する」、つまり大幅に異なる外交政策を正当化することに近いものになっている。

ＳＮＳは、ポピュリストの政治家がレトリックを広めるための重要なプラットフォームとなっている。それは、彼らが不信感を抱いている主流メディアを含む腐敗したエリートを回避して、一般の人々と直接関係を築くことができるためである。こうした背景から、オランダの右派ポピュリスト政治家であるウィルダース自由党党首がツイッターで使用したレトリックは、完全な右派ポピュリズムの原型として分類される。彼は、社会的・経済的問題を解決できない腐敗したエリートたちを非難した。また、移民やイスラム教徒、その他の敵対する集団に対する強い外国人嫌いの態度を表明した。アメリカにおけるトランプの言説と同様に、ウィルダースは、一般の人々に嘘をついている偏ったメディアの責任とすることが多かった（Hameleers, 2019）。

６　中国のリーダーのレトリック

中国の政治的レトリックは、特に毛沢東の時代から現在に至るまで、時代とともに変化を繰り返している。毛沢東（１９４９年10月１日‐１９７６年９月９日中華人民共和国最高指導者）時代（１９７０年代）の中国の政治的言説の特徴は、形式化された言葉である。中国共産党の幹部が使用した言語は、制限されたコードであった。それは「正しい」表現で構成されており、「大きくなった大衆」に話し方、ひいては考え方を教えることを目的としていた。毛沢東の死後、鄧小平（１９７８年12月22日‐１９８９年11月９日中華人民共和国最高指導者）、そして江沢民（１９８９年11月９日‐２００２年11月15日中華人民共和国最高指導者）の新しい政治リーダーシップの下で、主観的な表現形式が出現し、形式化された言語は抽象化され、「主張された現実」、つまり人々が認識する現実から切り離されるようになった。また、彼の演説に出てくる言葉の多くは、軍事用語はあっても、経済・技術系の語彙が中心である。また、「科学技術」が強調されているが、これは経済改革プログラムに対して科学技術分野の知識人の支持を得ることが指導部の最大の関心事であることを示している。知識人に対する党の方針に関する江沢民の演説では、毛沢東の名前が消え、「近代化」という言葉が非公式の言葉からほとんど消え、知識人が重視されるように言葉の使い方にも変化が見られた（Marinelli, 2013）。

　これに対し、２０１２年から２０１７年にかけて、中国共産党の中核的政治家である習近平国家主席（２０１２年11月15日‐２０２１年10月現在最高指導者）は、レトリックとして「社会主義」の言葉を多く用いた。習近平は「社会主義」という言葉を頻繁に口にすることで、社会主義を自分の中核的な政治理念として示した。そのため、習近平の政治理念は「新時代の中国的特徴を持つ社会主義に関する習近平思想」と呼ばれている（Wang, 2020）。

　２０１９年に行われた習主席の演説を分析すると、古典と現代の文化的・政治的要素が、いかに訴求され、中国国民の自信を高め、自身と党の指導力に対する国民の信頼を築くために用いられたかが明らかになった。習近平の訴えは、中国が西欧諸国とその周辺国にとって経済的、技術的、軍事的な脅威であるとの認識が高まっていた重要な時期に行われた。孔子、孟子、毛沢東の言葉を引用しなくても、習近平の演説には、人民を第一に考えるという儒教の価値観と、被害者意識、民族主義、より良い生活の約束を特徴とする毛沢東のナショナリズムのレトリックが含まれている。習主席は、「人民第一」、「人民のために」、「偉大な国家」などのスローガンを用いて、自国の貧困をなくすために「厳しい戦い」と表現し、「戦いに勝つ」ために「より強固な基礎を築く」ことを比喩的に宣言した。習近平の演説を分析すると、文化と政治が密接に結びついていることが分かり、政治的な言葉が生み出す力、政治的説得の前提となる文化の力を示している（Lu, 2021）。

7　文化に応じたレトリックスタイル

政治家のスピーチは、文化的、社会的、政治的な環境や、メッセージが生み出され、伝達され、認識される文脈の影響を受ける。社会的・文化的特徴は、ある場所や時間において何を言うことが可能で、何を言うことができないかを決定し、政治的メッセージが異なる政治環境の中で国民に認識され、解釈される際の意味に大きな影響を与える。

民主主義社会の政治リーダーは、他の種類の政権の指導者とは異なるレトリックスタイルを持っている。非民主的な社会では、支配者や政治家は民主的な参加を抑制するために公の場でのスピーチを利用する。独裁者は公の場での演説を通じて、人々が政治的な争いに参加するのを阻止するという目的を達成する。非民主的な支配者は、国民がどちらかの立場に立とうとするかもしれない、政治的争いに国民の注意を引くような発言を避ける。そのため独裁者は、統一された全体としての共同体、外国のライバルがもたらす軍事的脅威、国内の無秩序がもたらす国の統一性への脅威について語ることを好む（Anderson, 1998）。

異なる政治文化と政治的広報活動（Political Public Relations）の伝統なレトリックの使用例として、２０１７年のアメリカのトランプ大統領と２０１８年のロシアのウラディミール・プーチン大統領（２０００年5月7日‐２００８年5月7日、２０１２年5月7日‐２０２１年10月現在現職）による就任演説が挙げられる。言語的および非言語的な観点から、これらの指導者は、望ましい政治的成果を得るために、聴衆の感情を喚起するために、異なる種類の感情と異なる手法を用いた（Gayoso, 2020）。

アラブ世界では、指導者たちは、国内的には生き残り、対外的には外交政策を推進するために、象徴主義、歴史的先例、語彙の関係でイスラム教を多用する。彼らは政治的なスピーチの中で、イスラム教の聖典であるコーランの一節やフレーズを引用することが多い。これらの節は、イスラム教徒が神の言葉とみなす神聖な宗教的文書の一部である。これらの節の話し手と作者は神であり、話し手と聞き手を結びつける特定の関係、すなわち所有と隷属の関係がある。神は所有者であり、人々は神の奴隷であり、神の所有物の一部である。話者の文章は神を信じる者に向けられており、信じる者は完全にその言葉を受け入れなければならない。神を信じる者は、コーランの意味を理解し、それを実践することが求められる。理解の過程で困難に直面した場合には、話者の神の文書に対する聞き手の能力が限られていることが原因となる。神の言葉を少しでも受け入れられない者は、信仰やイスラムの領域から追い出されることになる。そして、敬虔なイスラム教徒は、背教者が信仰者に戻るまで罰する。信仰者でなければ、破門されるかもしれないし、神の言葉に疑問を持つことを主張すれば殺される可能性すらある。いずれの場合も、彼らはイスラム社会から言説的に排除され、背教者や不信心者として扱われることになる（Abdul-Latif, 2011）。

エジプトのアンワル・アッ＝サダト大統領（在職期間：１９７１年9月2日‐１９８１年10月6日）のレトリックには、宗教が大きな役割を果たしていた。彼は、敬虔な信者や宗教学者という一般的な精神的イメージを具現化することで、宗教的言説の意味領域から多くの言葉を用いた。これらの言葉は、大統領在任中のサダトの語彙レパートリーに広く見られ、神の名を繰り返すこと、神の思し召し（Insha'allah）や神の意志に従う（Bimashi'atillah）などの一般的な宗教表現を用いること、サダトの言葉の聞き手を宗教的なムスリムと呼ぶことなどが含まれる。宗教は、サダトのメッセージにおける重要な議論の道具である。サダト大統領は頻繁に行動や結果を神に帰すことにしていた。サダトの言葉は、神は常に我々の側にいて、通常は不信心者と呼ばれる敵に対して我々が行っていることを支持しているとされる。彼のレトリックには、政治的な演説と宗教的な説教というジャンルの相互関係が多く見られる。「最も恵み深く、最も慈悲深い神の名において」（Bismillah Irahman Irahim）で始まり、「兄弟姉妹」や「私の息子や娘たち」といった冒頭の決まり文句（cliché）を使い、コーランの詩や祈りで締めくくる。信仰する指導者（Al-ra’ies Al-mu’min）という称号は、エジプトのメディアでは「サダト大統領」と同義で使われていた（Abdul-Latif, 2011）。

一方、トルコのレジェップ・タイイップ・エルドアン首相は、２００９年1月にダボスで開催された世界経済フォーラムでイスラエルのシモン・ペレス大統領と討論した際、コーランではなく、ユダヤ教の聖書であるタナハ（Tanakh）からの引用を話の中に入れていた。これは、イスラエル政府の軍事行動を批判するために、彼らの行動が自分たちの宗教に反しており、その罪を恥じるべきであるという意味を込めている。討論会でエルドアンは、言葉を強力なツールとして使い、自分の性格を表現した。政治家や外交官のように自分の意見を提示するのではなく、エルドアンは一般的なトルコ人のように感情的に話したのである（Bayram, 2010）。

中国では、政治的レトリックの内容が変化しただけでなく、鄧小平のスタイルや表現パターンにも毛沢東時代からの漸進的な移行が反映されている。それが最高潮に達したのが、江沢民による知識人に対する政治的言説であり、その演説は形式化された言葉の新たなスタイルを示している。江沢民の演説は、スローガンのような、非常に一般的で漠然としたスタイルで、視覚的な関係や自身の経験からの直接的な例は一切なかった。これは、毛沢東の話のスタイルが、長い段落に具体的な例を挙げて、定義と安定性を伝えることを特徴としていた点とは大きく異なっている。しかし、江沢民の話は、それを模倣したかのような鄧小平の話にはるかに近い。それは、鄧小平が知識人を更生させ、その「立派な伝統」、すなわち「国を愛する伝統」、「人民と団結する伝統」、「困難の中で懸命に闘う伝統」を繰り返す思想であった（Marinelli, 2013）。同様に、中国国家主席である習近平のレトリックスタイルは、比喩的な言葉、流行語、古代中国の引用などの使用によって特徴付けられる。習近平はその言語スタイルを通じて、国民からより多くの認知と支持を得ている（Wang, 2020）。

シュルツは、１９８７年のドイツ連邦共和国の選挙戦において、首相のヘルムート・コール（１９８２年10月４日－１９９８年10月27日ドイツ首相）とライバルの社会民主党員ヨハネス・ラウ（１９９９年７月１日－２００４年６月30日ドイツ大統領）（愛称：ブラザー・ジョン）がメディアのインタビューや討論で行った自己呈示戦略のスタイルの違いを明らかにした（Schütz, 2001）。彼女は、自己呈示を３つのカテゴリに分類した。第１は積極的な自己呈示、第２は攻撃的な自己呈示（他人を支配すること、議論をコントロールすること、自分の好きな問題や原因を宣伝すること、他人を悪く見せて自分を良く見せようとする攻撃など）、第３は防御的な自己呈示である。平均すると、コールはラウよりも自己主張が強く、攻撃的な自己呈示をしていた。また、自分こそが真の国民の代表であることを示そうとした。ジャーナリストの質問が批判を含んでいるかどうかにかかわらず、コールはラウよりも攻撃的な自己呈示を頻繁に行っていた。コールはラウよりも、記者の質問や記者をずる賢いと批判したり、議題を変更したり、自分の意見を主張したり、意見の相違を軽視したりすることが多かった。一方、ラウの自己呈示は、批判に対応し、自分の立場をうまく守るための防御的なものであった。また、ラウの自己呈示スタイルには、攻撃的・主張的な要素が欠けており、それはラウが選挙戦で挑戦者としての立場にあるためであった。

政治的なレトリックのスタイルは、社会の文化的な側面が反映されている。例えば、日本では、政治や人事に関する本音は、「表の世界」に入り込むべきではないという常識がある。そのため、日本の政治家の発言は、本音と建前を使い分けている。政治家にとって「本音」と「建前」は、日本の政治のコインの裏表のようなもので、「公開」と「非公開」の違いを表している。本音は、発言者が純粋な考えや意見、判断を開示することである。一方、個人的な感情を表に出さず、公的な立場に限定して慎重に発言することは建前である。このように、政治家は状況に応じて、自分の意見をオープンにしたり、曖昧にしたりする。選挙区内の党員や支持者などの少人数で話すときは、本音を出しやすいという特徴がある。反対に、何百人もの人が集まる党大会や記者会見など、大勢の人の前で話すときには、政治家は流行の言葉を使って自分の政党の公式見解だけを述べる建前を使う。建前は、政治家が政治的に活動を継続するための最も安全な方法といえる。

スタイルの面では、政治リーダーは、政党や政府に関連するキャッチフレーズやスローガンをよく利用する。スローガンは、政治家やその政権の公約や政策を要約したものであり、大統領や首相の提案を簡潔で記憶に残るフレーズと結びつけることで、その提案を受け入れてもらうことを目的としている。自分の提案を受け入れてもらうために、彼らは自分のアイデアを簡潔で記憶に残るフレーズやサウンドバイトと関連付け、「人民」「一般意志」「腐敗したエリート」「自由」「コミットメント」「平和」などの言葉を用いる（Cremonesi, 2019; Hameleers, 2019; Krasner, 2020）。善、革命、福祉、新しい、調和などの言葉を使うことで、スローガンやメタファーは社会で強い感情的反応を引き起こすことができる。

本章で示したように、政治的レトリックの使われ方は、文化によって多様である。コーランやタナハといった聖書を用いて、権威を味方に付けることもあれば、テロや戦争の際に怒りや恐怖の感情に訴えることもある。ポピュリスト政治家は、耳に残るキャッチフレーズや、サウンドを用いて、聴衆の記憶に残るように工夫している。有権者は、こうした性質の違いを踏まえて、政治的レトリックに向き合うことが求められる。

コラム1　地上戦と空中戦、オールドスタイルとニュースタイル

表 1-1　選挙キャンペーンにおける政治家のタイプ

オールドスタイルの政治家	ニュースタイルの政治家
スーツに白い手袋[8]をし，自分の名前を連呼する	ラフな服装を好み，名前を連呼することはない
「清き一票をお願いします」などの選挙運動の決まり文句を用いる	決まり文句は用いない
どぶ板選挙を重視（地上戦）	SNS を重視（空中戦）
支持者の囲い込み強化を重視（ウチ）	無党派層へのアピールを重視（ソト）
組織力を用いた選挙運動（後援会を重視）	組織に頼らない選挙運動（後援会を必要としない）
地方に多い	都市部に多い

コラムでは、政治的レトリックに関する理解を深めるため、様々な角度から政治的レトリックを紹介する。まず、最初に選挙キャンペーンで見られる政治家のタイプの違いを紹介する。選挙キャンペーンにおいて、政治家の戦術は大きく2つの典型的なタイプに分けられる（表1-1）。ただし、この2つのタイプの間にはグラデーションがあり、部分的にオールドスタイル、ニュースタイルを用いる候補者が多い。2016年7月の参議院選挙より、インターネット選挙運動が解禁された。候補者・政党はホームページ、SNS等のウェブやメールを利用して、選挙運動ができるようになった。

オールドタイプの政治家は、握手の数だけ得票が増えると考え、一人でも多くの有権者と握手をして信頼を得ようとする。どぶ板選挙の由来は、民家をまわる際に、民家の前にある側溝（どぶ）を渡り、挨拶回りを行い、握手をすることから来ている。これに対して[9]ニュータイプの政治家は、古い政治のタイプにとらわれない姿勢を示し、インターネットを活用する。2016年の第24回参議院選挙の例から、候補者がどのような選挙キャンペーンを行っていたのかを紹介する。

東京都選挙区は定数６（２０１３年の選挙では定数５であったが1増加）であり、２０１６年参議院選挙の東京選挙区は31名の候補者が立候補する激戦区であった。

オールドタイプの選挙演説の特徴として、以下のものが挙げられる。①組織力を活かし、有権者の囲い込みを図る。②自分の名前を連呼する。③組織のメンバーに動員をかけ、候補者と聴衆の間に一体感をつくる（利益団体が背後に存在する）。④効果的な拍手や声援がある。これらの特徴が当てはまった候補者として、中川雅治（自民党）、竹谷とし子（公明党）、山添拓（共産党）がいた。演説の場にいるスタッフ数および聴衆の数が、これらの人ではやや多いといえる（表１-２）。

他方で、ニュータイプの選挙演説の特徴として、以下のものが挙げられる。①組織力に頼らず、無党派層に訴えかける。②自分の名前は過度に言わない。③候補者と聴衆の間に強い一体感はなく、個人対個人の関係を重視する。④拍手や声援は少ない。これらの特徴が当てはまった候補者として、横粂勝仁（無所属）、浜田和幸（無所属）がいた。

東（2010）は、２００９年の衆議院選挙における自民党野田聖子と民主党馬淵澄夫を比較し、ウチを向いた野田と、ソトに広がる馬淵を区別している。ウチは党員や支持者を意味し、ソトはいまだ態度を決めていない有権者を意味する。つまり、既存の組織で、支持者を囲い込む戦略を採るのか、新しい無党派層へ支持を拡大するのかという戦略の違いが見受けられる。馬淵候補は、学生が短い応援演説を行うことで、既成の伝統的な、利権、しがらみで固められた政治ではなく、新鮮で若々しい、今までにない政治を意味しているとする（東 2010）。

東京都選挙区では、浜田候補の横で手を振る学生や、鈴木候補のビラ配りを手伝う学生、選挙カーを使わずに２人で活動する横粂候補が見受けられ、既成政治に対する反発であると考えられ

表 1-2　2016 年参議院選の東京都選挙区の選挙キャンペーン

候補者名	候補者の支持・推薦	日　付	場　所	演説時間	スタッフの数（人）	聴衆の数（人）
小川敏夫	民進党	6月24日（金）	中野駅（中野区）	34分14秒	20	60
朝日健太郎	自民党	6月25日（土）	上野駅（台東区）	6分18秒	9	10
鈴木達夫	無所属	6月25日（土）	池袋駅（豊島区）	16 分 25 秒	25	19
横粂勝仁	無所属	6月25日（土）	池袋駅（豊島区）	7分4秒	2	5
小林興起	国民怒りの声	6月26日（日）	銀座駅（中央区）	12分59秒	14	23
田中康夫	おおさか維新の会	6月26日（日）	銀座駅（中央区）	10分3秒	17	50
高樹沙耶	新党改革	6月26日（日）	銀座駅（中央区）	4分24秒	3	14
浜田和幸	無所属	6月26日（日）	銀座駅（中央区）	19分2秒	6	20
中川雅治	自民党	6月26日（日）	銀座駅（中央区）	3分2秒	20	50
増山麗奈	社民党	6月26日（日）	有楽町駅（千代田区）	12分11秒	15	20
山添拓	共産党	6月26日（日）	四谷三丁目駅（新宿区）	16分32秒	15	30
竹谷とし子	公明党	6月27日（月）	笹塚駅（渋谷区）	13分35秒	13	120

（注）演説時間については, HP 等の告知を確認の上, 最初から録画して計測した。なお, 応援演説があった場合は，その部分については候補者演説ではないことから，除外している。また，スタッフの数および聴衆の数については、視認できた数を演説開始前と終了後に数えているか、おおよその数である。単なる通行人については数から除外している。なお、日程の都合上、蓮舫議員の演説を聞きに行くことができなかった。

る。

　選挙キャンペーンは、新たな政治の動きを知る良い機会であり、候補者がどのようにして有権者から支持を得ようとしているのかを知る手がかりとなる。現職候補は、業績をアピールする。他方で、新人候補は、自己の（政党の）政策を訴える。有権者は、候補者が話す内容を吟味し、政策を実行する能力があるか、どのような政治的レトリックを用いて聴衆の一体感[10]を高めているか等を見極めて投票することが求められる。

第2章　政治的レトリックの効果

1　レトリックとしてのメタファー

本章では、政治的レトリックの効果について取り上げ、政治リーダーが、どのように人々の態度や行動に影響を与えるかに焦点を当てる。政治リーダーは意思決定プロセスに影響を与えようとする言葉を用いて、政治の世界を支配してきた。特に記者や報道機関は、報道すべき問題を選択し（ゲートキーピング機能や議題設定機能）[1]、社会的な出来事をどのように解釈し、構成するかを決定することで、ニュースを定義するという重要な役割を担ってきた。これらの機能に加えて、市民の政治的態度や行動、そして人々（政治的社会化[2]の過程にある幼い子供も含む）が政治的世界に対するイメージや認識を構築する方法に影響を与えてきた。本章では、まず政治的レトリックとしてメタファーについて説明し、その後、演説のレトリック装置を紹介し、政治家のレトリックが与えた効果について事例を踏まえて概観する。そして、政治的レトリックが社会に及ぼす影響について論じる。

より効率的にコミュニケーションを図り、政治的な問題を理解しやすくし、最終的に説得力を増すために、政治リーダーは意図的にメタファーを利用することがある。メタファーは、複雑で馴染みのない分野（ターゲット領域：リーダーシップ、選挙、意思決定など）を、より具体的で馴染みのある別の生活領域（ソース領域：家族、スポーツ、健康など）に置き換えて話したり、考えたり、理解したりすることを可能にする。そのため、メタファーは、複雑な政治的出来事や状況を、一般の人にも理解しやすい言葉に置き換えることで、エリートと一般市民の間のコミュニケーションに欠かせない要素となっている（Beer & De Landtsheer, 2004, pp. 15-22）。

自分の政治目標を達成するために、メタファーを使わずに重要なスピーチをすることができる政治家はほとんどいない。例えば、偉大なるコミュニケーターであるロナルド・レーガン大統領は、善と悪の戦いや、アメリカが時を超えて上昇していく様子を描く際に、しばしば宇宙をメタファーとして用いた。また、ソ連を「悪の帝国」と呼び、「スターウォーズの兵器」で対抗する必要があると主張し続けた。ビル・クリントンは、政治の「漂流と行き詰まり」を「再生と改革」に置き換えることや、経済が「再び繁栄する」ことを期待して、「再生」をメタファーとして使っていた。

また、これまでの多くのリーダーと同様に、クリントンは「我々のアメリカの旅」は「続けなければならない」というように、「旅」をメタファーとして使っていた。ジョージ・Ｗ・ブッシュは、道徳的な行動を金融取引と同一視する「道徳的会計」をメタファーとしてよく使った。「テロを支援する全ての政権には、支払われるべき代償がある。そして、それは支払われるだろう」。ここでは、罰は、正義のバランスを正すために対価を支払わなければならないと比喩的に表現されている。ブッシュは通常、アメリカ国家をポジティブで英雄的な言葉で擬人化するが、テロリストはネガティブに擬人化せず、いくつかのスピーチで「寄生虫」と呼んでいた。

そして、オバマは、「アメリカン・ドリーム」を擬人化し、希望という政治的神話を体現し、信じられないほどの説得力を持つ一体感と楽観性を示した。英国のウィンストン・チャーチル（１９４０

年5月10日‐１９４５年7月26日、１９５１年10月26日‐１９５５年4月5日イギリス首相）は、第二次世界大戦中の演説で、いくつかの著名なメタファーを一貫して使用していた。英国をポジティブに（「救いの道しるべ」として）、ナチス・ドイツをネガティブに（「ヒトラーの暗い呪い」と呼んで）擬人化し、英国をヒーロー、ナチス・ドイツをモンスターとして提示することが多かった。彼はしばしば、戦争とその勝利のための闘いを旅のように語った。戦争に勝つことは、勝利を目的とした旅を成功裏に終えることであると彼は解釈していた。

鉄の女と呼ばれたマーガレット・サッチャー（１９７９年5月４日‐１９９０年11月28日イギリス首相）は、保守党とその価値観を肯定的に、労働党とその価値観を社会主義や死と比喩的に表現することで、英国の有権者を効果的に二分した。彼女は、問題を敵として擬人化し、政治を戦いとして提示していた（「失業との戦い」や「インフレとの戦い」と話す）。また、サッチャーは、健康や旅のメタファー（「3回目の選挙での勝利は、はるかに長い旅の途中の中継地点にすぎない」）や、道徳や宗教のメタファーを用いて、特に彼女が不道徳と考える社会主義を批判した。最後に、ブレアは、最も一般的な旅のメタファーを使い、労働党の変革を「変化の旅」や「近代化の旅」と表現した（Charteris-Black, 2011）。

メタファーは、社会的・文化的な文脈とは無関係に存在する訳ではない。様々な形で使用されるメタファーは、特定の歴史的・文化的背景に関連している。日本では、政治的なメタファーの多くは、伝統的な習慣や日本の歴史上の人物や役割に基づいている。例えば、神輿は宗教的な崇拝の対象であり、伝統的な祭りでは、担い手が2本または4本の柱に乗せて運ぶ。また、政治的なメタファーとしては、権力を握るのは担い手であるのに対し、お飾りに過ぎない総理大臣を表す言葉として傀儡人形や傀儡政権が使われる。担い手は、闇将軍（将軍は軍事的指導者）、代官（江戸時代の大名の命令を実行する者）、裏方（歌舞伎の運営スタッフ）、あるいは単にキングメーカーと呼ばれることもある。これらのメタファーはいずれも、無力で優柔不断な政治リーダーが、自分の政権や政治課題をコントロールする権力者に依存している姿を描いている。

異なる政党の議員は、演説や文章の中で異なるメタファーを使用する傾向がある。ウクライナの議会で用いられるレトリックについて、政治家は、メタファーとして神話的思考の要素をより多く使用する傾向があり、より論理的な思考を好む。極右や極左の政治的過激派にとっては、現在の状況は全て危機的なものであり、現状に満足していない。右派も左派も過激派は、現在の政治的言説の意味構造を破壊しようとしており、メタファーはそのための理想的な手段となる。

また、政治的プロセスや社会グループに関する特定のメタファーの使用は、一定ではなく、その時々の政治的、社会的、経済的状況に影響されて変化する。ドイツでは、ジャーナリストや政治家がアルカイダに関する政治的なメタファーを軍事的なものから犯罪組織のものへと変えていった。ハルスとスペンサーは、２００１年以降に起きた３つの大きなテロ事件（２００１年9月11日の同時多発テロ、２００4年3月11日のマドリッド爆破テロ、２００5年7月7日のロンドン爆破テロ）の後、最初の１ヶ月間にビルト（Bild Zeitung）紙に掲載されたテロリズムに関する全ての文書を調査した（Hülsse & Spencer, 2008）。９・11以降の最初の1ヶ月間、アルカイダは西側諸国に軍事的脅威を与える組織として比喩的に描かれた。例えば、テロの実行者は「神風パイロット」であり、彼らの飛行機は「神風兵器」であり、テロ行為は「神風攻撃」と呼ばれていた。このようなテロリストの構築は、「テロリストの軍隊」といった言葉を使うことでさらに強化され、ビンラディンは、アフガニスタンの「軍事基地」から「戦士たち」に「命令」する「トップ・テロリスト」と表現された。９・11以降に用いられた軍事的なメタファーは、アルカイダを合理的で官僚的な軍事組織として構成していたのである。

2004年のマドリッド列車爆破事件以降、軍事的なメタファーはあまり使用されなくなった。アルカイダは、一般的には犯罪組織と呼ばれていた。テロに関与する者として「殺人者」という言葉が使われ、その行為は「大量殺人」や「犯罪者の襲撃」と呼ばれた。政治家やメディアの言説が世論を後押ししたことで、実行犯以外のテロに関与した者も警察や司法制度が追跡できるようになった。それまでは戦争行為として定義されていたテロ行為が、犯罪として処罰されるようになったのである。2005年のロンドン地下鉄爆破事件の後に使われたメタファーは、アルカイダを犯罪組織として対処しようとするマドリードの傾向を裏付けるものである。2005年には、軍事的なメタファーはテロリズムの言説からほとんど排除されていた。この変化は、アルカイダを外部の敵から内部の敵へ、そして合法的なアクターから非合法的なアクターへと変化させた。

犯罪のメタファーへの変化は、ビルト誌のジャーナリストや政治家が意識的にそうしようとしたからではなく、アルカイダを表現するための一般的な方法になったからである。歴史的な理由、すなわち、ドイツはテロ攻撃を直接経験したことや、テロとの戦いもなく、犯罪者のメタファーの方が国民的感情を捉えるのに適していたのである。それは、テロは人々に必ずしも影響を与える訳ではない、常にそこに存在しているという構成である。犯罪は全ての社会に共通する現象であるため、テロリズムを犯罪に例えることで、社会の普通の出来事として扱っている（Hülsse & Spencer, 2008）。

2　演説のレトリック装置

政治リーダーは、聴衆の支持を強化し、また態度を中立から支持に変化させるために、聴衆の一体感を形成しようとする。[3] そのために、聴衆が集団となって是認や親和（拍手、かけ声、同調する笑い、うなずき、微笑みなど）を行うこと、あるいは否認（ブーイング、野次など）を誘うことを目的としてレトリック装置を使用する。アトキンソンは、人々が会話の中で交代する方法になぞらえた「三部作のリスト（Three-part list）[4]」と「対比（Contrast）」（または「アンチテーゼ」）と呼ばれる２つの定型的なレトリック装置を使って、話者と聴衆の対話構造自体の特徴が聴衆の反応を誘うためにどのように使われるかを分析した（Atkinson, 1984）。三部作のリストは、３つの項目からなるリストで、３つ目の項目の前には通常、「そして」や「しかし」が付けられる。これらの接続詞を使うことで、話者が明確に、あるいは明示的に誘わなくても、聴衆は拍手をするタイミングを予測し、予想することができる。

対比は、ある項目とその反対の項目を連続的に並べることであり、対比の第２の部分によって、観客は話の終わりを予測することができる。その後、ヘリテージとグレートバッハは、拍手を誘うための５つのレトリック装置として、パズルの解法（Puzzle-solution）[5]、見出しと誓約[6]（Headline-punchline）、組み合わせ（Combination）、体勢の明確化（Position taking）、追求（Pursuit）を挙げている。パズルの解法では、話者はまず「なぜ不景気か分かりますか」といった何らかのパズルや問題を設定し、次にメッセージの重要な部分であり拍手喝采の対象となるレトリック装置（「政府の政策が愚策だからです」）を提示した（Heritage & Greatbatch, 1986）。見出しと誓約は、構造的には似ているが、パズルの解法よりやや単純である。ここでは、話し手が宣言、誓約、発表を行うことを提案し（例：あなたに言いたいことはこれです）、「それを実行に移します」と宣言する。体勢の明確化は、話し手はまず状態を説明し、次にその説明された状態を、はっきりと賞賛または非難する。これらのレトリック装置は、互いに組み合わせて（コンビネーション）、メッセージの終わりを示し、聴衆は反応するタイミングを知ることができる。また、あるメッセージに聴衆が反応しなかった場合、話し手が積極的に拍手を求めることがある（追撃という）。ヘリテージとグレートバッハが分析した４７６のスピーチでは、全体的な拍手の3分の2以上（68％）が、これら7つのレトリック装置の後に生じていた（以下、7つのレトリック装置を「伝統的レトリック装置」と呼ぶ）。拍手を誘う効果が大きかったのは、「対比」と「三部作のリスト」のレトリック装置であった。

ブルとウェルスは、賞賛の研究において、レトリック装置の誤解によって「招かれざる喝采」が起こりうることを示した（Bull & Wells, 2002）。彼らはさらに、レトリック装置だけでは拍手を誘うには十分ではなく、適切な配置、つまりスピーチに伴う間隔や速度、イントネーション、ジェスチャーの変化などの非言語的な特徴を伴っていなければならないと提案している。最後に、7つの伝統的なレトリック装置に加えて、「冗談（ジョーク）」と「否定的な名付け（ネガティブ・ネーミング）」[7]という2つのレトリック装置を挙げている。これは、対立する他の政党の政治家など、特定の人物を罵倒したり嘲笑したりすることで、聴衆が喝采することを促すものである。

欧米以外の文化でレトリック装置がどの程度使われているかを調べるために、ブルとフェルドマンは、日本で行われた2回の選挙戦（２００５年と２００９年）における選挙演説のレトリック装置の使用に注目した。35人の国会議員候補者が行った74のスピーチを分析した結果、日本では話者の話と聴衆の反応の交代がうまく機能することが示唆された（Bull & Feldman, 2011; Feldman & Bull, 2012）。実際、日本のスピーチでは、話者が通常の会話の参加者のように「あいづち」を要求することから、この相互作用は適切であると考えられる。その一方で、日本の政治家は、聴衆の反応を明らかに誘うような明示的な手法を用いることが多いことがわかった。[8] 日本の政治家は、演説の構造に組み込まれた7つの伝統的なレトリック装置を利用するが、70％以上の反応は、話し手からの明示的な誘いに応じて行われていた。また、日本の選挙演説では、聴衆が提携して反応する（拍手、笑い、声援などの）多様性が見られた。

3　政治家のレトリックの効果

過去数十年の間に政治的レトリックをめぐる論争の一つは、効果の問題に発展している。エドワーズ（Edwards, 1996, p. 214）は、「我々はレトリックの影響についてほとんど十分にわからない上、その重要性を仮定すべきではない」と主張した。この点を説明すると、トランプ大統領、ボルソナーロ大統領、ドゥテルテ大統領、オルバーン首相の人種差別的、性差別的、外国人嫌悪的な暴言の増加と、自国の移民、イスラム教徒、その他のマイノリティに対する暴力の事例との間に関連性があるかについて、明確な結論を出すのは難しい。しかし、一部の政治的レトリックの憎悪は、多くの点で疎外感や無力感を感じている一般市民の心に響いている。エドワーズの主張に対して、メドハーストは、修辞学研究者と社会科学研究者はしばしば異なる研究課題を問うと説明している（Medhurst, 1996）。修辞学研究者は、話の雄弁さ、ソースの意図、修辞的な戦略と意味、議論などの問題に関心があるが、これらはしばしば仮説検証が困難なものである。方法論的にいえば、政治的レトリックの研究者が異なる研究方法と分析を用いる限り、政治的行動におけるレトリックの効果とその意義をどのように測定・評価するかという点で意見の相違が残ることとなる。

この論争に関わらず、政治的レトリックに精通した政治リーダーは、他の政治参加者に影響を与えることを意図して言説を構築し、発信している。政治家は、自分や相手、政治制度や政治プロセスに対する人々の態度やイメージを形成し、国民の議論に影響を与えるために、政治問題の意義をどのように考えているかを有権者に伝え、自分の動機や目的を説明し、自分の活動を正当化する。

歴史上、人々はレトリックによって意識を操作され、お互いに恐ろしい行為を行ってきた。例えば、イスラエルの右翼の指導者たちは、パレスチナ人と和平を結んでイスラエルの土地の一部を返還しようとするラビン首相を「裏切り者」「ナチス」と呼んだ。このような暴言は国民の民意を刺激し、国民の分裂を促した。これによって、右翼によるラビンの暗殺が可能になった（Friedman, 2016）。

4　レトリックが影響を与えた例

政治的レトリックの使用が世論に影響を与えた例は、各国の政治リーダーが用いた言葉や国民の反応から理解することができる。ブラジルでは、２０１４年の大統領選挙の際、有力候補であるジルマ・ルセフ（２０１１年１月１日 - ２０１６年８月31日ブラジル大統領）（労働者党）とアエシオ・ネベス（２０１３年５月18日 - ２０１７年５月18日ブラジル社会民主党党首）が、フェイスブックで感情的で、かつ修辞学的なアピールを行い、対立候補を攻撃した。その結果、このネガティブキャンペーンは、国民の候補者に対する認識に影響を与えた（Joathan & Marques, 2020）。また、フランスでは、２０１５年から２０１７年にかけてのフランス非常事態の際に、フランソワ・オランド大統領（在職期間：２０１２年５月15日 - ２０１７年５月14日）とマニュエル・ヴァルス首相（在職期間：２０１４年３月31日 - ２０１６年12月６日）が表明したレトリックが、フランス国家のアイデンティティの再構築に影響を与えた。このレトリックは、フランス人対テロリストという二分法に基づいて構築され、フランス政府は社会の安全保障の源としての正統性を確保することができた。しかし、この過程はフランスの民主主義を弱体化させ、政治的動員やフランス国民のイスラム教徒に対する見方に大きな影響を与えた（Mendelski, 2020）。

１９９０年代にアルゼンチン、ブラジル、ベネズエラで行われた大統領演説は、特定の政策を正当化し、その政策の妥当性と利益を国民に納得させることを目的としていた（Montero & Rodriguez-

Mora, 1998）。同様に、通常は権威主義的なアラブ世界では、指導者たちは、表現力の強さ、暗示、感情的な連想を呼び起こす用語を使って、国民にイスラム世界の優位性を印象づけ、支持を集めている（Israeli, 1998）。エジプトのサダト大統領の大統領演説は、宗教的な説教のジャンルを利用し、コーランの一節を引用することで、政治と神との間に関連性を持たせた宗教的な演説であった。これにはいくつかの機能があるが、最も重要なのは話し手と聞き手の関係を再定義することであり、結果として聞き手の反応を制限することに繋がった。政治の言語は、宗教の言語と同様に神聖なものとなる。その結果、この政治的言語に対する国民の反応は非常に制限され、異端や無神論者として非難される可能性がある。アラブの歴史の中で、政治家たちは、政治的な批判を威嚇し、政敵の信用を落とすために、このような非難を定期的に行ってきた。このような制限は、発言者の覇権と支配を強化する役割を果たし、最終的には発言者に神の特性を与え、国民を隷属のような状態に飼いならす権威主義的な政治的言説を生み出す（Abdul-Latif, 2011）。

同様に、アメリカでは、トランプ大統領のシンプルなレトリックは、トランプが政治的エリートの一員ではなく、これまでの政治的伝統に縛られていない普通の人間であるという考えを有権者の間で強めた。トランプの下品さと攻撃性がアメリカにある問題を処理するとして、アメリカ国民はトランプ大統領を新しいリーダーとして受け入れた（Krasner, 2020）。

政府の支持が低下しているときに、政治指導者は感情的な訴えを選択的に用いることで、国民の支持を得るための手段とすることができる。このようなアピールは、国民の怒りや恐怖、不安の反応を誘発し、おそらく反対派やメディア、その他のアクターからの政治的な反発を弱め、持続可能な政治的議論の場を狭めてしまう可能性もある。しかし、オーストラリアの首相、アメリカの大統領、イギリスの首相といった欧米の指導者たちが、9・11事件後の数年間に行った演説を調査したところ、感情的な訴えの使用は実証的に証明されなかった。恐怖の表現を含むスピーチが、個々人の危機感を抱かせ、あるいは持続的に高めたという証拠はなかった。ブッシュ大統領のようなリーダーが用いた恐怖のレトリックが、イラク戦争に向けての国民の支持を損ねた可能性もある。紛争中に指導者が自国民を恐怖に陥れようとすることは、倫理的、道徳的、そして軍事的な理由から疑わしいと考えられている（De Castella & McGarty, 2011）。

同様に、オランダでは、右派ポピュリスト政治家であるウィルダースのポピュリズム言説が高い説得力を持っていたとしても、彼のポピュリズム・コミュニケーションが無条件に人々に影響を与えるわけではない。彼のポピュリズム・メッセージは、人々の事前の信念がメッセージと一致したときにのみ、その態度に影響を与えた。つまり、ウィルダースのメッセージは、被害者であり、相対的に恵まれないオランダ市民のグループとの繋がりを感じている人に対してのみ、説得力を持つことがわかった（Hameleers, 2019）。

政治的レトリックに用いられるメタファーの効果については、その美的感覚や世論への影響力を含めて、広く議論されている。メタファーは単なる装飾品や言葉のあやではなく、個人の世界観を形成し、形作り、変化させる強力な説得の手段である。メタファーは、人々の態度を変え、注目をそらし、正当性を強化し、政治グループや政権に肯定的なイメージを与える。その一方で、政敵や敵国、その指導者を否定的に描き、世界を「私たち対彼ら」として捉える意味がある。メタファーは、市民が政治的な出来事を理解するのに役立つだけでなく、社会的・政治的現実を構造化するのにも貢献している。

メタファーは、リーダーの活動や政策を正当化し、国民の支持を得るために使われる。さらに、効果的なメタファーは、リーダーと大衆との関係を促進する。政治指導者は、従来のメタファーを効果的に使用して、自分たちの現実に対する見解を自然で常識的なものとして提示することで、国民が国の政策に異議を唱える可能性を減らしている（Bull & Feldman, 2012）。

２００９年に開催されたダボス会議で、トルコのエルドアン首相（当時）は、態度とアイデンティティの構築を、レトリックを用いて示した。この会議で普通のトルコ人のように話したことで、トルコ社会の大多数とメディアが彼に賞賛を送った。一般的なトルコ人は首相の言葉に共感し、世論調査では80％のトルコ人がエルドアン首相の行動を支持した。社会経済的に地位の高い人たちだけでなく、社会経済的に地位の低い人たちも、ダボス会議のエルドアン首相の演説に大きな関心を示した。この事例は、政治的言説がどのように構築され、影響を受け、人々の態度や認識が、与えられた状況に応じてどのように変化するかを説明している（Bayram, 2010）。

他方で、政治家が使用するレトリック装置は、招かれた聴衆の反応（拍手、笑い、声援）以上の効果は限定的となる。日本の事例では、候補者が当選したかどうかと、投票率の両方で測定した結果、聴衆の反応率や拍手、笑い、歓声の割合が高い話者ほど選挙での成功率が高いという仮説を支持する結果は得られなかった。

話し手が聴衆の反応を誘うことは、聴衆に政治的支持を表明する機会を提供する。聴衆は、候補者とその政党への忠誠心を示すとともに、自分自身の社会的ネットワークと同じ政治グループへの帰属意識を強化することになる。このような観点から、政治的レトリックの役割は、純粋に政治的な説得だけに留まらず、政治的コミュニケーションにおける幅広い機能を再認識する時期にきている。

5　政治的レトリックが及ぼす社会への影響

本章の目的は、政治的レトリックの特定の側面に注目し、特に政治家のレトリックの性質と効果に焦点を当てることであった。レトリックは説得の役割を果たすものである。これには、人々の政治的態度や行動、政治的判断に影響を与えようとする政治的アクターが、説得力のある議論を構築するために用いる戦略も含まれる。このように、政治的レトリックは、国民が政治活動に参加する際の判断に影響を与える。

本章の議論では、主にコミュニケーションのツールとしての政治的言説に焦点を当てた。ツイッターやフェイスブックなどのＳＮＳが社会的に重要な役割を果たすようになった現在でも、政治家が何か重要なことを言いたいときには、必ず最古のコミュニケーション方法である演説に頼ることになる。人を導こうとする人は、聴衆の中でも自分の話を多くの人に伝えてくれる人に向かって話さなければならない。リーダーが成功するためには、有権者を説得し、納得させなければならないためである。説得とは、リーダーが現状を維持するため、あるいは変化をもたらすために用いる手段である。

また、本章では言語的なコミュニケーションに焦点を当てたが、政治過程における説得手段としての非言語的なコミュニケーション（Asano, 2020; Gayoso, 2020 など）や、政治家と一般市民の間をつなぐものとして、文字と口頭の両方で国会議員のメッセージやスタイルを模倣することができる人工的に作られた談話（チャットボット）が果たす役割を軽視できない（Sabag & Lehman-Wilzig, 2020）。

政治家のレトリックは、社会で行われている政治コミュニケーションから切り離されたものとして見るべきではない。政治家は、報道機関、政府関係者、さまざまな社会集団のメンバーなど[9]、他のプレイヤーとともに、国民が政治的現実を認識する際のメディアで報道されるフレームに影響を与えようとしている。そして、自分たちの活動やビジョンに対する国民の共感、理解、支持を求めている。

この点で成功するかどうかは、国民にかかっている。国民は、日常生活で使用する言葉に加えて、政治家の意図したメッセージを独自に解読して再発信することができるため、国民が言説の再生産のプロセス(10)において積極的な役割を果たすことができる限り、政治家のレトリックの効果は限定的なものになる。医療、福祉、生活水準など、国民生活の重要な側面に影響を与える問題について、より多くのプレイヤーが公的な議論に積極的に関与するようになると、多様な人が政治的言語を使用するようになる。公共圏での政治的レトリック使用は、政治心理学の研究者にとって新たな検討課題となる。

コラム2　死んだ魚の握手

政治家が有権者から信頼を得る手段の一つとして握手がある。握手には以下の6つのタイプがある。第1は、指関節一撃［knuckle cruncher］（がっちり握る）タイプであり、このタイプの握手をする人は真面目であるが、神経質でもある。しっかりと握ることで自分の熱意を伝えようとするものの、相手は痛みを感じるだけになってしまう。相手から感受性の鈍い人という印象をもたれてしまう。

第2は、死んだ魚の握手［dead fish handshaker］タイプである。だらっとした、生気のない手を差し出されると、否定的なイメージを持ってしまう。がっちり握るタイプの人も、痛みを与えるが、少なくとも何かを伝えようという意志が感じられる。しかし、死んだ魚の握手タイプの人からは、ぱっとしない暗い印象しか受けない。

第3は、ポンプ型の握手［pumper］タイプである。熱意がこもり過ぎていて、不安になるような握手となる。この握手のタイプをする人は引き時が分からず、時間を稼いでいるだけのように見えてしまう。握った手を元気に上げ下げし続けながら、相手の腕全体まで振り回す。相手は痛みこそ感じないが、何だか馬鹿馬鹿しく思ってしまう。

第４は、衛生型握手［sanitary handshaker］タイプである。この握手のタイプをする人は、手を開いても、指３本か４本をちょっと相手の手に触れただけで、まるで伝染病にでも触ったかのように、さっさと引っ込めてしまう。臆病で弱虫といったイメージを持たれることになる。

第５は、お悔やみ型握手［condolence handshaker］タイプである。親しげに近づいてきて、相手の右手や右腕をとり、抱きかかえるようなことをして握手する。これは御葬式のような場合に望ましい型であるが、わざとらしく不適当な印象を与える。

第６は、適切な握手［proper handshaking］タイプである。適切な握手タイプとはどういうものであろうか。握手の作法でやるべきことは、会いたいと思う人のところに歩みより、しっかりと目と目を合わせ、手を伸ばす。そして熱意をこめて、硬く、手と手を合わせて握手をする。全く知らない人やさほどの知人でもない人に握手を求める場合、「私の名前は何某です」と同時に名乗る。これで「相手の名前を知らない」という他人ではなくなる。挨拶をされた相手はホッとし、改めて自分の名を名乗り、挨拶をした側もホッとできる。

適切な握手は信じられないほど好意的な印象を与える。知識が豊かで、社交性に優れ、リーダーシップの能力があると思われる。優れた握手は人間の魅力と自信を示す、不可欠なコミュニケーションである。硬い握手は、一般的には好ましい印象を与える。それは、気のない握手より外交的で、恥ずかしがらない人と見なされる。握手はまた、尊敬と熟考というイメージを与え、有権者が望む象徴ともなる。適切な握手や愛想のいい身振り手振りがあれば、信頼と友情はつくられる。

政治家は親しみやすい調子で潜在的投票者に手を伸ばし、握手する。ほとんどの場合、この握手を求める仕草に相手が反応することで握手が行われる。握手は軽い会話の後に続くものである。

誰かが親しみをこめて手を伸ばしてくると、それを握り返すのが、常識的な人間の行動といえる。握手は、誰に投票しようか考えている人に「好ましい」という一時的な政治判断の場を作り出す。親しみやすい、身体的な接触は、政治家に対する好ましい印象への扉を開く。握手は触感的で、個人的な接触であるため、さほど強い党派心や問題意識を持っていない有権者（無党派層）は、こうした簡単な接触で判断してしまいがちとなる。政治関心の低い有権者は、政治家から握手を求められ、応じたときに次のようなことを考える可能性がある。

「これが候補者だ、私のために来てくれて、握手してくれて、直接支持を頼んでくれた。この人は自分の人間性を訴えた。自分を私より優れているなどとは思っていない。握手はしっかりとしていた。何かをしてくれる人間かもしれない。本当に色々と日本のことを考える人間かもしれない。他の候補者とは違うのかもしれない。少なくとも私に歩み寄って来てくれたんだ。支持のし甲斐があるかもしれない」

握手とは、もともと古代の儀式から発生したもので、紀元前２８００年頃のエジプトには既にあったとされる。伝承からすると、右手は武器を持つ手であり、右手が剣などを持たずにからっぽであることを示すことで、平和と相手の受け入れを示したとされる。古代に起源があるといっても、握手は現代の社会においても、挨拶としては馴染みがある。普通の付き合いでも、仕事の付き合いでも、握手は重要なものとなる。

仕事の場では、人脈をつくる、誰かと知り合う、雇用されるといったいずれの場合でも握手をすることで話が進む。フォーチュン５００に入るような企業の重役は、資質では似たような候補者がポジションを争った時、握手の上手い方を選ぶ。私たちが人間を判断する場合、ボディ・ランゲージは重要な要素となることがある。握手ほど過小評価されているジェスチャーはない。ビジネスの世界で、会話から接触を始めるというのは問題といえる。良い握手の仕方を学んで実行する方が良い。政治もビジネスも、握手は無視できない重要な要素である。

第3章　フェイスへの脅威の循環

1　フェイスへの脅威とは

フェイスは顔を意味する言葉であるが、「顔を立てる」「顔をつなぐ」「顔に泥を塗る」といったように用いられ、単なる顔を指すだけでなく、地位や名誉、威厳といった社会的地位を指す言葉となっている。本書では、地位や名誉を傷つける可能性がある質問を「フェイスへの脅威」として捉え、政治家のどっちつかずな回答が更なる厳しい質問を招くことを検証する。フェイスの維持は社会的地位、評判、尊厳、名誉などの側面を含み、あらゆる人間関係において重要な問題となる(1)。政治インタビューでは、インタビュアーであるジャーナリストやアナウンサーとインタビューを受ける政治家（または専門家）の双方にとって、いかに体面を保つかが本質的な問題となる。インタビュアーとゲストの目的が異なるにもかかわらず、自分の面子を守りながら、表舞台では視聴者や政治の話をする「背後にいる聴衆」(2)のために、協力し合わなければならない。

一方で、インタビュアーは国民の代弁者として政治家に対峙しなければならない特別な役割を担っている。インタビュアーは、インタビューのために定められたルールと規範(3)に従って、議論のテーマを決定し、ゲストの話の時間を管理し、ゲストの紹介やインタビューセッションの締めくくりなど、特定の儀式的なパターンを遵守する責任がある。また、インタビュアーは質問を投げかけ、ゲストは様々な政策に対する自分の立場や見解を明らかにし、説明することを求められる。その際、インタビュアーは、特定の政治家や特定の政治団体を支持することなく、中立の立場を保つことが求められる。インタビュアーは、視聴者や同僚、会社のことも当然考える。インタビュアーのパフォーマンスの成否、つまりインタビューがどれだけ面白く、注目を集めるかによって、番組の視聴率やインタビュアーの同業者、企業、世間での地位や評判、ひいては将来のキャリアが決まるといっても過言ではない。反対にいえば、質問の設計やインタビュアーの客観性の選択によって、ゲストのフェイスが脅かされるかどうかが決まり、その結果、ゲストが質問に明確に答えるかどうかが決まる。それが政治インタビューの成否を分けるのである。

一方、インタビューされる側の政治家は、視聴者や有権者に好印象を与えなければならない。それは政治家の再選は有権者の支持にかかっているからである。政治インタビューは、政治家が多くの視聴者に直接話すための環境を与えている。すなわち、党のメッセージを伝え、自らのアイデア、アジェンダ、イメージを宣伝・強化するための舞台であり、自らのリーダーシップと誠実さを示すための媒体であり、政敵や挑戦者を攻撃するための表舞台である。しかし、政治インタビュー中の政治家の仕事は、インタビュアーの質問に答えることである。インタビュアーが挑戦的な質問を投げかけ、発言の意図を再確認したり、過去の行動を批判したりすると、質問はゲストのフェイスを脅かす可能性がある。政治家は、自分や政党、連立政党の印象を悪くするような、フェイスを傷つける回答をするリスクに遭遇し、将来の選択行動を制約される可能性がある。その結果、ゲストはインタビューをコントロールしようとする。話の手順を破ったり、回答の前後で意図的に話題を変えたり、議題の焦点をずらしたり、インタビュアーの質問と関係があるかどうかにかかわらず発言を繰り返して質問を無視する。

　このように、インタビュアーとゲストの間の相互作用においては、フェイスが重要な問題となる。両者とも、インタビューの中で、自分の仕事上の目標を達成することを目的としているが、相手に対しては自分の評判、プライド、敬意を守ることを目指す。ゲストがインタビューの質問に答えるかどうかを決定する最も重要な要因は、本質的にフェイスである。コミュニケーション上の葛藤、つまり、質問を投げかけられたときに、どのような回答をしたとしてもゲストにとってマイナスになる可能性がある場合、回答はどっちつかずとなる。その状況は、フェイスに対する脅威という観点から理解することが可能である（Bull et al. 1996）。このような回避－回避の葛藤は、インタビューの性質上、政治家へのインタビューで多く見られる。このような状況下では、インタビュアーは、論争の的になるような微妙な問題や党の分裂を招くような問題を追及する。政治家に対して、イメージを損ねる可能性のある質問を行うことや、有権者の一部の支持を失わせる可能性のある選択肢の中から回答するように圧力をかけることがある（Bavelas et al. 1990, pp. 246-49）。

　質問に対する主要な回答方法の全てがフェイスにダメージを与える可能性がある場合、コミュニケーション上の葛藤が生じる。この考えは、バヴェラスらがどっちつかず理論（Equivocation Theory）の中で提唱したコミュニケーションの葛藤の状況理論（STCC: Situational Theory of Communicative Conflict）に基づいている。コミュニケーションの葛藤の状況理論によると、可能な限り否定的な選択肢となり得る回答を避ける。その代わりに、彼らはどっちつかずな回答をする。

　ブルらは、コミュニケーションの葛藤の状況理論を支持している（Bull et al. 1996）。政治家のどっちつかずは、インタビューでの対立する質問で起こり、対立しない質問に対しては明確に答えていた。

そのため、対立的な質問はどっちつかずへの強い圧力となっている。

本章では、対人関係を維持する上でフェイスの概念が非常に重要となるインタビュー番組において、インタビュアーとゲスト（政治家と非政治家）に対する「フェイスへの脅威」の影響を検証する。フェイスを保つための自然な本能は、文化に深く根ざしている。フェイスという概念には、パフォーマンスや能力、個人の立ち位置、与えられた政党内での影響力、尊厳、信頼性などの意味が含まれている。人前で誰かの意見を否定したり、批判したり、恥をかかせたり、怒らせたりすることは、「面目を失う」ことになる。つまり、日本人が話し手にとっても聞き手にとっても、非常に高いレベルにある自尊心、自己価値、尊厳を失うことになる。このような日本人のフェイスに対する感性は、直接要求したり、拒否したり、批判したりすることを避け、人前で恥をかかせないよう配慮する。日本人は、円滑な対人関係を保つために、行動規範や様々な間接的コミュニケーションの手法（「心の通い合い」「暗黙の了解」「腹の探り合い」などと表現される）を凝らしてきた。

本章では、日本での政治インタビューにおける「フェイスへの脅威」が、インタビュアーとゲストの双方に与える影響を検証することを目的とする。インタビュアーとゲストは対話的な相互作用の中で、言葉を生み出し理解するだけでなく、お互いに敬意を「払う」か「無視する」かの行動と反応をすることでコミュニケーションをとっている。

2　インタビュアーとゲストの相互作用

本章では、インタビュアーの質問に焦点を当て、フェイスに対する脅威を含んだ質問がゲストの回答にどの程度影響を与えるかを明らかにする。そのため、質問に含まれるフェイスへの脅威の度合いを、「全く脅威がない」（フェイスへの脅威がない）ものから、「高いレベルの脅威」（フェイスへの脅威が最も強い）ものの5段階に区別した。次に、質問に対するゲストの回答がインタビュアーの次の質問にどの程度影響するかを測定した。つまり、どっちつかずな回答をした場合、インタビュアーはそれに反感を抱き、より厳しい脅威のある質問をしているかどうかを明らかにする。

本章では次の2点を明らかにする。第1に、インタビューされるゲストは、フェイスを脅かす可能性の高い質問を問題視する傾向がある。そのため、フェイスへの脅威が高い質問の割合が多いと、厳しいインタビュースタイルになる。このようなフェイスを脅かすような質問は、ゲストが身構えてしまい、部分的で不完全な回答をしてしまうという意味で、回答の性質に影響を与える。つまり、回答がどっちつかずになってしまう。

第2に、挑戦的なインタビュアーは、質問に対する完全な回答を生み出すことを通じて、プロとして仕事を成功させたいと考えており、どっちつかずな回答をされると、インタビュアーはゲストに完全な回答を求めるため、フェイスを脅かすよう、より厳しい質問をする。言い換えれば、インタビュアーの質問を無視したどっちつかずな回答は、インタビュアーの評判を落とす可能性があり、インタビュアーは完全な回答を得るために、ゲストのフェイスに対する脅威を強めるより一層厳しい質問を追求する。

「フェイスへの脅威」のアプローチは、政治家（あるいは専門家）とインタビュアーの政治インタビューにおけるパフォーマンスを評価するための手段となる。木下とフェルドマンは、テレビのインタビュー番組でインタビュアーがゲストの政党内での地位や立場に配慮していることを明らかにしている（木下・フェルドマン 2018）。日本ではメディアに対する構造的な規制がないにも関わらず、インタビュー番組中に威圧的な質問をしたり、ゲストと衝突したりすることが少ない。それは社会的な規範があるためである。その結果、インタビューで出された質問のほとんどは、フェイスを脅かすような厳しい質問ではなく、インタビュアーは政治家、非政治家を問わず、比較的友好的で穏やかなコミュニケーションスタイルで接している。

「フェイスへの脅威」に加えて、インタビューの中心となった議題や、質問と回答の相互作用に及ぼす要因について検討する。例えば、インタビュー対象者の属性（国会議員や地方政治家、非政治家など）、テレビ番組、インタビューの質問の種類、質問のされ方などである。この点については、政治家の活動に疑問を投げかけたり、前の回答から踏み込んだ質問が増えたりすると、ゲストのフェイスが脅かされ、結果的にどっちつかずな回答をしてしまう可能性がある（木下・フェルドマン 2018）。

「全く脅威がない」質問の例として、「日本のこころを大切にする党」の党首である中山恭子に質問した田原総一朗のインタビューがある。これは日本人の価値観を反映した憲法に書き換える必要があると主張する中山が、自分の政党の綱領に明記されている問題について質問されているので、質問に全く脅かされず、回答した例である。

田原：もう一つ具体的に聞きます。その中山さんの日本のこころが込められた憲法をつくるべきだと。

中山：そうです。

田原：いまの憲法は、日本のこころは、込められていないんですか。

中山：そうですね。

（2016年7月2日「激論クロスファイア」[4] より）

同様に「全く脅威がない」質問の例として、須田哲夫が行った岸田文雄外務大臣へのアメリカの大統領選挙候補者のトランプについての質問がある。

須田：トランプ氏のファミリーを束ねる強い、その、父親像というものが、ですね、今回の選挙で、アメリカ人の心を動かしたとも言われているんですが、この一家をご覧になって、トランプ氏の魅力、大臣は、どこにあると思いました？

岸田：うん。あの、トランプ氏自身、まぁ、大変エネルギッシュな方ですし、大変個性的な方だというような印象です。えー、それに加えて、まぁ、家族は、選挙期間中、大変重要なアドバイザーとして、活躍をされてきたと言われていますし、家族を大切にする姿。これは、多くの人達に印象的だったんではないか。このように思います。

（2016年11月13日「新報道2001」[5]より）

脅威がある質問として、日本共産党の小池晃中央委員会書記局長・副委員長へのインタビューからの以下の例がある。「3．やや強い脅威」を含むとコード化された質問に続いて、「4．中程度に強い脅威」の質問、さらに「3．やや強い脅威」の質問の3つの連続した質問を取り上げる。議論の中心は自衛隊廃止の可能性であり、小池は共産党の綱領に自衛隊の海外派遣立法の廃止や自衛隊廃止が決められていることを明らかにした。

小池：（省略）海外派遣立法を止め、軍縮の措置をとるというのが、綱領の規定です。その上で、安保廃棄後のアジアの情勢の新しい展開を踏まえつつ、国民の合意で、憲法9条の完全実施。自衛隊の解消に向かっての前進を図る。これが、わたし達の立場で…

反町：これ、何年がかりの計画なんですか？

小池：いや〜、これは、だから、

反町：自衛隊の解消に至るまで。要するに、例えば、今、共産党さん、最近、野党との連携という中でね、いや、民進党さんと組んで、何か、なんか、いつ自衛隊解消するの？ みたいな。

小池：それは、民進党との、いわゆる我々提唱している国民連合政府は、安保条約の廃棄だって、課題には、それは、押し付けない。持ち込まないって言っているわけですから。まだ、この前々段階。

反町：はるか上？

小池：前段階。うん。

（2016年11月10日「プライムニュース」[6]より）

この例で、インタビュアーの反町理は、小池が自衛隊廃止について国民の支持を得られそうにないので正確な時期を明示できないだろうと想定して、党の政策を実行するのに必要な時間について尋ねている。小池が正確な時間を示すことに躊躇していると、インタビュアーは小池の面目を失わせるために、他の政党と協力して自衛隊を解決するにはどのくらいの時間が必要かをさらに尋ねた[7]。小池が野党との連携を重視し「安保条約の破棄は押し付けない」と説明すると、インタビュアーは「はるか上」と実現には時間がかかると結論づけて小池の態度を和らげ、小池は「前段階」と同意した。

同様の例として、「4．中程度に強い脅威」の質問から「5．高いレベルの脅威」へとフェイスへの脅威が強まり、3つ目の質問では「1．全く脅威がない」に緩和されるという例が、自民党の山本拓自民党衆議院議員（自由民主党資源・エネルギー戦略調査会会長）へのインタビューで見られた。このインタビューでは、原子力政策に焦点が当てられている。新潟県にある柏崎刈羽原子力発電所について聞かれた山本は、次のように答えている。

反町：山本さん、いかがですか、新潟刈羽の再稼働に向けてっていうのは、まあ山本さんに政治や行政の再稼働お願いに向けての努力が足りないんですかって聞くのも変ですけれども。

山本：基本的には知事にものすごく権限が依存されていますので、だからやっぱり知事の選挙で負けるか勝てるかと、これはね良い悪いは別にして、それは民意ですから。

反町：え、じゃあもうダメだって、諦めろって言っているように聞こえますよ、新潟は無理だって。

山本：違う、違う、違う、民意ですから。だからそのときの民意。しかし現実的に民主党のときじゃないけど、学べば学ぶほど、分かったと、言ってもらえるように今経産省はじめ、政府は努力しているということだと思います。

反町：民意ってことは、例えば。

山本：その時の民意。

（2016年12月20日「プライムニュース」より）

ここで山本は、政府が原発を再稼働させようとしているにもかかわらず、政府の能力が限られていることについて、まず問われている。この質問は山本の面目を失わせるものであり、彼は政党のエネルギー戦略を担う立場として、政権の評判を守らなければならなかった。そこで彼は、政府は地元の人々の意思を尊重しなければならないと回答した。地元の人々は、原子力発電所に関する政府の方針に反対する知事を選出しており[8]、政府の活動は知事の権限によって制限されている。これに対してインタビュアーは、原発再稼働は諦めざるを得ないと、政府の無力さをほのめかし、山本にさらに高いレベルのフェイスへの脅威のある質問を突きつけた。これに対し、山本は「そのときの民意」と否定した[9]。このような反応を受けて、インタビュアーは質問を、山本が民意をどのように定義しているかというシンプルな質問に変更し、彼のフェイスへの脅威を和らげたが、詳しくは説明せずにどっちつかずな回答で済ませた。

「5．高いレベルの脅威」の質問の例として、内閣官房長官であり、政府のスポークスマンでもある菅義偉の例がある。このインタビューは、83歳の天皇陛下が国民に向けてビデオメッセージを発した5日後に行われた。天皇陛下は、年齢と健康状態の低下により、その役割を続けることが困難であることを明らかにした。菅は皇室問題や天皇の退位について質問され、次のように答えた。

島田敏男：そこで、話のテーマ。大きなテーマに移したいと思います。天皇陛下の国民にお気持ちを表されたのを受けて、安倍総理は、どのようなことができるのか、しっかり考えていかなければいけない、とこう発言をしています。菅官房長官は、陛下の生前退位、譲位ということについて、どのようにお考えでしょう?

菅：あの、これは、わたくしというよりもですね、天皇陛下が、国民の皆さんに、ですね、あのような形で考え方を表明されています。それに対して、総理は、重く受け止めるというお話を、会見でされました。で、総理もですね、そうした指示を受けて、私共とすれば、天皇陛下のご高齢、あるいは、ご公務の負担の問題とかですね、そうした中で、これは、憲法にもしっかり語られている部分もありますけれども、できる、どのようなことができるのか、そしてその実現のためには、どういう処遇が必要なのか、そうしたことをですね、いま整理を致しています。そういう中で、これは政府だけでなくて、当然国会、さらに与党だけでなく野党も含めてですね、やはり、国民全体の、まさに象徴でありますので、そうしたこともいま、様々なことをですね、考えて進めていかなければならないというふうに思っているところであります。

（2016年8月21日「日曜討論」[10]より）

菅への質問は、明らかにフェイスを脅かすものであり、菅は自分や政党・政権の印象を悪くするような回答をしてしまう危険性があった。天皇の判断が正しいかどうかについて、個人的な見解を明らかにはできない事情があった。個人的な見解は、政党の一体性を失うことに繋がり、批判されるためである。他方で、天皇の退位の意向を批判すれば、天皇の意向を軽視していると見られてしまう。加えて、菅が天皇の決定が正しいとし、その意向を支持した場合、連立与党の同僚議員や政府から、政府がこの問題を様々な角度から検討して正式な決定を下す前に自分の考えを明らかにしたと批判されることになる。このような状況下では、どのように答えても自分や政府が批判されるため、菅はこの質問について自分の考えを明らかにするのではなく、首相がこの問題について何を言ったか、政府はこの問題について何をすべきかについて、曖昧に回答することを選んだのである。

上記の質問に答えなかったので、インタビュアーの島田から、より明確に、「5．高いレベルの脅威」の質問がなされた。

島田：一人の政治家として、菅さんは、できるだけ、陛下のお気持ちに沿った対応をしてあげたい、

とこういう、

菅：これは、総理から明快な指示でありますから、総理は、重く受け止める、と。そこに何ができるか、ということを内閣として、当然ですね、総理のご指示もありますので、そこは、しっかり対応していきたいというふうに思っています。

（２０１６年８月21日「日曜討論」より）

ここでは、インタビュアーは「一人の政治家として」と前置きし、官房長官としてではなく、個人的な見解を聞かせて欲しいことを示唆している。菅は、前述と同様の理由で、フェイスへの脅威がある質問のため、自分の回答が批判を招く可能性があると認識しており、首相の発言を引用(11)して政府で検討すべき問題であることを示す形式的な回答に留めた。言い換えれば、彼はどっちつかずな回答をした。

３　どっちつかずは厳しい質問を招くか

２４２２問の質問と回答を分析した結果(12)、以下の３つの主要な知見が得られた。第１に、３つの次元（フェイスへの脅威、内容と脈絡の次元(13)）について質問・回答を評価するために、国会議員、地方政治家、非政治家の間に違いがあるかどうかを検証した。その結果、フェイスへの脅威：$\chi^2=886.72$, df=2, $p<.01$, n=2,422、内容：$\chi^2=72.10$, df=2, $p<.01$, n=2,422、脈絡：$\chi^2=112.98$, df=2, $p<.01$, n=2,422の３つの次元全てにおいて差がある結果が得られた。簡潔にいえば、国会議員はフェイスへの脅威が地方政治家や非政治家よりも高く、理解しにくい回答をしていた。脈絡の次元については、地方政治家の方が国会議員より直接的に答えていなかった(14)。

第2に、内容の次元（分かりやすい「1」～分かりにくい「6」、平均1・90）では、2422回の質問のうち1392回（57・5%）は、1つの解釈で済むようなわかりやすい回答であった。国会議員は727回（55・2%）、地方議員は238回（48・8%）、非政治家は427回（69・3%）の質問に対して、わかりやすい回答をしていた。脈絡の次元（答えている「1」～全く答えていない「6」、平均、2・20）では、2422回の質問のうち1254回（51・8%）が質問に対する直接的な回答であった。国会議員は618回（46・9%）、地方政治家は214回（43・9%）、非政治家は422回（68・5%）、明確に回答していた。

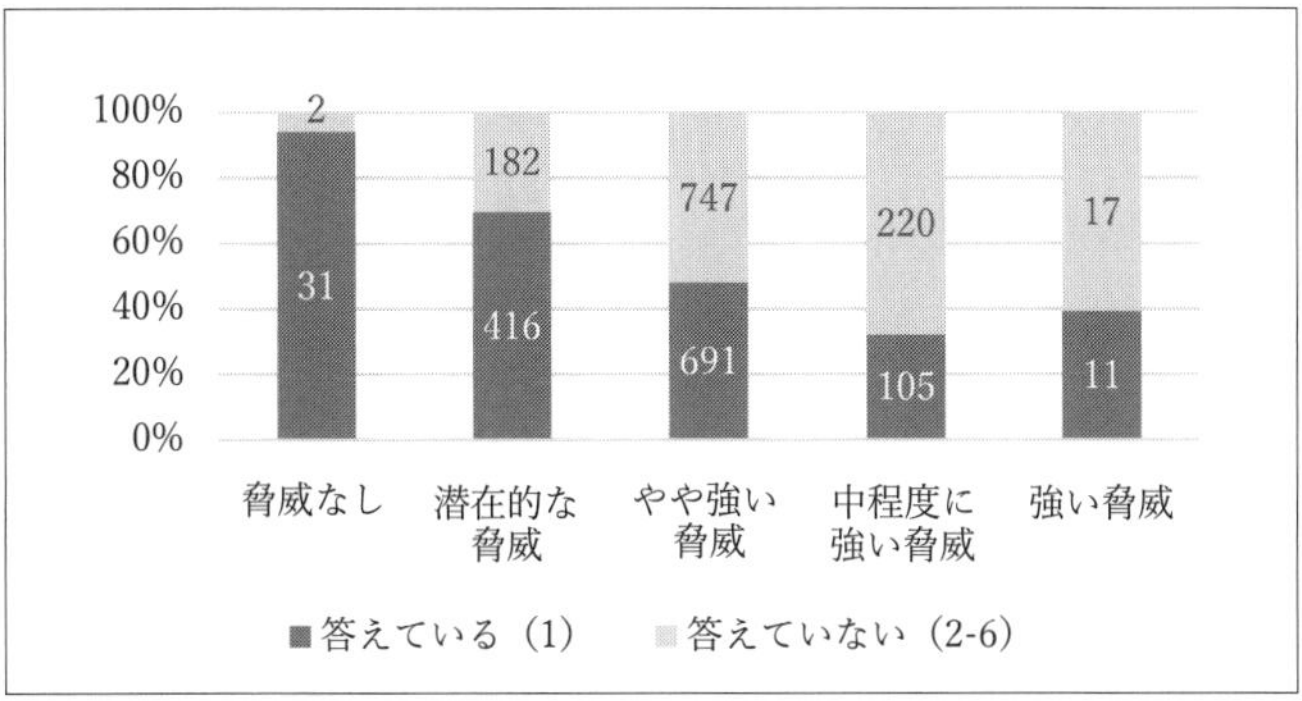

図3-1　脅威のレベルと答えている・答えていないの100%積み上げ棒グラフ

　この回答パターンの数字は、木下・フェルドマン（2018）と比較しても、比較的高い数値となっている。以前の研究では、国会議員が分かりやすい回答をしたのは38・3%（内容の次元）、直接的な回答をしたのは41・4%（脈絡の次元）にとどまり、地方政治家の場合は40・4%と43・6%、非政治家の場合は39・4%と52・3%と、それぞれ低い値を示していた。

　第3に、「フェイスへの脅威」に関するものである。図3-1はフェイスへの脅威と脈絡（答えているか答えていないかに二分）の棒グラフを示している。以前の研究（木下・フェルドマン2018）とはやや異なる結果が明らかになった。つまりフェイスの脅威が全体的に増加していた。脅威の低い順にレベル1から5までで表すと、ここでは最も頻度の高い脅威のタイプはレベル3（「やや強い脅威」）で1438問（全体の59・4％、先行研究ではレベル2が44・1％）、14・6％に当たる353問（先行研究では10・6％）が「中程度に強い脅威」と「強い脅威」の質問（レベル4と5）としてコード化されていた。先行研究とは異なり、多くの質問（216問、「中程度の脅威」と「強い脅威」を合わせた61・2％）が、インタビュー対象者（政治家、非政治家を問わず）の意見や考え、活動に対して異議を唱えたり、攻撃したり、否定したりすることで、個人のフェイスを脅かすような質問になっていた（図3-2）。実際、どのカテゴリにおいても、インタビュー対象者個人に対する脅威が目立っている。続いて、政党のフェイスを脅かすような厳しい質問

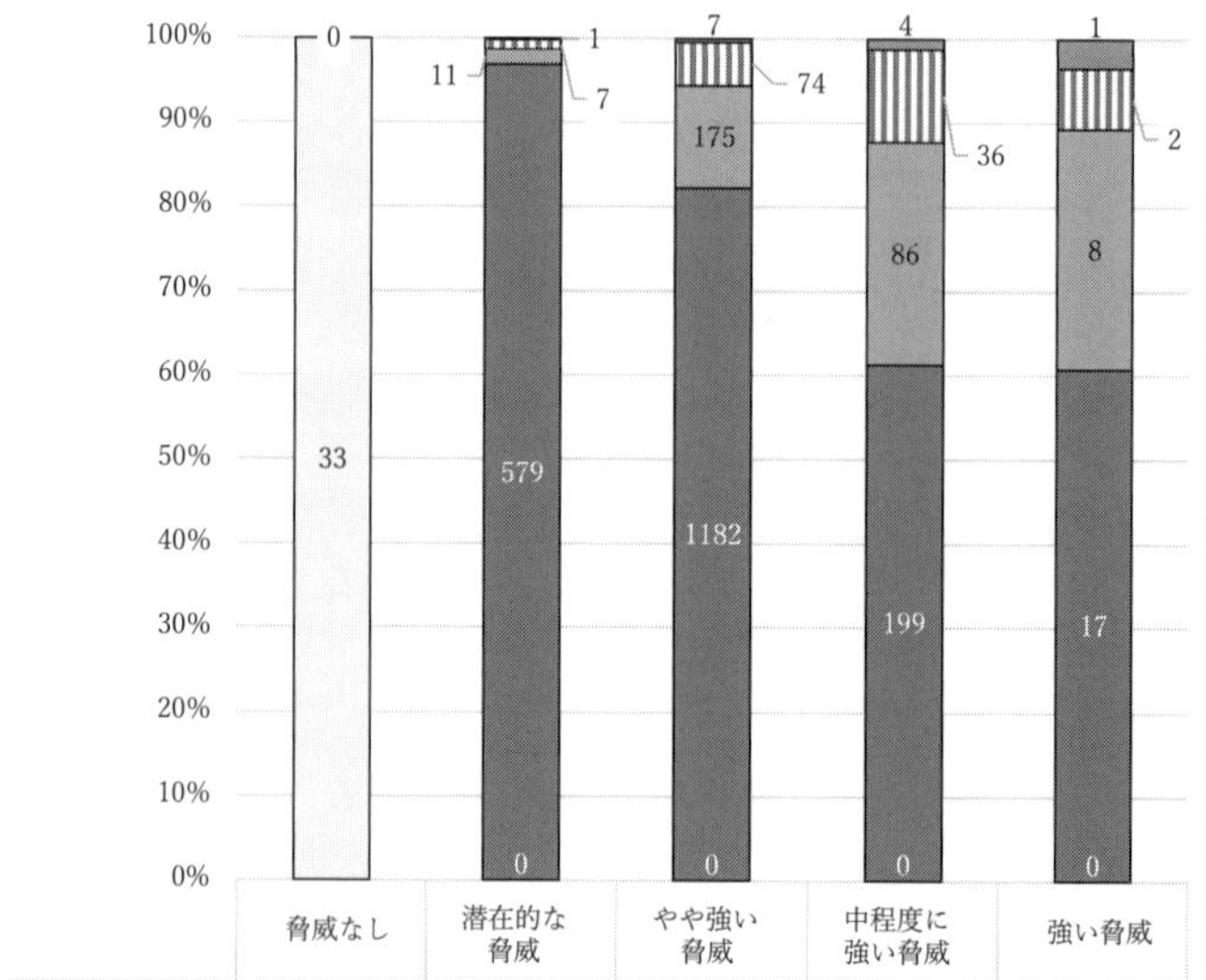

	脅威なし	潜在的な脅威	やや強い脅威	中程度に強い脅威	強い脅威
■組織のフェイス	0	1	7	4	1
▮政府のフェイス	0	7	74	36	2
■政党のフェイス	0	11	175	86	8
■個人のフェイス	0	579	1182	199	17
□脅威なし	33	0	0	0	0

□脅威なし　■個人のフェイス　■政党のフェイス　▮▮政府のフェイス　■組織のフェイス

図3-2　フェイスへの脅威と誰の脅威かの分布

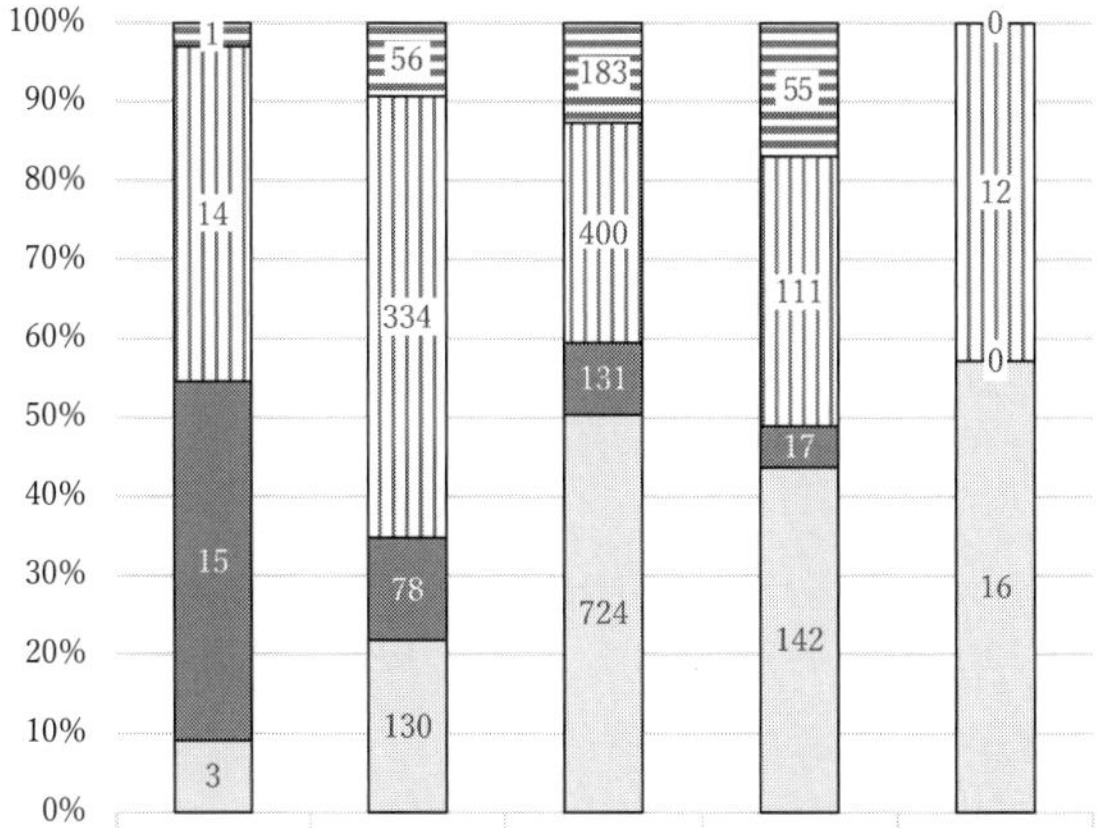

	脅威なし	潜在的な脅威	やや強い脅威	中程度に強い脅威	強い脅威
日曜討論	1	56	183	55	0
激論クロスファイア	14	334	400	111	12
新報道2001	15	78	131	17	0
プライムニュース	3	130	724	142	16

□プライムニュース　■新報道2001　□激論クロスファイア　■日曜討論

図 3-3　フェイスへの脅威とテレビ番組の分布

（行動指針の説明、法案をめぐる党内交渉、リーダーの誠実さなど）が行われた。一方、前回の研究と比較すると、政府のフェイスへの脅威（役人との接触を批判する、意思決定の手順を否定する、公共政策に異議を唱えるなど）や、組織のフェイス（政府機関や労働組合など関連団体）への脅威は比較的少ないことが分かった。

　図３‐３は、テレビ番組ごとのインタビュー対象者のフェイスへの脅威の頻度を示している。これらの番組は様々な点で異なっており、インタビュアーの質問の姿勢や回答の追及に多様性があることを示している。図３‐３を見ると、「フェイスへの脅威」のレベルが最も高かったのは「日曜討論」（計55問、番組全体の18・6％）で

あり、次いで「プライムニュース」（15・6％）であった。フェイスへの脅威が低い（レベル1と2の合計）番組は、「新報道2001」（93問、40・7％）と「激論クロスファイア」（348問、40・0％）であった。

　こうした回答の特徴を踏まえて、第1に、質問が回答に影響を与えるかについての分析を行った結果、フェイスへの脅威は、内容の次元、すなわち、ゲストの回答のわかりやすさには影響を与えないことが明らかとなった。一方、フェイスへの脅威は、脈絡の次元に影響を与えており、直接的ではない、どっちつかずな回答になっていた。つまり、フェイスへの脅威が増大するほど、質問に対する完全な回答が難しくなるといえる。すなわち、フェイスへの脅威が影響するのは脈絡の次元であり、内容の次元には影響を与えていなかった。

　第2に、回答が次の質問に与える影響を分析した結果、どっちつかずな回答（内容と脈絡の次元）は、フェイスへの脅威に影響を与えていることが明らかとなった。ただし、回答が分かりにくいものであれば、インタビュアーは次の質問でフェイスへの脅威を減らしていることが判明した。つまり、ゲストの回答が分かりにくいと感じたインタビュアーは、フェイスへの脅威を和らげ、分かりやすい回答を狙って質問する。他方で、質問に答えていないと感じたインタビュアーは次の質問でより一層厳しい、フェイスへの脅威を増した質問を行っていることが明らかとなった。

　その他に示されたこととして、性別は回答とは関係がないのに対し、年齢の高い人は、分かりにくい回答をし、完全に答えないことが分かった。テレビ番組については、プライムニュースと日曜討論で、わかりにくい回答がされていた。日曜討論は、プライムニュースよりも質問に答えていなかった。その他、与党議員・野党議員・地方レベル政治家は、非政治家と比較して、質問に対して明確に回答をしていないことが分かった。さらに地方政治家は、より分かりにくい話し方をしていた。インタビユアーが前の質問より踏み込んで質問した場合、回答は直接的でなく、どっちつかずな回答となっていた。他方で、質問の再確認については、インタビュアーが解釈しなおして、再確認した場合、分かりやすい回答がされていた。また、第三者の意見が引用されている場合、回答は分かりにくく、質問に答えていないことが分かった。文法的に完全な質問に対しては、分かりにくい回答となっていた。そして、集団の意見が尋ねられる場合、回答は分かりやすく、質問に答えていることが分かった。

また、質問と回答の内容（争点・非争点）の分析では、政治過程・重要な他者（争点）については、知識・政治的約束についてよりも質問に答えていないことが分かった。これらの内容については、政治的駆け引きやそれらに関する意見を尋ねられるものであり、回答が慎重にならざるを得ず、直接的な回答が難しいものといえる。重要な争点については、テレビ番組で扱われる重要な議題は、回答がわかりにくくなり、どっちつかずな回答になることを示唆している。例外は、政府のパフォーマンスおよび外交に関する争点であり、これらはどっちつかずな回答になるとはいえない。また、電力・原子力と女性の社会進出については、分かりにくい回答にはなっていなかった。

4 日本の政治インタビューのスタイル

本章では、日本の政治インタビューにおける「フェイスへの脅威」に焦点を当て、インタビュアーの質問がゲストの回答に影響を与え、ゲストの回答がインタビュアーの次の質問に影響を与えることを明らかにした。具体的には、フェイスへの脅威を含む質問の場合、回答は質問に答えていないことを示した。この結果は、これまでの研究（木下・フェルドマン 2018）と一致しており、さらなる証拠といえる。そして2つ目は、どっちつかずな回答（脈絡の次元）が次の質問のフェイスへの脅威を高めることを示した。このような側面が政治インタビューの中で検証されたことは初めてであり、回答に満足できないインタビュアーが厳しい質問で不快感を示すことを示唆している。つまり、ゲストの回答の内容や性質が、次の質問の構成に影響を与えているというものである。

これらの知見を大局的に捉えれば、政治的インタビューは、ゲストとインタビュアーが質問と回答を共有するという、目に見えない心理的な駆け引きの場であると考えられる。この駆け引きの中で、先に述べたように、両者はメッセージを伝えるだけでなく、相手の表現を解読して反応し、お互いに敬意を「払う」か「無視する」かの反応をしながら、政治的対話が発展していくのである。

さらに、本研究における他の３つの重要な知見は、これまでの研究との比較の観点から議論されるべきである。第1に、２０１２年から２０１３年に収集したサンプルを対象としたこれまでの先行研究（木下・フェルドマン 2018）と比較すると、本章におけるインタビュー対象者の回答パターンに関する数値は比較的高い。これは、前回の調査が選挙時（政権交代の前後）に集中していたためである。この時期、各政党の党首や政治家は、重要な問題について明確な意見を述べることを避け、できるだけ多くの有権者にアピールするために、不完全で分かりにくい回答をした。また、インタビュアーが質問した議題とは関係のないことを長々と話したり、自分の政党の政策に注意を向けようとしたりする傾向があった。今回の調査が行われた時期は、２０１６年5月1日から２０１７年4月30日であり、選挙のない穏やかな時期であることが、回答の性質や内容を決定する要因と考えられ、比較的簡単な言葉や曖昧でない回答に反映されたと考えられる。

第2に、この研究対象期間に取りあげられた議題が、フェイスへの脅威に影響を与えたと考えられる。今回の調査は、選挙戦や政権交代がなかったため、政府（役人の批判や公共政策への異議申し立てなど）、組織（政府機関や労働組合など関連団体）、政党に対するフェイスへの脅威が比較的低かったものと考えられる。政治家個人と非政治家では、政治家個人に対する脅威の方が多かった。これまでの

Book review　　勁草書房

MARCH 2022　　https://www.keisoshobo.co.jp

3月の重版

現象学入門
新しい心の科学と哲学のために
ステファン・コイファー
アントニー・チェメロ 著
田中彰吾・宮原克典 訳

フッサールから現代の身体性認知科学へ——現象学は心の科学とどう結びついて展開してきたのか。歴史と展望を示す新しい入門書！

A5 判並製 312 頁　定価 3630 円
ISBN978-4-326-10268-6　1 版 3 刷

間違った医療
医学的無益性とは何か
ローレンス・J・シュナイダーマン
ナンシー・S・ジェッカー 著
林 令奈・赤林 朗 監訳

その治療は、本当に患者のためになっているのだろうか？　医療のゴールという観点から、医学的無益性という概念を徹底的に問い直す。

A5 判並製 308 頁　定価 3520 円
ISBN978-4-326-10295-2　1 版 3 刷

ケアの倫理と共感
マイケル・スロート 著
早川正祐・松田一郎 訳

ギリガンやノディングズが立ち上げたケアの倫理を、道徳を包括的に説明しうる規範理論として提示。共感という概念を軸に据える。

A5 判並製 280 頁　定価 3520 円
ISBN978-4-326-10298-3　1 版 2 刷

けいそうブックス
実践・倫理学
現代の問題を考えるために
児玉 聡

判断の難しい現代社会の倫理的な問題を、どう考え、どう判断し、どう行動すればよいのか。倫理学的な考え方を学びたい人に向けた道案内。

四六判半上製 308 頁　定価 2750 円
ISBN978-4-326-15463-0　1 版 4 刷

けいそうブックス
天皇と軍隊の近代史
加藤陽子

戦争の本質を摑ま

MSPA（発達障害の要支援度評価尺度）の理解と活用
船曳康子

一人ひとりの個人

心理学，認知・行動科学のための反応時間ハンドブック
綾部早穂・井関龍太・
熊田孝恒 編

人を対象とした実

対話型論証による学びのデザイン
学校で身につけてほしいたった一つのこと
松下佳代

ある問題に対し、

四六判半上製 388 頁　定価 2420 円
ISBN978-4-326-24850-6　1 版 5 刷

A5 判並製 144 頁　定価 1980 円
ISBN978-4-326-25129-2　1 版 2 刷

A5 判並製 272 頁　定価 3960 円
ISBN978-4-326-25136-0　1 版 3 刷

A5 判並製 192 頁　定価 2200 円
ISBN978-4-326-25149-0　1 版 4 刷

憲法［第四版］

樋口陽一

比較憲法のスタンダードな教科書として定評ある本書。第三版から14年を経て、"樋口憲法"の集大成ともいえる第四版、ついに刊行。

四六判上製 528 頁　定価 3300 円
ISBN978-4-326-45125-8　4 版 2 刷

スタートダッシュ経済学

伊ヶ崎大理・大森達也・佐藤茂春・内藤 徹 著

経済学部に所属していない著者たちによる、経済学の醍醐味をより多くの人に伝えたいという目的で書かれた経済学入門書。

A5 判並製 192 頁　定価 2420 円
ISBN978-4-326-50461-9　1 版 3 刷

アジア開発史

政策・市場・技術発展の 50 年を振り返る

アジア開発銀行 著
澤田康幸 監訳

戦後のアジア開発途上国の経済的成功の理由は何か。経済成長、産業構造の転換、貧困削減、保健や教育の改善などの指標から読み解く。

A5 判上製 608 頁　定価 4400 円
ISBN978-4-326-50484-8　1 版 2 刷

フューチャー・デザイン

七世代先を見据えた社会

西條辰義 編著

環境問題やエネルギー問題など、将来にも多大な影響を及ぼすような政策や意思決定をどのように行うべきか。画期的な方法を提唱する。

四六判上製 308 頁　定価 3080 円
ISBN978-4-326-55073-9　1 版 3 刷

都市の環境倫理

持続可能性、都市における自然、アメニティ

吉永明弘

多くの人が都市に住む現在、望ましい都市環境の姿を考えることが環境倫理を自覚的・具体的に構築する為の有効なアプローチである。

A5 判並製 244 頁　定価 2420 円
ISBN978-4-326-60260-5　1 版 2 刷

テキスト　臨床死生学

日常生活における「生と死」の向き合い方

臨床死生学テキスト編集委員会 編著

病気や事故等突然放り込まれた現場で死生の判断を求められる。そんな時、どう考える？当事者としての市民とこれから現場に入る人の為に。

B5 判並製 208 頁　定価 2640 円
ISBN978-4-326-70083-7　1 版 4 刷

社会福祉の拡大と形成

井村圭壯・今井慶宗 編著

拡大と再形成の途上にある社会福祉において、制度・政策の理解と現場での実践を結び付けるための基礎知識、必要な事柄をまとめた。

A5 判並製 176 頁　定価 2200 円
ISBN978-4-326-70113-1　1 版 2 刷

保育と子ども家庭支援論

井村圭壯・今井慶宗 編著

保育士養成課程の科目「子ども家庭支援論」に対応するテキスト。各領域の意義・内容・課題や今後の動向について、体系的に学べる。

A5 判並製 136 頁　定価 2200 円
ISBN978-4-326-70114-8　1 版 2 刷

A5 判上製 196 頁　定価 4620 円
ISBN978-4-326-54978-8

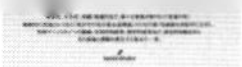

A5 判上製 272 頁　定価 3850 円
ISBN978-4-326-60348-0

鬼滅の妖異学
人と鬼のあいだにあるもの

諏訪淳一郎

『鬼滅の刃』で語られる出来事を、「妖異なもの」を切り口に、民族誌的現在としての「いま―ここ」で開示される現象として論じる。

四六判上製 260 頁　定価 3080 円
ISBN978-4-326-65433-8

2020 年代初頭の医療・社会保障
コロナ禍・全世代型社会保障・高額新薬

二木 立

2020～21 年の医療・社会保障関連の主な閣議決定と政府・厚労省文書を読み解き、2020 年代の医療と医療政策の今後を展望。

A5 判上製 272 頁　定価 2750 円
ISBN978-4-326-70124-7

3月の重版

技術者倫理の現在
大石敏広

単なる知識の寄せ集めでなく、みずから「考える」整合的な知へ！　技術者倫理の全体像を捉え、考える力を身につけるための入門書。

A5 判並製 216 頁　定価 2750 円
ISBN978-4-326-10206-8　1 版 3 刷

入門　中国思想史
井ノ口哲也

夏王朝から中華人民共和国までというこれまでにないスケールで、時代ごとの中国思想の特質を平易に解説。新しい中国思想史の描き方。

A5 判並製 260 頁　定価 3080 円
ISBN978-4-326-10215-0　1 版 8 刷

入門・医療倫理 I
[改訂版]
赤林 朗 編

体系的・標準的な教科書として定評を得た旧版の骨格をそのままに、情報をアップデート。再生医療と脳神経科学の章を新たに加える。

A5 判並製 416 頁　定価 3630 円
ISBN978-4-326-10260-0　2 版 4 刷

入門・倫理学
赤林 朗・児玉 聡 編

『入門・医療倫理』I～III巻から、倫理理論を論じた章を抜粋して再編集。倫理学の基礎知識が一冊で身に着く、待望の入門テキスト。

A5 判並製 312 頁　定価 3520 円
ISBN978-4-326-10265-5　1 版 4 刷

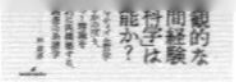

四六判上製 212 頁　定価 3740 円
ISBN978-4-326-19983-9

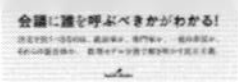

A5 判上製 272 頁　定価 4070 円
ISBN978-4-326-30311-3

日豪の安全保障協力

「距離の専制」を越えて

佐竹知彦

中国脅威論が高まる現在、日本とオーストラリアは「準同盟」と言われるまで関係を強化した。これまでの軌跡をたどり、今後を展望する。

A5 判上製 228 頁　定価 4180 円
ISBN978-4-326-30312-0

知事と政策変化

財政状況がもたらす変容

米岡秀眞

地方財政は官僚出身知事の誕生にどのように関わっているのか。政府、都道府県、市町村の垂直的な影響はそこでどのように生じるのか。

A5 判上製 196 頁　定価 4400 円
ISBN978-4-326-30313-7

デザイン保護法

茶園成樹・上野達弘 編著

「デザイン」の法的保護は、どうあるべきなのか？　意匠法、著作権法、商標法、不正競争防止法による保護を多角的に検討する。

A5 判上製 304 頁　定価 4180 円
ISBN978-4-326-40405-6

海法会誌　第 65 号

日本海法会 編

海商法をめぐる国内外の最新動向、さまざまに展開する実務、学問的問題探究の成果等を紹介し、海商法の将来を見すえる学術専門誌。

A5 判並製 212 頁　定価 5500 円
ISBN978-4-326-44958-3

調査と同様、質問の大半はインタビュー対象者のフェイスを大きく脅かすようなものではなく、インタビューは穏やかで友好的な雰囲気の中で行われていた。

第3に、争点については、インタビューで選択された議題が、その時々の政治的・社会的議題を反映していることは明らかといえる。例えば、豊洲市場の移転、女性の社会進出、天皇の退位などは、前回の調査では質問されていなかったテーマである。一方、経済、安全保障、外交、政府のパフォーマンス、電力・原子力、憲法など、日本にとって特に重要な問題は、重要な議題としてメディアや世論を強く支配しているため、前回同様、政治インタビューの核心となっていた。

最後に、調査した4つのテレビ番組は様々な点で異なっており、インタビュアーの質問スタイルの多様性と、ゲストのフェイスへの脅威の違いが示された。特に顕著な点は、インタビュアーが質問をするときと、ゲストの回答に反応するときの両方において、フェイスへの脅威の度合いが高いのは、日曜討論、次いで、プライムニュースであり、フェイスへの脅威の度合いが低いのは、新報道2001であった。日曜討論は、政治的中立性を保ちたいＮＨＫの代表的な政治インタビュー番組として、常に各政党の代表者を招き、同じ内容の質問を繰り返している。このような質問の仕方は、厳しいインタビュースタイルのように見える。一方、新報道2001は、答えやすく、自由な質問が多く、フェイスへの脅威がある質問が少ないという特徴を持っていた。

分析結果を踏まえると、年齢の高い政治家は、経験の浅い政治家よりも、大臣や政党の幹事長、政務調査会長など重要な地位に就いているため、厳しい質問を受けることが多い。そして、それらの政治家は、経済、社会、安全保障の専門家などの非政治家よりも、評判や名誉を脅かされることが多い質問が多くなされる。政治インタビューで政治家が質問に完全に答えれば、質問のフェイスへの脅威は減少し、反対にどっちつかずな回答をすれば、次の質問でフェイスへの脅威は増加する。インタビユアーは、厳しい質問をすればするほど、インタビューの面白さが増すのかもしれない。しかし、インタビュアーがより深く争点を掘り下げるために回答を求めるのに対し、政治家は自宅にいる聴衆に向かって話し、自分のフェイスをできるだけ守ろうとし続けている。

コラム3　ドゥグリトーク（Dugri talk）

ドゥグリ（Dugri）とはアラビア語（トルコ語に由来する）で率直という意味であり、日本の「正直に言う」を越える概念のものであり、イスラエルの歴史的・文化的な規範として存在している。ドゥグリは、ユダヤ人・イスラエル人の文化的な話し方の信頼を表すメタコミュニケーション[15]用語となっている。ドゥグリは、事実に対する真実性を意味し、嘘の反対となる。それは自分の意見に対して、真実を話すこと意味しており、イスラエルの文化では、心を開いて話すということになる。

同様に文化に根差した表現として、お世辞がある。お世辞には、お世辞を述べることによって見返りを得ようとするもの、自分の宣伝のために用いるもの、そして相手との関係を良好にするために用いられるものの3種類の目的がある（Danziger & Kampf, 2020）。イスラエルのヘブライ語話者とアラビア語話者を比較すると、お世辞の使い方には、違いよりも共通点が多いとされる。ただし、アラビア語話者は、お世辞に対してより否定的なスタンスを示す。

また、同じイスラエルの中であっても、ヘブライ語話者（ユダヤ系イスラエル人）と、アラビア語話者の間で違いがある。ユダヤ系イスラエル人が使うカサー（kasah）は、敵意に満ちた攻撃的トークを意味し、自己主張の直接さを意味する。反対に、フィルグン（firgun）は競争的で個人主義的な環境において、誠実さと連帯感を維持する対人的な話し方である。フィルグンは「他の人の成功を妬んだり恨んだりせず、支える」ことを指し、無私無欲で他人を応援する意味合いを持つ。こうしたヘブライ語話者に対して、パレスチナ・アラビア語のムサヤラ（musayara）は、フェイスを維持し、社会的関係において調和を維持しようとする文化的志向性を表す言葉である。ムサヤラ相互作用コードは、相違点よりも共通点を、対立よりも協力を、自己主張よりも相互性を高めるように設計された行動を意味する。ドゥグリはフェイスを考慮しないものであるのに対して、ムサヤラはフェイスの維持を志向するものであり、正反対のコミュニケーション倫理のため、文化的な誤解をもたらし、問題解決のための議論を妨げる可能性があるとされる（Ellis, 2018）。例えば、「成功を祈っています」と言われたことに対して、ヘブライ語話者は言葉を額面通りに受け取るが、アラビア語話者は言葉の背後にある気持ちを推測して「本当は成功を祈っていないのではないか」、「単なるお世辞として言っているのではないか」と別の意味に受け取る可能性がある。イスラエルの中であっても、ヘブライ語話者とアラビア語話者の間で、フェイスに関して文化の違いがある。

　このように比較文化の観点を入れると、イスラエルのドゥグリには、日本の面目を保つフェイスを維持する文化と対比される文化があることを意味している。日本人の考えからすると、相手の名誉や地位を傷つけても問題ないと考える文化と、相手の地位を尊重する文化の2つの類型（幅があるもの）を想定するが、実際は、グラデーションではなく、フェイス概念を用いない規範が存在している。本書では、フェイスへの脅威を重要な要因として捉えているが、コミュニケーションは一つの軸だけでは捉えることが難しく、イスラエルの文化と比較することで、初めて分かることがある。

第4章　政治家の話す情報

1　話に含まれる情報

本章では、政治インタビューの際の情報の用いられ方に着目し、政治家の中でも与党議員と野党議員、地方政治家によっていかなる情報が提示されるかについて、違いがあることを示す。また、政治家と非政治家において、情報の提示に違いがあることを示す。

政治討論番組において、政治家は有権者の支持を獲得するために、自身に有利な情報を発言する。与党議員であれば、政府が行っている政策の業績を示し、有権者に対して、実行する能力があることを示す。他方で、野党議員は自身の政党の政策をアピールし、政府の業績の悪さや無能さについて批判する。批判を行う際に、有権者を説得する材料として、情報を用いることとなる。例えば、政府の実施する政策には効果がないことを裏付ける、あるいは政府が実施していない政策について言及することで野党の政策能力をアピールする。このように、有権者の支持を取り付けるため、与党議員および野党議員は、相互に異なる情報の提示の仕方を行っていると考えられる。また、地方政治家は、国会議員とは異なる情報の提示の仕方をすると予想される。それは、選出される選挙区が地域性を持ち、その地域特有の問題を扱うためである。本データの中では、東京都議会議員が多く出演しており、テーマとしては築地市場の豊洲への移転問題が挙げられる。

有権者は、政治家の発言に含まれる情報について、発言の真偽を含めて検討し、次の選挙において判断を下さなければならない。政治討論番組では司会者・キャスターが有権者に代わり質問を行い、政治家から回答を得ていく。政治家の回答が不十分であれば、さらに追及を行い、回答を迫ることもある。これに対して、政治家は自身や所属する政党が不利となる回答を避けるテクニックを持っている。政治家は戦略的に正面から回答を回避し、あたかも質問に答えているかのように見せかける。こうした司会者と政治家のやり取りが行われる中で、政治家は何らかの情報を開示している。これらの情報は、(a)政策の根拠となる情報、(b)政党や組織の内部に関する情報、(c)政治過程に関する情報、(d)技術的・専門的な情報、(e)事実、常識、歴史の流れ等に細分化される。これらの情報は与党議員、野党議員、地方政治家、非政治家によってどのように使い分けられているのであろうか。使い分けられていることが明らかとなれば、有権者はそれを認識した上で、政治討論番組を視聴し、選挙の情報として役立てることが可能になる。

第2節において政治コミュニケーションに関する先行研究を整理し、第3節において質問と情報の関係を提示する。第4節において、分析結果について説明する。第5節では与党議員、野党議員、地方政治家、非政治家の情報の提示について総括する。

2　政治と情報

政治と情報に関する現在の環境は、テレビや新聞などのマスメディアが発展した頃と比べて、大きく変化してきている。それに伴い、情報の持つ重要性が増してきている。これまでマスメディアは情報環境を作り出す存在であった。ラスウェルは、マスメディアの社会的機能について、①環境への監視、②メディアと社会の相互作用、③社会的遺産の伝達の3点を指摘している（Lasswell, 1948）。①環境への監視とは、社会の変化に対応できるようにメディアが国民に警告を発することである。生活環境への知識がメディアによって与えられることで、国民はどのように行動したら良いかという意思決定をすることが可能となる。しかし、この環境への監視というマスメディアの役割はポストトゥルース政治の到来により、揺らいでいる。

２０１６年のアメリカ大統領選挙やイギリスのEU離脱をめぐる国民投票によって、ポストトゥルースの概念が提示されることとなった。ポストトゥルースは、現代社会の終わりのない反射と真実を失ったことの2つの関係が二重螺旋構造として働くことが指摘されている（Gibson, 2018）。情報化時代において、ソーシャルメディアの活用により、真実かどうか分からない情報が拡散され続けることを意味している。こうした状況においても、ジャーナリストは真実を語る者として権威を保ち続けようとする（Tuchman, 1972）。しかし、真実自体が穴だらけであり、実体のないものである。そうした真実に近付くため、ジャーナリストはフレームワーク（枠組み）を用いて、報道を行うことで隠されたメッセージを解明しようと試みている（Temmerman et al., 2019）。フレームワークに関する研究は、政治コミュニケーションやマスメディア研究でなされてきた。

政治情報に関する先行研究を、主に政治コミュニケーションやマスメディア研究を中心として整理する。政治に関する情報の重要性については、政治とインターネットが結び付いたことに伴い、多方面から指摘されるようになっている。例えば高瀬（2005a）は、情報は他者の判断に大きな影響力を持つ材料として政治性を帯びると指摘している。また、情報提供により説得を行い、自らの目的達成に協力してくれる人が増えれば都合が良いと考え、熾烈な宣伝競争が引き起こされる（高瀬 2005a）。

こうしたことから、選挙キャンペーンにおいて、どのような広告が提示されるか分類が行われる。ブルックスとギアーは内容に基づいて分類しており、①争点と人格のどちらに重きを置いているか、②礼儀正しいか、③ポジティブかネガティブかを区別している（Brooks & Geer, 2007）。

選挙キャンペーンに関する研究に加えて、政治家と有権者に焦点を当てた研究がなされている。情報の受け手である有権者を対象とした研究として、堀内・今井・谷口（2005）がある。堀内・今井・谷口（2005）はフィールド実験を用いて、二政党の政策情報を閲覧した方が、投票確率が上昇することを指摘している。

情報の送り手である政治家を対象とした研究として、稲葉・森（2009）や岡本（2017）がある。稲葉・森（2009）は、現実の政治の様態がインターネット上にも反映されているとする通常化仮説が妥当していることを指摘しつつ、当選回数の少なさ、民主党所属、共産党所属が双方向型コンテンツの設置に影響を与えているため、資金面で劣るアクターの方が積極的にインターネットを活用すると考える内在的平準化仮説が支持される結果も存在することを指摘している。岡本（2017）は、通常化仮説が２００１年の参議院選挙以降に進行している可能性が高いことを指摘している。通常化仮説が支持される要因は、ほとんどの候補者・政治家がウェブサイトを開設し、与野党ともに積極的に情報提供を行い、充実化させていることにある。ただし、政治家が開設するウェブサイトの内容については差異が存在している状況にあると考えられる。

これらの政治情報に関する研究は、政治に関する情報がどのように伝えられ、有権者や政治家がどのように情報に接しているかを明らかにしている。次に、本章の分析対象と重なる政治討論番組に関する研究を整理する。

（1）政治討論番組

政治番組を対象とした研究として、谷口（2002, 2012）や稲増・池田（2009）があり、そこでは否定的報道か、争点が中心かどうか、ソフトニュースかハードニュースかといった番組内容を扱っている。また政治討論番組に関しては、岡井他（2002）や常木（2006）の研究が存在するが、カメラショットや印象評定であり、政治家の発言内容に関する分析ではない。

司会者・キャスターは質問する際に、３つのパターンを用いている。第1が、情報を取得するための質問であり、ゲストから番組のための有益な情報を引き出そうとするものである。第2は、ゲストを追及するためであり、相手が困る姿勢を引き出すことにより、番組の視聴率を上げようと試みるものである。第3は、会話の円滑化のためであり、相手の話を要約し、視聴者に分かりやすく伝えるものである。

こうした3つのパターンに対して、ゲストである政治家は異なる戦略を採ることで、番組の視聴者から支持を取り付けようとする。あるいは、追及されたときに、政治家特有の回避術を用いて、支持を失わないようにしている。

政治家は、新しい視点や争点を会話の中に追加的に発言することで、自分に有利な議題に持っていくことを試みている。それが、自分の土俵に相手を引き入れるイニシアティブ・テイキング（Initiative Taking）の考えである（岡部 1992）。岡部（1992）は、１９８８年の共和党ブッシュ候補と民主党デュカキス候補のテレビディベートを分析し、ブッシュは26回の発話の内、３回は質問に答えながら新しい争点を導入する発話をしている一方で、デュカキスは27回の発言の内、８回は答えるふりをしながら、その枠を外れて、自分の得意な争点を導入していることを示している。このように、テレビ討論番組において、質問に答える、あるいは答えないに関わらず、議題を自分の得意な争点に引き込もうとする追加的な情報が会話の中で示される。

これらの政治討論番組を対象とした研究は、ミクロな政治コミュニケーションを扱っており、分析対象は質問と回答であり、政治家の発話に焦点が当てられる。こうした研究は会話分析や談話分析が用いられ、心理学や言語学の手法を用いて、政治学領域を研究対象にして発展してきた。

次に、政治コミュニケーション論で発展してきた理論的な側面について焦点を当てる。政治コミュニケーションにおける先行研究では、政治家が質問に答えない理由について、どっちつかず理論、コミュニケーションの葛藤の状況理論、フェイス理論を用いて、精緻化がなされてきたといえる。しかし、政治家が答えないときに、どのような情報の提供をしているかについては、十分に明らかとなっていない。

3　質問と情報の提示の関係

本章では、先行研究を踏まえて、政治家がどのような情報を開示し、質問に対処しているかを明らかにする。木下・フェルドマン（2018）は、与党議員、野党議員、地方政治家、非政治家の間において、質問に対するどっちつかずの回答の程度が異なることを示している。これは、議院内閣制の下では、責任の重さが政治家の間であっても異なるため、回答に違いが生まれているものであり、この考えを敷衍すれば、情報の開示の程度も与党議員と野党議員の間で異なることが考えられる。加えて、地方政治家は国政とは異なり、一部の地域の有権者を代表しており、国会議員の回答とは異なると考えられる。同様に、政治討論番組に招かれる非政治家は、専門家や評論家であり、有権者に対して責任を持つ訳ではない。ただし、専門家としての知見を踏まえ、認識を発言することになるため、政治家とは異なる次元の責任が生じていると考えられる。本章では、この責任の違いを踏まえて、次の3

つの事柄を明らかにする。第１に、与党議員、野党議員、地方政治家、非政治家の間において、提示する情報の種類に違いがある。クワァークらや、ユッカーおよびブルは、構文解析（Syntax Analysis）の形で質問を分類し、コミュニケーションの葛藤の状況理論を精緻化してきた（Quirk et al., 1985; Jucker, 1986; Bull, 1994）。クワァークらは大きく、疑問符が付く質問と、疑問符が付かない質問に区別している。疑問符が付く質問には、イエスかノーの質問（Yes/No questions）、５Ｗ１Ｈの質問（Wh-questions）があり、他方で疑問符が付かない質問には、宣言型の質問（Declarative questions）があるとしている。また、木下・フェルドマン（2018）は質問の形式によって、政治家の答えない程度が異なることを示している。回答を行う情報の提示という状況においても、質問の形式は影響を与えていることが考えられる。さらにフェイスへの脅威は質問の形式と関係していることが示されている。

第２に、追及の質問がなされた場合、政治に関する情報開示を行わない。

第３に、５Ｗ１Ｈの情報の提示を求める質問の場合、インタビューされる側は、その質問に応じて、技術的・専門的な情報を開示する。本章では、これらの３点を明らかにする。

第３章（注12）と同じデータ（２０１６年5月1日から２０１７年4月30日までの1年間）を用いて、２４２２問の質問を分析した。情報の開示については、２４２２の質問の内、政策の根拠となる情報は７９９問（33％）、政党や組織に関する情報は４７９問（19・８％）、政治過程に関する情報は１８６問（７・７％）、技術的・専門的な情報は４７２問（19・５％）、事実・常識・歴史的経緯などは４８６問（20・１％）であった。

4　与党議員は技術的・専門的知識を提示しているか

第1の「与党議員、野党議員、地方政治家、および非政治家という4つのグループ間に、提示する情報の種類に違いがあるか」については、分析した結果、4つのグループにおいて、情報の種類に違いがあることが明らかとなった（χ^2=196.73, df=12, p<.01）[1]。

図4-1は、与党議員、野党議員、地方政治家、非政治家の情報開示の内容に関する内訳を示している。与党議員と野党議員については、ほとんど差が見られず、4割程度は政策の根拠となる情報を提示していることが分かる。また、2割前後は事実・常識・歴史的経緯について話していることが分かる。事実・常識・歴史的経緯について多く話されるのは、自分の主張に関する事実などを提示することで客観性を示し、自分の主張を根拠づけるためであると考えられる。また、技術的・専門的な情報については、与野党でやや違いが見受けられ、与党議員の方が多く話す傾向にある（与党議員は18・3%、野党議員は12・3%）。これは議院内閣制のため与党議員が政府の情報を広く伝えているためと考えられる。反対に、野党議員は技術的・専門的な情報については知識を有しておらず、提供が少ないといえる。

地方政治家において、事実・常識・歴史的経緯などが１３９問（28・5%）を占めている理由の一因として、２０１６年5月12日にプライムニュースに出演した舛添（当時）都知事に対する政治資金問題が取り上げられたことが挙げられる。ホテルに宿泊したかどうかを問われるなど、過去の行動について質問されたため、事実や経緯を説明したことにより、このカテゴリの割合が増えたといえる[2]。また非政治家に「政党や組織に関する情報」が多い理由として、元陸上幕僚長の火箱芳文を招き自衛隊組織の情報を尋ねるなどしているためである。

政治家と非政治家の間において、大きな違いがある点は、政治家は政策の根拠となる情報を提示する一方で、非政治家は技術的・専門的な情報を提示することである。専門家は情報を政治家と異なるように示している。情報が求められた際に、専門家は物事を見るための枠組み（フレーム）を示している。

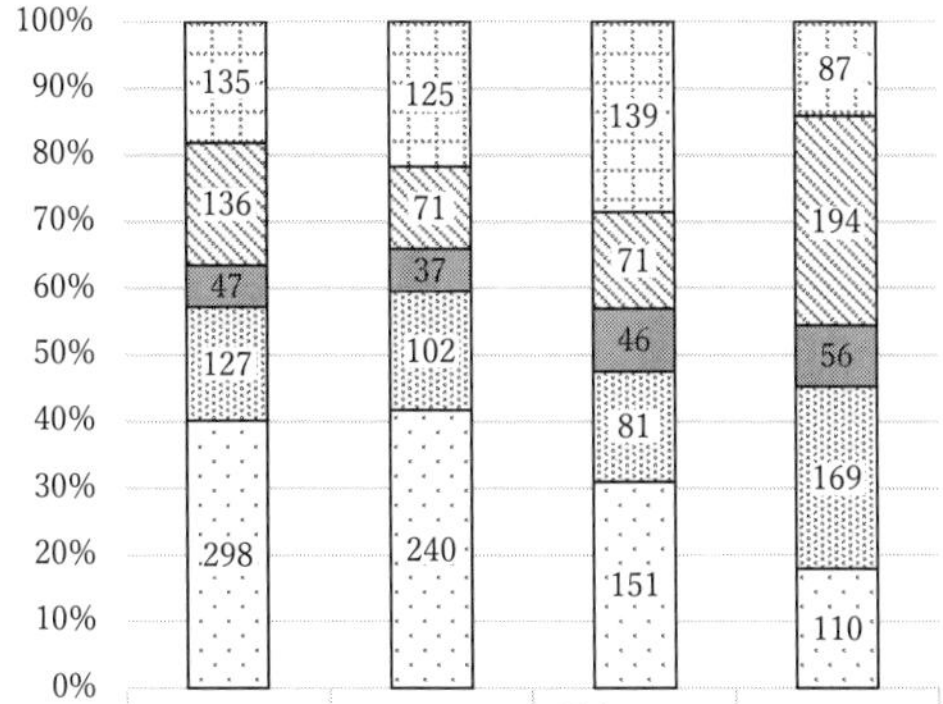

	与党議員	野党議員	地方レベル政治家	非政治家
事実，常識，歴史的経緯など	135	125	139	87
技術的・専門的な情報	136	71	71	194
政治過程に関する情報	47	37	46	56
政党や組織に関する情報	127	102	81	169
政策の根拠となる情報	298	240	151	110

政策の根拠となる情報　政党や組織に関する情報　政治過程に関する情報
技術的・専門的な情報　事実，常識，歴史的経緯など

図 4-1　情報の開示の内訳

具体例として、2016年9月11日放送の「日曜討論」に出演した軍事アナリストの小川和久の例を取り上げる。北朝鮮の核実験・ミサイル発射に関して、NHK解説委員の太田真嗣は、北朝鮮の核実験が短期間で行われたことをどう見るか尋ねている。つまり、情報を引き出すための質問を行っている。

太田：重ねて伺いますが、今回、前回のですね、実験からおよそ8ヵ月という短期間で行われた訳ですけれどこの辺はどういう風にみればいいんでしょうか。

小川：これはリーダーシップが発揮されている国だったら軍事だろうと経済だろうとそういう格好になるということを示しているんですけども、とにかくその国家の最重要目標、最優先課題が核と弾道ミサイルの開発であるということになりますと、そこに全ての資源を投下できるわけですね。ですから9月9日が一つの重要な目標であるということになりますと今年になって2回核実験をやる。弾道ミサイルを21発ほど発射する。それをやることができた。これはまあ、ちゃんと計画通りの動きでどちらかというとその経済面でしか物事を眺めない日本人として言えばですね、終戦直後の日本の取り組みとよく似ているってことなんですね。国家を再建するために当時の吉田茂政権は経済安定本部にエコノミストを集めて、鉄鋼と石炭の傾斜生産方式と言ってまず石炭を増産して電力を確保する。電力で鉄を作る。それは経済の基盤を固めることだっていうことで一点突破で行って成功したわけですね。同じことを北朝鮮は軍事面でやっていると見た方がいいと思います。

（2016年9月11日「日曜討論」）

この質問に対して、小川は、核実験および弾道ミサイルの発射を短期間で行い、成功させることができたと指摘し、軍事面において一点突破で実験を成功させたリーダーシップの発揮されている国という枠組みを示している。非政治家は専門家として、番組に出演し、「技術的・専門的な情報」を用いて答え、物事に対する見方を提示しているといえる。政治家とは異なり、専門的な情報、見方を引き出すために、番組が非政治家を招いていることがわかる。

他方で、与党議員や野党議員である国会議員は、政策に関する情報を多く提示している。次に2016年9月4日（日）放送の「日曜討論」に出演した蓮舫の例を取り上げる。この日の放送は「民進党代表選3候補に問う」として、蓮舫、前原誠司、玉木雄一郎が出演していた。前原が財源論に取り組み、人への投資を行うと発言したことを受けて、自民党との違いを尋ねられる場面である。

島田：という指摘に対して蓮舫さん、自民党とこういう違う政治をこう進めるのが蓮舫ならではと、この点はどの辺にあるんでしょうか。

蓮舫：まずあの、自民党は今なお中央集権です。でも日本は人口減少になって地方が疲弊していますから、やっぱり地方に元気が当たるような、そういったお金の再分割をしていかなければいけません。今、前原さん、私は行革だけと言いましたけれども、私は行革以外にもやはり目を転じるべきだと思います。まず増税ありきではありません。今の経済状況を考えたときに消費増税はできないというのは同じ考えに立っています。ただ玉木さんの子ども国債も借金というのがどうしても負のイメージがありますから、まずその前にあらゆる税制改革、それとジャブジャブの財政出動を今の政権はしてますから、それを徹底的に洗うという努力、これが大前提だという順番をぜひご理解いただきたいと思います。

（2016年9月4日「日曜討論」より）

この質問に対して、蓮舫は、行政改革以外も必要であるとし、税制改革を行い、財政の見直しが前提として必要であることを述べている。ここでは、民進党の代表選が取り上げられており、野党議員として、与党である自民党とは異なる政策を進めていくことが述べられている。民進党が政権をとった場合に、どのような政策が重点的に進められるのかということをアピールするものであり、「政策の根拠となる情報」が用いられている。

このように、国会議員と非政治家においては、番組の中で求められる役割が異なっている。国会議員に対しては、どのような政策を今後進めていくかが多く尋ねられる一方、非政治家に対しては専門家としての見方・枠組みを示すことが求められ、専門的な情報が尋ねられる。与党議員、野党議員、地方政治家および非政治家の間において、情報の開示に違いがあることを明らかにした。特に、非政治家である専門家は、政治家よりも技術的・専門的な情報を開示していることが明らかとなった。

(1) フェイスへの脅威がある質問がなされた場合、政治に関する情報開示を行わない

第2の「追及の質問がなされた場合、政治に関する情報開示を行わない」を検証するために、追及の質問を特定する。本章では追及の質問を、フェイスへの脅威がある質問であると考えている。ユッカー（Jucker, 1986）は、話題に関して話題の転換、継続、踏み込み、再確認を分類しており、踏み込みが追及に該当することが考えられる。しかし、日本の政治インタビューにおいては、踏み込みは必ずしも追及を意味するとはいえない。それは同じ話題でさらなる質問をしている場合であっても、円滑な会話（穏やかな雰囲気）を保つため、追及しているとは限らないためである（木下・フェルドマン 2018）。日本の政治文化においては、相手の名誉をどの程度傷つける可能性があるかを測定する「フェイスへの脅威」概念を用いて測定する方が適しているといえる。そこで本章では、追及の質問をフェイスへの脅威を用いて検証する。

第3の「５Ｗ１Ｈの情報の提示を求める質問の場合、インタビューされる側は、その質問に応じて、技術的・専門的な情報を開示する」に関しては、５Ｗ１Ｈの質問の分類をそのまま用いることが可能である。５Ｗ１Ｈの質問は基本的な質問に用いられやすく、インタビュアーが技術的・専門的な知識を持っていない場合に、より事情に詳しい政治家や専門家に尋ねられると考えられる。

第2の追及を意味するフェイスへの脅威の結果から確認する。分析をした結果、フェイスへの脅威のある質問の場合、技術的・専門的な情報は秘匿されることが明らかとなった。つまり、厳しい質問がなされた場合、取り扱いの難しいセンシティブな内容であるため、話すことができないものと考えられる。

第3の5W1Hの質問については、技術的・専門的な情報が提示されることが明らかとなった。5W1Hの質問が情報を得る有効な手段として機能する場合は、政策や政党、政治過程といった政治的な事柄の情報ではなく、技術的・専門的な事柄の情報に限るといえる。

その他、本分析より明らかになったことを整理する。まず、政策の根拠を提示する政治家は、野党議員ではなく与党議員の方であるといえる。これは野党議員が政策に関する情報を提示し、政策での論争をしているというよりも、それ以外の情報を提示している方が多いことを示唆している。おそらく、野党議員は、事実・常識・歴史の流れ等を提示することにより、自らの政党の姿勢を示していると考えられる。他方で、与党議員は、政府と一体となり、政策を遂行している立場であるため、政策に関する情報を多く提示している。

次に、非政治家が政党や組織内部の情報を多く提示していることである。非政治家は政治討論番組において、専門家として、政党や組織に関する情報を提示することが求められている。

そして、技術的・専門的情報に関しては、非政治家に加えて、与党議員も技術的・専門的な情報を多く提示していることが示された。これは政治討論番組では、与党議員しか知りえない情報をインタビュアーが尋ねていることを示している。政治討論番組に招かれる与党議員の多くは、大臣クラスや政務官、あるいは政党の幹事長などであり、技術的・専門的な情報が多く示されている。

これらの情報の開示に関する分析を別の視点から解釈すれば、政治討論番組に招かれる政治家・非政治家は話したい情報、話したくない情報を取捨選択の上、開示しており、開示したくない情報が明らかとなるということである。例えば、国会議員は政党内部に関する情報および政治過程に関する情報は開示したがらないことが示唆される。国会議員にとって、周知のことではない政党内部に関する情報は、無用な詮索や批判を生みかねないため、話さないと考えられる。また政治過程に関しては、不確定な要因が多く、状況によって変化するため、話しにくいと考えられる。また、国会日程のことや政党内部で協議が必要なことも含まれるため、情報開示されないといえる。

５　事実や常識を話す政治家にどう立ち向かうか

本章では、政治インタビューの際の情報の用いられ方に着目し、政治家の中でも与党議員と野党議員、地方政治家によっていかなる情報が提示されるかについて、違いがあることを明らかにした。第１に、「与党議員、野党議員、地方政治家、非政治家の間において、情報の種類に違いがある」ことが示された。第２に、「追及の質問がなされた場合、政治に関する情報開示を行わない」ことを検証したが、支持されない結果であった。ただし、技術的・専門的な情報に関しては、追及がなされた場合、情報開示がなされないといえる。第３の「５Ｗ１Ｈの情報の提示を求める質問の場合、インタビューされる側は、その質問に応じて、技術的・専門的な情報を開示する」については、暫定的に支持される結果であった。５Ｗ１Ｈの質問は、基本的な質問であるが、政治的な情報の開示は難しく、技術的・専門的な情報であれば開示しやすいと考えられる。

本章の課題について言及する。第１に、本章では情報の種類を(a)政策の根拠となる情報、(b)政党や組織の内部に関する情報、(c)政治過程に関する情報、(d)技術的・専門的な情報、(e)事実、常識、歴史の流れ等に分類したが、この分類が最も好ましい分類とはいえないことである。政治コミュニケーシヨン研究では、政策に関する枠組みか、人格に関する枠組みか、メッセージがポジティブかネガティブかによって分類されることが多い。政治討論番組では、インタビュアーによって質問がなされるため、選挙キャンペーンと異なり、人格への攻撃は見受けられないため、本章の分類を用いた(3)。ポジティブかネガティブかという分類についても、ポジティブ・ネガティブキャンペーンを実施する選挙キャンペーンと異なり、政治討論番組では用いられない。こうした限界から、本章では情報を分類したが、別の分類も可能であると考えられ、さらなる検討が必要である。

第2に、本章では情報の分類を行ったものの、情報に存在する価値の高低を測定できていない。どのような情報を開示するかに加えて、その情報にはどの程度価値があるかを測定することが今後求められる。情報の価値については、政治家、インタビュアー、視聴者（有権者）によって重要度が異なっている。視聴者からすれば、政治家は価値のない情報を多く提示していると判断されることもある。情報の価値を分類することは、価値観を伴うため、難しい問題といえる。

第3に、どっちつかず理論と情報の開示の関係を整理できていない点である。質問に答えるか、話す内容が分かりやすいかといった点と情報の開示がどのように関係しているのかを分析できていない。情報の開示は、どのような情報が開示されるかを分析する指標であり、どっちつかず理論とは別の次元の指標である。ただし、質問に答えていないことと情報を開示しないことは、重なる部分があるといえる。それはインタビュアーが情報の開示を求めている場合に、政治家が答えなければ、どっちつかずな回答であり、情報が不十分にしか開示されないためである。しかし、政治家が何らかの発言を行うとき、全く情報が開示されていないとはいえない。例えば、インタビュアーが特定の争点について、「この問題についてはどう考えていますか」と質問し、政治家が「その問題については対応中です」と答えた場合、質問には全く答えていないが（どっちつかず理論では捉えられる）、情報開示では

「事実」を開示していると捉えられる。その意味において、質問を無視する場合でなければ、情報の非開示とは判断されないが、「現状このようになっている」、「対処している」といったインタビュアーや視聴者にとって意味のない情報が伝えられることになる。

政治家は、事実、常識、歴史の流れ等を説明することによって、視聴者に現在の状況や問題について説明するが、これは必ずしも視聴者が聞きたい答えではないということである。しかし、そうした政治家の説明によって、求めている答えは聞くことができないにも関わらず、対応している現状が説明されれば、一部の視聴者は満足してしまう。その際、当初聞きたかった事柄は、隅に追いやられ、政治家の語る枠組みの中で問題を考えることになる。我々有権者は、政治家の発言を客観的に捉え、判断し、次の選挙に活かすことが求められる。政治討論番組を視聴する過程において、質問に対して答えているかどうかという判断だけではなく、政治家はどのような種類の情報を開示しているか、その情報にどれほどの価値があるかを判断しなければならない。その上で、有権者は、政治討論番組の性質を理解し、与党議員、野党議員、地方政治家、非政治家によって話される情報と向き合っていくことが求められる。

コラム４　アポロギア

政治的レトリックの一つとして、アポロギアが存在している。アポロギアは、ギリシャ語で弁明であり、言葉（ロギア）で払いのける（アポ）ところから来ている。そのため、アポロギアは、政治家が何らかの嫌疑をかけられたときに、いかにそれに対処するかを指す（岡部 1992）。バトラーは、アポロギアを「自己のエトス（信頼）を修復するために話し手が試みる努力」としている（Butler, 1972）。ウェアとリンケールは、政治アポロギアのレトリック戦略を、①否定、②補強、③分断、④超越の4つとしている（Ware & Linkugel, 1973）。第1は否定のレトリックであり、疑いをかけられている件に関して、頭から否定する作戦である。否定することが現実と矛盾したり、聴衆が保持する他の信念と矛盾したりしない限り、この作戦はそれなりの効果が期待できる。否定は単純な戦略であるが、アポロギアには不可欠なものである。否定のレトリックには、聞き手の心の中に混在している好悪の感情を区別したり、分離したり、特殊化する働きがある。

第2は、まず否定しておいて、さらに追加の説明で補強するレトリック手法である。補強するときに、特に聴衆が好ましいと思うものと同一視して、自分の立場を強固にしようとする。補強のレトリックは、否定のレトリックと同様に、聴衆の見方に微修正を加える矯正的な働きが強い。

第3の分断のレトリックは、聴衆が現在話し手を眺めている枠組みから、矛先が向けられている嫌疑をすっかり切り離してしまうことを狙う作戦である。今までの文脈を2つに分割して、新しい見方を提示することを意図したもので、聴衆の意味づけをすっかり変えてしまうことを狙っている。聞き手の見方、意味付与の仕方に大きな変更を加えることを主眼とした分断作戦は、変革的な特質を備えている。

第4の超越のレトリックは、話し手の主張を聴衆が現在眺めていないようなもっと大きな枠組みと結びつけようとする作戦で、これがうまく成功すると、聴衆の見方をすっかり変革してしまう効果が期待できる。この戦略は、現在嫌疑がかけられている具体的なものから聴衆を切り離して、聴衆をもっと抽象的、一般的な見方に導こうとする方法である。

安倍首相は２０１７年2月17日の予算委員会において、森友学園への国有地売却価格が不当に引き下げられたことに関する質疑に対して、「私や妻がこの認可あるいは国有地払い下げに、もちろん事務所も含めて、一切かかわっていないということは明確にさせていただきたいと思います。もしかかわっていたのであれば、これはもう私は総理大臣をやめるということでありますから、それははっきりと申し上げたい、このように思います。」（第１９３回国会衆議院予算委員会議録第12号）と否定のレトリックを用いた。明確に否定し、関与していれば総理大臣を辞めるとまで述べることで、嫌疑を払いのけようとしたものである。

超越のレトリックの例として、東京都知事の舛添要一が用いた例が挙げられる。２０１５年度の東京都の海外出張費が５７００万円と高額となり（産経新聞２０１６年3月8日）、１泊約15万円するスイートルームに泊まっていたことを追及された際、舛添は、「二流、三流のホテルに泊まっていると、（訪問先の要人から）「その程度か。じゃあ会わない」と言われるので、他のものを節約してもそこはしっかりやる」と発言した（産経新聞２０１６年4月19日）。これは聴衆の見方を、現在眺めていないより大きな枠組みに変えるものであり、有権者に対して都の外交の立場を示すものである。

安倍首相の例は、支持率を下落させたものの倒閣まで至っておらず、嫌疑は払いのけられた事例である。他方で舛添都知事の例は、完全に上手く嫌疑を払いのけられた成功例とはいえない。それは、この嫌疑のみならず他の嫌疑もかけられ、メディアによってさらに追及されたことから全てを払いのけられなかったといえる。こうしたアポロギアのレトリックは何かしらの嫌疑がかけられたときの弁明の手法であるため、実生活にも活用できるものである。

第5章　他者の発言とエピソード

1　政治的レトリックに惑わされないために

政治家はなぜ話術に長けているのか。政治コミュニケーションにおいて、政治家は有権者の支持を獲得し、支持を失わないように発言を行っている。政治家の話術の巧みさは、政治的レトリックの活用にあると考えられる。政治的レトリックとは、話術や弁論術を指し、議会などにおける演説で聴衆をひきつけ、相手を説得するための技術を意味している。政治家は街頭演説や講演会、議会での質疑や答弁、テレビ出演などを通して、仕事を通じて弁論術を磨いており、言葉巧みに聴衆の心を摑む。古くは古代ギリシャのアリストテレス（1992）の頃より、弁論術が用いられている[1]。政治家の用いる政治的レトリックには、メタファー、皮肉、ほのめかし、慎重なぼかし、象徴（シンボル）の使用など多様な種類が存在し、それらが組み合わされて用いられており、単純に理解し、把握することが難しい状況となっている。本章では、政治インタビューにおける政治家の他者の発言の引用およびエピソードに関する話を、政治的レトリックの使用例として取り上げ、その役割や効果について考察する。

政治的レトリックの内、なぜ他者の発言の引用とエピソードを取り上げるのかについては、以下の

3点が挙げられる。第1に、政治的レトリックの使用は有権者にとって馴染みの薄いものであり、意識して発言を聞いていなければ、政治家の言葉に惑わされかねないためである。有権者が自覚的に政治的レトリックを認識していれば、政治家の話術に惑わされずに済む。第2に、他者の発言やエピソードは視聴者の興味・関心を引き付けるためである。他者との会話を再構成したり、引用する場合、その場に存在しない他者の意見が紹介され、対比されたり、同意されたり、当該発言に対して、政治家が意味づけを行うこととなる。第3に、他者の発言の引用とエピソードは密接に不可分な関係にあると考えられるためである。政治家がエピソードを語る場合に、他者の発言を引用し、模倣する場合も見受けられる。また他者の発言を引用する場合に、自分が経験した出来事を語る場面も見受けられる。他者の発言の引用とエピソードは、類似のものであるが、異なる部分もあり、同時に使われていないか識別することが求められる。

本章では、第2節において言語学やコミュニケーション論の中で、他者の発言の引用やエピソードがどのような役割を果たしているのかを概観する。第3節において、日本の政治インタビューに出演した政治家と司会者のやり取りを会話分析の枠組みを用いて、検証する事例を選択する。第4節において、事例についての全体像を示し、考察を行う。第5節において本章の議論を締めくくる。

2　政治的レトリックとしての他者の発言とエピソード

(1) 首相の政治的レトリック

政治的レトリックに関する研究は、主に政治家の演説を対象として行われてきた。演説は、自己が信じる価値判断を聴衆に伝え、その賛同を求めるものであり、聴衆の心を掴むための呼びかけも含まれる（高瀬 1999）。

高瀬（1999）は、国会演説を用いて、首相の政治的レトリックを分析している。田中角栄と中曽根康弘については、演説の重要性を念頭に、施政方針演説と所信表明演説の演説量を意図的に増やしたことを指摘している。中曽根の演説の特徴として、身近なイメージの使用、独特な比喩表現の使用、多様な引用、子孫への責任の強調を指摘している（高瀬2005a）。中曽根の引用は、演説に重みを持たせるため孔子や釈迦が引用されている（高瀬2005b）。また、中曽根以降の20年ほどは、「改革」や「変革」という表現を用いることがレトリックの柱であったと指摘されている。高瀬（2005a）は、政治演説において多くのレトリック上のパターンがあることを指摘した上で、現状打破の必要性の指摘、共闘の呼びかけ、政治的価値の多用、重厚から軽妙さまで幅のある言葉遣いを指摘している。

（2）他者の発言とエピソード

話し手が他者の声を引用し、その声に対して自身の考えを付け加えるといった言語行為は、レトリックとして用いられる。ドストエフスキーの小説である『罪と罰』を対象として、バフチンが言語学の立場より解明したことに始まる（Bakhtin, 1984）。バフチン（1996）は、話し手が他者の声を述べることで、他者の人格を構成し、対等な立場に立って話しているとし、内的対話性が存在することを指摘した。他者の立場に対して、話し手が同意する、あるいは異なる立場を取り批判することによって、他者がその場にいるように扱われる。一人の発言によって、複数人がいるように扱われることを、バフチン（2013）はポリフォニーという概念で説明している[2]。

話者の言葉は社会的言語であり、その言葉はイデオロギー的な意味を含むためイデオロギー素[3]であるとバフチンは捉えている（バフチン2013）。他者の声を引用し、自身の言葉で紹介する場合、自身の立場との関係により、いくつかに類型化される。他者の声と自身の発言の二つの言葉は、①互いに裏付け合う、相互に補い合う場合、②互いに対立しているか、③何らかの対話的関係（問いと答えの関係）の場合があるとしている。これらの用いられ方の背後には、嘲笑、誇張、皮肉、愚弄といった意図が隠されており、話し手の真意をくみ取ることに繋がるものとして活用できる。ただし、ある言葉は自分の声を完全に融合させ、それらが誰のものであるか忘れていると指摘しており（バフチン1996）、他者の声と自身の発言を明確に区別することは難しい場合もある。このバフチンのポリフォニーの概念は、言語学に応用され、「他者の声（Extra-vocalization）」と「自身の声（Intra-vocalization）」に区別されるに至った（White, 1998）。

マーティンとホワイトは、評価理論（Appraisal Framework あるいは Appraisal Theory）を提示し、その中の自身の声と他者の声の2つの概念を示している（Martin & White, 2005）。評価理論は、ハリデーとマティセン（Halliday & Matthiessen, 2013）の言語理論（Systemic Functional Linguistics）の延長線上にあり、言語を評価し、対人的な立場や関係を整理するために、どのように言語が使われるかを説明するアプローチである。話し手や書き手が、その発言や出来事に対してどのように判断を下し、それによって同じ見解を持つ人を結び付け、そうでない人から距離を置く方法を示している。態度、判断、感情的な反応が文書の中でどのように明示されるか、またどのように暗示されるかを明らかにする。

評価理論では、言語は、関与（engagement）、態度（attitude）、濃淡（graduation）の3つのサブシステムで構成される。関与とは、ある意見に対して書き手がとる態度を指し、別の意見や立場に沿って自分を位置づけ（関与させ）、さまざまな態度や信念に対する立場を表現する（Martin & White 2005, pp.94-96）。態度は感情的態度、倫理的態度、機能的評価と分かれており、人や行動に対する書き手の感情や態度を意味する。濃淡は、「とても」や「本当に」といった強弱を付けることを指す。

「関与」のカテゴリに他者の発言の引用が含まれており、これらは発話に対する責任の源を特定することを指向している。自己の声は、話し手の主観に位置付けられ、声は内的な声、つまり話し手の声であり、言うことに対する責任があると考えられる（White, 2002）。他者の声とは、主張や視点を引用または参照することによって、外部の声を含めることを指す。ホワイトは、他者の声にはさらに2つの選択肢があるとしている（White, 1998）。それは、他者の声が修正なしにテキスト内に挿入される「挿入」と、他者の声が話し手の声とある程度融合される「同化」である。通常は、話し手の声か他者の声かは比較的明確に区別されている。しかし、他者の主張が話し手に受け入れられるに従い、同化し、明確に区別することが難しい場合が生じる。そのため、いくつかの例では、発話は他者の声と自己の声の両方の性質を持つものと見なされることがある。このような同化によって、話し手の主張に対する責任は自己の声と他者の声の両方に帰属することになる。

ホワイトは、バフチンの内的対話性を検討する上で報道を分析する3つの枠組みがあることを指摘している（White, 2010）。第1は、著者が文章において構築する「意図された読者（Intended Reader）」あるいは「推測される受け手（Putative Addressee）」の性質である。第2は、著者が受け手と構築する関係であり、価値観の団結（Axiological Alignment）の見出しである。第3は、立場の違いの扱い方であり、テキストの共通性（Communality）である。メッセージの受け手は、著者の特定の信念や見方を共有することになり、間接的に対話的な機能が働くとする。価値観の団結については、何らかの出来事に対する反応や評価を含んでおり、著者の理解、信念、価値観が共有されることになる。何らかの説明を修飾する際に、「馬鹿馬鹿しい（idiotic）」といった否定的な言葉や「尊敬すべきゲスト（honored guest）」といった肯定的な言葉が含まれているということが指摘されている。ただし、著者は信念や態度を共有しないように意図して記事を書くこともできる。テキストの共通性とは、異なる立場の人をどのように扱うかという問題であり、著者の理解に基づいて代替する立場を対話的に扱うことになる。

エピソードに関しては、エピソード記憶やエピソード型フレームとして論じられている。タルヴィングは、長期記憶を2つに分けており、時間的・空間的に定位できる事象に固有な情報をエピソード記憶とし、時間的・空間的定位が困難な一般的・抽象的知識を意味記憶としている（Tulving, 1972）。エピソード記憶はある時点のある場所で起こった出来事を覚えている、あるいは思い出せることであるのに対し、意味記憶はいつどこで覚えたのかを特定できない、もしくは覚えていない記憶のことである（小松 1998）。政治的エピソード記憶に関して、岡田（2017）は、「前回の選挙で投票をした」ことが、投票義務感や投票参加の促進に効果を持つことを実証している。

他方で、フレーミングについては、キャッチフレーズやメタファーを含むため、レトリックとして機能することが指摘されており（Nelson et al., 1997）、視聴者の意見に影響を与えるとされている（Iyengar, 1991）。エピソード型フレームに関して、Aarøe（2011）は、テーマ型フレームよりも感情的反応を引き起こし、主張する政策の方向について説得的であることを指摘している。他方で、ハート（Hart, 2011）の研究では、テーマ型フレームに接していた方がエピソード型フレームよりも、政策を支持することが指摘されており、どちらのフレーミングの方が意見変容に効果があるかについては決着が付いていない。

先行研究の知見を要約すると、政治的レトリックとは、聴衆の心を摑むために用いられる修辞法であり、意見の支持を促すこと自体を目的としている訳ではなく、視聴者・大衆の興味関心を引くことにも用いられるものであるといえる。レトリックの内容についても、疑問を提示することや冗談を言うこと、メタファーを使用することなど多岐にわたっている。本章で取り上げるレトリックは、他者の発言を引用すること、およびエピソードである。他者の発言の引用は、自身の意見を客観的に強化するために用いられる場合と、相手との対比のために用いられていることが指摘されており、本章でもこの枠組みを用いる。またエピソードについては、感情的な反応を引き出しやすいとされ、説得的コミュニケーションに用いられている。これらのレトリックが政治インタビューの中で、政治家に用いられているかどうかを検証する。

3 他者の発言の引用とエピソードの関係

(1) 誰の発言を引用しているか

先行研究を踏まえ、政治インタビューにおいて他者の発言の引用とエピソードに関する話がいかに用いられているかを明らかにする。本章では、以下の3つの視点を設定する。第1に、他者の発言は、誰の発言を引用しているかについてである。与党議員であれば、自身の意見を強化するために、首相の発言あるいは他の大臣、与党議員の発言を引用することが考えられる。他方で、野党議員では、自分の意見を強化するためではなく、対比するために、政府与党議員の発言を引用することが考えられる。ただし、与党議員であっても、野党議員の発言を引用し対比する場合や、野党議員であっても所属政党の議員の発言を引用し補強する場合も考えられる。しかし、政治インタビューにおいて、与党議員は政府の業績をアピールし、有権者に支持を訴えることを考えれば、首相の発言など与党議員の発言を引用する場合が多いと考えられる。他方で、野党議員は政権交代を目指すために、あるいは自身の所属する政党の政策の優位性をアピールするために、政府与党側と対比し、政府の意見を批判するために、発言を引用する場合が多いと考えられる。ここでは、話し手（与党議員あるいは野党議員）が強化のために発言を引用するか、対比のために発言を引用するのかを明らかにする。

第2に、エピソードに関する話は、他者の発言と同時に用いられているかを明らかにする。エピソードが他者の発言と同時に用いられている場合と、そうでない場合を区別することで、どのような場合にエピソードに関する話のみが行われるのかを明らかにする。エピソードに関する話は、過去に行った行動や出来事を話すことで、現在の状況を説明し、当該政策を採用する場合に説得力を増すことが期待できる。エピソードに関する話がいかに扱われているかを明らかにすることで、政治的レトリックの機能解明に繋がると考えられる。

第3に、他の政治的レトリックとの同時使用があるかを明らかにする。話術に長ける政治家は、政治的レトリックを意識的に使用している訳ではなく、無意識に使用していることが考えられる。その場合、他の政治的レトリックと同時に使用されていることが考えられ、視聴者は、複数のレトリックを同時に聞くことで、より引き付けられることが予想される。メタファー、皮肉、ほのめかし、慎重なぼかし、象徴（シンボル）といった政治的レトリックの他、リスト、対比、パズルの解法、見出しと誓約、体勢の明確化、追求といった様々な手法が挙げられる。これらの政治的レトリックを全て網羅することは難しいかもしれないが、把握できる限りにおいて、組み合わせを明らかにすることで、レトリックの用いられ方が明らかになる。

(2) 事例の選択

政治家が公の場で話す機会は、選挙キャンペーンにおける演説の他、国会における質疑・答弁、テレビ出演や講演会などがあり、公式・非公式を問わず、多くの場面が挙げられる。その中でも政治インタビューは、司会者・キャスターが政治家に対して質問を行い、それに対して政治家が回答を行うことから、政治家は事前に回答を全て用意している訳ではなく、力量が試されているともいえる。実際は政治家がノートやメモなどをスタジオに持ち込んでおり、それを一部参照しながら答えている。政治家特有の弁論術を明らかにするためには、当選回数の少ない政治家よりも、当選回数の多い政治家の方が好ましいと考えられる。それは当選回数が少ない段階では、国会での質疑や答弁の経験も浅く、十分な知識や話す内容を持っていないことが想定されるためである。他方で、当選回数がある程度増えてくると、過去の経験を踏まえて、政治家特有の回答が形成されると考えられるためである。

また、政治インタビューには、複数のゲストが呼ばれるタイプと1人あるいは2人といった少数のゲストが呼ばれるタイプに分けられる。複数のゲストが呼ばれる場合、順番に質問が行われるため、質問・回答が何度もなされる訳ではない。そのため、少数の政治インタビューの方が多くのサンプルを検証することが可能になり、政治家が政治的レトリックを用いる場面が多いと考えられる。そこで、本章では、少数のゲストが出演する政治インタビューを選択する。また、与党議員と野党議員で政治的レトリックの使い方に違いがあると考えられることから、双方の政治インタビューを対象とする。

本章では、BSフジで放送されているプライムニュースおよびBS朝日で放送されている激論クロスファイアを用いる。与党議員および野党議員をそれぞれ2名ずつ、計4人を分析対象とする。与党議員として、２０１６年7月27日放送のプライムニュースより、自民党所属の衆議院議員の石原伸晃（以下、石原とする）、および２０１６年8月27日放送の激論クロスファイアより、自民党所属の衆議院議員の二階俊博（以下、二階とする）を選定した。野党議員として、２０１６年6月11日放送の激論クロスファイアより、民進党所属（当時）の衆議院議員の玉木雄一郎（以下、玉木とする）、および２０１６年9月26日放送のプライムニュースより、民進党所属（当時）の参議院議員の福山哲郎（以下、福山とする）を選定した。[4]

4　与党議員は強化、野党議員は対比

(1) 他者の発言の引用

4つのインタビューを用いて、110の回答におけるレトリックの使用を分析した結果、他者の発言の引用は33問（30・0％）であり、エピソードに関する話は16問（14・5％）であった。また他者の発言とエピソードの双方を同時に用いている例は5問（4・5％）であった。その他のレトリックを用いている数は29問（26・4％）であった。

他者の発言の引用について、石原12問、二階3問、玉木7問、福山11問であり、二階のみが少なく、個人差が見受けられるが、その他の3人は頻繁に用いているといえる。エピソードについては、石原3問、二階6問、玉木2問、福山5問となっており、こちらも多少のばらつきがあり、個人差があると考えられるが、4人とも用いていることが分かる。

第1の分析の視点を踏まえて、与野党議員における他者の発言の引用の違いを明らかにするため、強化と対比の区別を行った。表4-1は、与野党議員が用いたそれぞれの度数および割合を示している。

第1の視点で想定した通り、与党議員は強化を中心として用いること、他方で野党議員は対比を中心として用いていることが明らかとなった。ただし、与党議員であっても、対比を用いていることや、野党議員であっても強化を用いていることが分かる。

与党議員が強化を用いる場合、誰の発言を引用しているかについて確認すると、内閣総理大臣6回、知事1回、所属政党の議員2回、専門家1回となっている。与党議員は主に、内閣総理大臣の意見を引用し、それに対して自分の意見を補足し、強化する意味合いで回答しているといえる。与党議員が

対比を用いる場合、5回全てが司会者の発言を引用している。また司会者の発言に加えて、世論の批判的意見を引用し、それに弁明する形で回答を行っている。司会者が世論の代弁者として、批判的な意見を行い、それに対して与党議員が引用を行い、回答することで世論の批判を和らげていると考えられる。

他方で、野党議員が強化を用いる場合、党首2回、所属政党の議員2回、政治評論家1回、内閣総理大臣1回となっている。強化を行う場合、党首の発言や自身の所属政党の見解を引用することで、自身の発言を裏付け説得力のあるものとして構成しているといえる。また、内閣総理大臣の発言を引用する場面も見受けられた。これは、国民の大多数の合意が得られる内容でなければならないといった趣旨の発言であり、内閣総理大臣の発言でありながらも、世論を意識した引用となっている。野党議員が対比を用いる場合、内閣総理大臣・大臣3回、政府3回、自民党3回、司会者2回、世論1回となっている。対比の多くが内閣総理大臣・政府・自民党であり、政府与党と自身の政党を対比することで争点を明らかにし、自党の優位性を訴えるものと考えられる。

表 4-1　他者の発言の引用の用いられ方

	強　化	対　比	計
与党議員	10 (30.3%)	5 (15.2%)	15
野党議員	6 (18.2%)	12 (36.4%)	18
計	16	17	33

(出典) 4つのインタビューより作成。括弧内は全体に占める割合を指す。

次に、強化と対比の例を確認する。与党議員が強化として用いた例として、石原の5問目を取り上げる。石原は経済担当大臣として番組に出演しており、28兆円を超える経済対策について質問がなされている。次の例は、インフラ整備に計上されるものが多いかを問われている場面である。

与党議員の他者の発言の引用「強化」の例

石原：（中略）やはり、そういう、その、インフラ整備によって、ただ、インフラができる、そのインフラを作るためにその投資を行うことによって、この何て言うんですか、経済が、上がるということだけじゃなくて、そこから一つ先のね、ことを考えて、今回は、総理は、「未来への投資」、そして、「未来への投資必ず実現するんだ」ということをあの、ビデオの中で仰っていたんだと思います。

（２０１６年7月27日「プライムニュース」より）

この例では、石原は内閣総理大臣の発言を、ビデオを踏まえて、引用を行っている。石原は、単なるインフラ整備として受け取られないようにするため、「未来への投資」と発言し、それを強調するため、「未来への投資実現するんだ」という発言を行っている。インフラ整備の意味づけを肯定的に捉えるために、引用したものと考えられる。政治家は希望や未来といった将来に対する事柄を美化して表現し、有権者の支持を獲得し、損なわないように配慮している。

そして、野党議員の対比の例を確認する。野党議員が対比を用いた例として、玉木の22問目を取り上げる。玉木は参議院選挙前に国会対策副委員長として出演している。次の例では、憲法改正に関して、憲法9条の改正および集団的自衛権の行使容認について、田原が自民党の主張を尋ねている場面である。

野党議員の他者の発言の引用「対比」の例

玉木：最後に、ですね、まぁ、「衆議院、参議院の憲法審査会における議論を進め、各党との連携を図り、併せて国民の合意形成を務め、憲法改正を目指します」。もう少し、国会ではいろんな事、それも含め、仰っていたんで、あの、正直に言われたらどうかなぁと思います。

（２０１６年６月11日「激論クロスファイア」より）

ここで、玉木は自民党の憲法改正に関する公約を紹介し、その内容・発言が正直ではないとして、自民党を批判している。ここで批判の仕方について、着目すべき点は、「正直に言われたらどうか」という発言である。これを聞いた視聴者にとっては、自民党は正直ではないというメッセージが伝わることになる。政策の争点・憲法改正の内容に関する議論であるはずが、正直か正直ではないかという人格に対する批判となっているのである。ネガティブメッセージは争点に対する批判よりも人格に対する批判の方が大衆の反発を起こしやすいため（Carraro, Gawronski & Castelli, 2010）、どのような批判がなされているのかを留意して視聴することが求められる。

（2）エピソードに関する話

第2の視点に関して、エピソードに関する話の多くは、単独で用いられ、他者の発言の引用と同時に用いられていないことが明らかとなった。16問のエピソードは、政治家が多彩な経験や実績を持ち、有能さを示すための目的で用いられている。エピソードとは、ちょっとした挿話であり、過去の経験や体験を語ることを意味する。本章では、過去の経験や体験を語る場合をエピソードとしてカウントしている。[5]

エピソードに関する例として、単にエピソードを語る例と、他者の発言の引用を行い、同時にエピソードを語る例の2つを取り上げる。まず、二階の15問目の例を取り上げる。ここでは、中国の外交官である王毅と水曜日に会ったことについて言及し、対話の状況について、日本語で会話したのかを田原が尋ねている。

エピソードに関する話の例

二階：最初は、中国語でお話になって、そして、通訳がちゃんと通訳していただいていましたが、途中からね、まぁ、面倒臭くなったんでしょう。本人は、日本語が達者なんだから、で、直ぐに日本語になりました。後で言われとったのが、もう5、6年ね、日本語使ってないもんだから、失礼があったらいかんからって、日本語のお手伝いなら、幾らでもあるからと言って、私は言った。

（２０１６年8月27日「激論クロスファイア」より）

この例は、通訳を通さず、直接対話を行い、親密な関係であることを示している。視聴者に対して、何かをアピールしようという意図は見受けられないため、単なる状況の説明に過ぎない。しかし、こうしたエピソードは時折、政治インタビューに見受けられる。この後、田原はどのような話をしたのかということを尋ねている。そのため、司会者とゲストの間で、信頼関係を築くため、状況の説明を求める場合がある。

次の例は、福山の12問目であり、ＴＰＰ（Trans-Pacific Partnership Agreement）に関して、与野党で立場が変わった場合に、言い方が変わるのかどうかを問われている場面である。

エピソードと同時に他者の発言の引用を行う例

福山：ということでなくて、僕は、下村先生もご理解いただけると思うのですが、自由貿易は日本にとっては重要なんですね。当時は自民党政権から我々の政権に至るにあたっても、アジアの中で自由貿易圏をつくっていこうという話はもともとずっと継続していったわけです、それはウルグアイラウンドが止まっているからですね。その流れの中で、ＴＰＰというのが出てきたので、交渉に入らないわけにはいかないですねと。自由貿易を標榜している我が国としては、という話ですが、その時に「そもそも反対だ」と言われて、でも僕らボロカスに言われましたけれども、現実に交渉をされたのは自民党になったわけですから。でまあ結果としては国会決議も含めて、重要5品目[6]を守れなかったというようなことが今、国会で明らかになっているのに加えて、ＳＢＳ米[7]が出ているので、まずこのことを明らかにしてくださいというのを申し上げているんです。

（２０１６年９月26日「プライムニュース」より）

福山は、民主党政権時代（２００９年９月から２０１２年12月）に、自由貿易を標榜する我が国としては、ＴＰＰへの参加交渉に入らない訳にはいかなかったという経緯を説明し、その当時、野党であった自民党に「そもそも反対だ」と批判されたことを引用して発言している。しかし、その後、現実に交渉をした政権が自民党であることを指摘し、重要5品目が守られなかったことおよびＳＢＳ米について批判を行っている。これは２０１３年４月の「環太平洋パートナーシップ（ＴＰＰ）協定交渉参加に関する決議」において、重要5品目を関税撤廃の対象から除外することを求めていた決議に反することを批判しているものである。またＳＢＳ方式でのコメの輸入枠を設ける合意については、政府がコメを買い取り、同時に国内の業者に売るという構造であり、調整金が発生することが問題と批判される。福山は、民主党政権当時批判されていたことを引用しながら、政権交代後の自民党政権を批判している。福山の批判は、国会決議に反しているという点と、現状が十分に明らかになっていないため、情報を提示すべきという点である。

（3）他の政治的レトリックとの併用

第3の視点については、政治家は多くの政治的レトリックを用いており、その全てを網羅することは難しい。しかし、石原の17問目の一例を挙げる。石原は、身近な例を引き合いに出し、さらに知事の発言を引用し、自身の体験談をエピソードとして交えながら、専門用語を用いている。政治家の発言が複数の政治的レトリックの使用によって、説得力を増している例であるといえる。この例は、新幹線を引いても在来線が疲弊するのではないかと反町が質問している場面である。

他の政治的レトリックとの併用の例

石原：それは、もちろん両立はできません。それで私は一つ、もう一つ、今日話をさせていただきたいのは、そのミニ新幹線ってのが、山形とかあるんですけれども、やっぱりこういうものをですね、これから高齢化社会でね、やっぱり、ミニ新幹線って言っても、１２０キロで在来線のところを走って、踏切もあるんですよね。こういうものも、やっぱり改良していく余地はありますし、それによって、やはり、あの経済に対する影響って、私は、大きいと思います。1年3か月経った、金沢行って参りましたけれども、金沢港も、さっき言ったように、3万トンの船が着けるところが、実は、観光用のバースなんですけれども、そうじゃなくて、その新幹線の駅と同じように、「新幹線の駅だけで、すごくお金をかけた」って、知事がお話になっていましたし、JRの方も話されて、そこは、一つのスポットになっているんですね。そういう、やっぱり、新幹線効果っていうのは、あなどれない。で、過去に作った新幹線なんかも、やっぱり今の新幹線と違うものですね。例えば、新潟に行っている、新潟の知事が仰ってましたけれども、やっぱり、新潟の新幹線だって、「車両変えてもっと快適性を増せばですね、また、蘇ってくる」。その更新もある訳ですね。そういうもので、やっぱり、新幹線っていうのは、私は、非常に馬鹿にならない。それと、もう一つ忘れちゃいけないのは、道路だと思います。あの、町の中にバイパス１本作ることによって、これ数億円の規模で、地方だったらできますけれども、その町の中の環境は、すごく改善される。こういうものも、繋ぐことによって、ミッシングリンク[8]じゃないですけれど、繋ぐことによって、経済圏を広げる。こういうこともこれからできるようになってきますし、さらに（中断）[9]。

（２０１６年７月27日「プライムニュース」より）

石原は、交通インフラ整備の効果を、政治的レトリックを用いながら列挙している。身近な例としてイメージを想起させるために多くの地名を挙げている。ここでは、山形、金沢、新潟の３つが挙げられている。地名を挙げることによって、その地域に住む住民に対するアピールであると同時に、多方面に配慮していることを示しているといえる。また、金沢に行った経験を話し、観光用の埠頭として整備されていることをメリットとして話している。加えて、知事やＪＲの人の発言を引用することで、観光地としての魅力があることについて、説得力が増しているといえる。また、高齢化社会という用語を用いることで、現状の課題を共有し、それを解決することを意識していることを示唆している。そして、専門用語を用いることで、国土交通や経済政策に精通していることをアピールしている。このように複数の政治的レトリックを併用することで、視聴者の支持を拡大し、支持を失わないように発言が構成されている。

5　政治的レトリックの組み合わせ

本章では、政治的レトリックとして、他者の発言の引用およびエピソードに関する話を中心に取り上げ、事例の考察を行った。事例分析より、以下の3点が明らかとなった。第1に、他者の発言の引用に関して、与党議員は強化を中心に用いる一方で、野党議員は対比を中心に用いているといえる。これは与党議員が内閣総理大臣の発言を多く引用し、自分の主張を政府の発言として裏付けていることが示されたといえる。他方で、野党議員は政府の発言を対比として用いており、批判するために用いられていることが明らかとなった。批判の仕方についても多様性があり、「正直ではない」として人格を批判するものや、「正確な情報を提示していない」として批判するものが見受けられた。

第2に、エピソードに関する話をする場合、単に自身の経験談を話し、円滑なインタビューに寄与するものと、エピソードと同時に他者の発言を引用し、批判を行っているものが存在することを示した。聞き手の興味や関心を引き付ける手法として、エピソードが用いられており、そこに批判が組み合わされる例は少ないことが明らかとなったが、本章の分析では5例あり、全く存在しない訳ではないことが分かった。

第3に、他の政治的レトリックとの併用が行われていることを示した。他者の発言の引用やエピソードに加えて、身近な例を出し、専門用語や高齢化社会といったキーワードとなる用語を用いることで、視聴者を引き付けていると考えられる。また、政治家は「未来への投資」といった将来への希望を示す言葉を用いることで、アピールを行っている。

本章における課題は、事例研究であるため、一般化が難しいことである。今後、他者の発言の引用やエピソード、その他のレトリック手法に関して、異なる事例研究や定量的研究が求められる。また、誰の発言を引用しているかについての分類を精緻化することや、エピソードに対して、肯定的評価あるいは否定的評価を発言者が行うかどうかといった点も、今後明らかにすることが求められる。

政治的レトリックは、聴衆の関心を引き付けると同時に、話し手の巧みな話術によって説得力が増すという役割を担っていると考えられる。政治家は、個人差があるものの議員歴を重ねるにつれて話術に巧みになり、政治的レトリックを無意識であれ、意識的であれ、駆使して話すようになると考えられる。特に話術が上手いとされる政治家は、冗談を言うことによって聴衆の関心を引き付け、自身のエピソードを披露し、共感を得ることによって視聴者の感情的反応を引き起こし、支持を集めていると考えられる。政治家の話を聞く視聴者は、政治的レトリックに惑わされないように意識して話を聞くことが求められる。その上で、次の選挙の際に、当該政治家が適切であるかどうかの判断を下すことが必要となる。

コラム5　皮肉、カジョール（甘言）、誇張、冗談

皮肉（irony）は、遠回しに相手を批判することを指す。カジョール（cajole）とは、甘言で釣ることであり、有権者に魅力的な言葉で期待させることを指す。誇張（overstatement）は、主張を大げさにすることを指す。冗談（joke）は、ふざけて言う話であり、効果的な冗談は聞き手の注意を引きつけることができる。

皮肉の例として、辻元清美議員は２０１９年10月11日の予算委員会において小泉進次郎環境大臣に対して、以下の発言をした。

私、臭い物にふたじゃないけれども、私は、小泉さんの役割、何だか、そういう政府のいろいろな問題をごまかす清涼剤にあなたが使われるんじゃないかと心配しているんですよ、爽やかな小泉進次郎を大臣に入れることで。臭い物にふたという言葉がありますけれども、ふたにはちょっとなっていないですよ、まだ軽いから。消臭剤、デオドラントの役割を担わされるんじゃないかと思って、心配して質問しているんですよ。だから、はっきりいろいろなことを言ったらどうかと申し上げているわけです。国会改革、国会改革と言っていますけれども、その調子だと政治不信の片棒を担がせられるんじゃないか、心配だということを御忠告しておきます。

（第２００回国会衆議院予算委員会議録第２号より）

辻元議員は、「小泉さんは政府の問題をごまかす清涼剤に使われている」と清涼剤に例えて、遠回しに内閣を批判している。有権者が内閣の支持率を上げる意図として、小泉進次郎議員を環境大臣として起用していると認識し、辻元議員の話に合意すれば、遠回しな皮肉は効果的に映る。

カジョールの例として、２００９年の衆議院選挙の際に民主党が掲げた子ども手当などのマニフェストが該当するが、ここでは安倍首相の発言を紹介する。安倍首相は２０１２年12月28日午前、首相官邸で北朝鮮による拉致被害者家族会のメンバーと面会した（日経新聞２０１２年12月28日夕刊）。首相は「もう一度首相に就いたのも、何とか拉致問題を解決しなければとの使命感からだ。必ず安倍内閣で解決する」と約束した。家族会の飯塚繁雄代表は「早いうちに解決への道筋がみたい」と期待感を示した（日経新聞２０１２年12月28日夕刊）。さらに、安倍首相は、国家ぐるみの著しい人権侵害である拉致問題の解決を最優先し、被害者を「必ず取り戻す」と明言した（産経新聞２０１７年３月13日）。第２次安倍内閣が発足した２０１２年12月に拉致被害者家族会のメンバーに直接、「必ず解決する」と述べ、期待を抱かせた。さらに２０１７年３月のインタビューにおいても「必ず連れ戻す」と述べていた。カジョールは、できるかどうか分からないことを掲げ、有権者に期待を抱かせるものであり、その期待が続く限り支持が持続する。しかし、その期待が裏切られた場合、有権者は大きく失望する。そのため、有権者は、発言した政治家が本当に実現できるのか、実現する能力や意欲があるのかを慎重に見極めなければならない。

誇張の例として、萩生田光一文部科学大臣は、２０１９年10月24日プライムニュースの中で、試験本番では高３で受けた２回までの成績が大学に提供されることを踏まえ、「自分の身の丈に合わせて、２回をきちんと選んで勝負して頑張ってもらえれば」と発言した（朝日新聞２０１９年10月28日）。これを「身の丈発言」として野党は批判した（朝日新聞２０１９年10月29日）。「身の丈発言」といったレッテル貼り（labeling）は、その部分だけを切り取る誇張といえる。このように発言の一部分だけを切り取り、レッテルを貼り、誇張することは、発言の意図を歪めるものであるが、批判は分かりやすく広まりやすくなる。

冗談は、会話の導入、半ば、終わりに関わらず不規則に用いられる。冗談が多い方が、話が面白いため、聴衆は聞く態度を保持することができる。２０１５年11月19日、大阪市長選の終盤において、橋下徹大阪市長は、応援演説で吉村洋文候補の着ていた白いダウンジャケットに言及し、私が着たら雪だるまになってしまうと冗談を言った。彼が着ると格好良いとして、自身と対比した。こうした冗談をいうことにより、聴衆は橋下の話に関心を持ち、聞く姿勢を維持していた。

皮肉、カジョール、メタファー、誇張、冗談といったレトリックは、効果的に組み合わせて用いられることが多い。これらのレトリックは意識してすぐに習得できるものではないため、上手い人のスピーチを真似していくことから、練習するしかない。効果的なレトリックをスピーチに含められれば、聴衆は持続して聞く姿勢を維持し、支持を集められるようになるだろう。

第6章　政治家の表情

1　会話分析と表情分析

政治コミュニケーション研究は、会話分析を用いて、言語学や社会学の分野を中心に発展してきた。政治コミュニケーション研究では、政治家が世論にどのような影響を与えるかを分析し、政治リーダーの行動の役割と効果が示されてきた。政治リーダーは、支持者を説得する独自のテクニックを持っている。聴衆の態度は、政治家の発言だけでなく、身振り手振りや顔の表情からも変わることがある。そのため、有権者は政治家の言語的および非言語的な行動を理解する必要がある。

政治家インタビューの研究では、主に会話分析の枠組みを使い、文章に焦点を当てている。しかし、この方法では多くの情報が抜け落ちてしまう。それは視線、ジェスチャー、姿勢、接触、顔の表情などの非言語行動（nonverbal behavior）であり、政治家の物理的環境、空間行動、距離、服装、化粧、アクセサリーなども含まれる。

会話分析では、発話の内容や意味を明らかにすることができるが、言葉の表現の裏にある真の意図を知ることは困難となる。しかし、顔の表情を分析することで、政治家が深く考えて言葉を選んでいるかどうか、話すことを楽しんでいるかどうかなどがわかる。ただし、政治家の心理的な反応は常に見られる訳ではない。政治家がある問題について特定の考えを持って話すとき、その表情は言葉で示される内容と同じことを伝えているかもしれないし、そうではないかもしれない。

本章では、政治家インタビューを用いて、会話分析と表情分析を統合した分析方法を紹介する。また、安倍晋三首相（当時）についての質的な分析に加えて、表情の量的な分析を行う。本章は、会話分析をさらに発展させることで、今後の政治コミュニケーション研究を発展させることを意図している。第2節では、会話分析と表情分析に関する先行研究の概要を示す。第3節では、統合手法の枠組みを示す。第4節では、分析結果を説明し、第5節で、考察と結論を述べる。

2　表情研究

(1) 会話分析と政治的コミュニケーション

会話分析は、録音された会話を記述し、その前後の文脈に着目して、言語表現の意味や役割を明らかにする手法である。この分析はサックスらによって導入され（Sacks et al., 1974）、タンネンによって会話分析の枠組みが確立された（Tannen, 1984）。サックスらは、話し手と聞き手が交互に交代する話者交替（Turn-Taking System）を示した。会話における話者交替には2つのパターンがある。第1は、話し手が他の人に会話の順番を譲るものである。第2は、聞き手の役割を持つ人が自発的に発言するようになるものである（Sacks et al., 1974）。聞き手は、話し手の「会話の番が終わった」というメッセージを認識した後に、話し手の役割を果たすことが期待される。

タンネンは、会話分析を行うための過程を説明している。会話の記録、記述、データの観察、仮説の提示、参加者の意見や印象の確認、第三者からの確認、仮説の修正・変更などの手順が踏まれる。

政治家インタビューを分析対象とした場合の会話分析の問題点は、参加者がテレビ局から発言内容の指示を受けていることがあるため、参加者の年齢、経験、キャリア、インタビュアーの反応などを把握することが難しいことである（メイナード 1993）。政治家インタビューの研究は、この限界を考慮して発展してきた（Jucker, 1986; Harris, 1991）。

（2）顔の表情の研究

チャールズ・ダーウィンによって始められた顔の表情研究は、１９６０年代に入ってからさらに進展した。第１に、進化論の観点から理論的なアプローチが展開された。第２に、表情の普遍性に関わる比較文化研究が展開された。第３に、客観的な顔の表情の測定方法が発見された（Keltner et al., 2003）。エクマンとフリーセンは、解剖学の知識に基づいて、目に見える顔の表情筋の動作を総合的に測定する Facial Action Coding System（FACS）を開発した（Ekman & Friesen, 1978）。ＦＡＣＳを用いることで、顔の表情を恣意的に測定するという問題が解決された。Ekman et al.（2002）はＦＡＣＳを改訂し、41の基本動作を決定し、あらゆる顔の動作はこれらの基本動作の組み合わせで記述できるとした。基本動作はアクションユニット（Action Unit）とアクションディスクリプター（Action Descriptor）で構成される。

アクションユニットの41個のアクションのうち、解剖学に基づいた32個のアクションが特定されている。アクションディスクリプターに含まれる残りの９つのアクションは、顔の筋肉に対応していないものである。それぞれの基本動作は数字で記述され、これらは動作モードと名付けられている。例えば、眉毛を上げる動作はＡＵ１（Inner Brow Raiser）、ＡＵ２（Outer Brow Raiser）とされている。両眉毛を互いに寄せ下げる動作はＡＵ４（Brow Lowerer）とされている。

表情は感情を反映するものとして捉えられている（Stewart, Salter, & Mehu, 2009）。離散的感情理論（Discrete-Emotions Theory）では、驚き、喜び、怒り、恐怖、嫌悪、罪悪感などいくつかの感情に分けられる（Izard & Malatesta, 1987）。表情は感情を認識するための重要なソースであり、表情を見た人に影響を及ぼすと考えられている（McHugo et al., 1985）。

表示規則（Display Rules）とは、特定の場面で、自分がある感情を表出するかどうか、もし表出するとしたらどういう風に表出するかというものである。例えば、日本人の場合は、悲しみに関して人前で強く表出しないという表示規則を有している。文化的表示規則と表現される場合もあり、社会的規範や因習を指す（Ekman & Friesen, 1969）。エクマンとフリーセンは表示規則の機能として、①ある情動を示す表出を弱める、②ある情動を示す表出を過剰にする、③情動を感じていないように見えるようにする、④他の情動を示す表情を作り、実際に感じている情動を隠すという4つを挙げている。

他方で、解読規則（Decoding Rules）とは、表情をみて、その人がどのような感情かを判断するためのものである。例えば、日本人同士の場合であれば、相手が何か軽微な失敗をしたときにはにかんでいれば、照れているのだろうと判断できる。手がかりとなるのは、相手の性別、年齢、その場面が公的か私的か、動作など他の表出行動を伴っているかどうかなどである。これらの規則は、その文化の中で育っていくことで理解されていく。文化が異なると規則にも差が生じる。日本、中国、韓国のような東アジア諸国では、人々は集団で行動しており、感情の表出を抑制することが大事であると捉えられており、調和を維持するために感情を示さないことが重視される（Heine et al., 1999; Markus & Kitayama, 1991）。

これらの表示規則や解読規則と関連して、社会的・文化的影響によって感情表出を抑制する、あるいは強調する場合がある。[1] また、状況によっては中立（ポーカーフェイス）を装うことがある。こうした表情の偽装はマスキングと呼ばれ、顔面管理技術を指す（リッチモンド・マクロスキー 2006）。日本人はマスキングの熟達者と考えられており、日本人の感情表現は肯定的あるいは中立が多いとされる（リッチモンド・マクロスキー 2006）。

政治における表情に関する研究として、有能な顔や支配的な顔が選挙において得票を増すことが示されている（Todorov et al., 2005; Armstrong et al., 2010; Berggren, Jordahl, & Poutvaara, 2010）。有能な顔は、魅力的、知的であり、説明責任を果たすことができ、力強い。他方で、支配的な顔は友好的ではないという特徴を持つが、保守層に支持されることが示されている（Laustsen & Petersen, 2016, 2018）。選挙においては、有能な顔が好まれており、候補者が有能な顔を持つかどうかはコンピュータにより瞬時に判断が可能とされる（Todorov et al., 2005; Olivola & Todorov, 2010）。

サリバンとマスターズによると、幸福の表情は見た人の喜びと相関関係があるとしており、幸福の表情は票を増やす可能性があるとしている（Sullivan & Masters, 1988）。加えて、政治家の顔の特徴や発言に着目し、政治家を判断する際には、言葉の内容と非言語の両方が重要であることを指摘している。また、怒りの表示は否定的なことを伝えることに適しており、集団でのコミュニケーションや学習にとって重要であるとされる（Argyris, 1994）。ただし、怒りを示すことは好感度を低下させ、嫌悪感や冷たさを伝えることになる（Tiedens, 2001）。

エクマンとフリーセンやブランクとローゼンタールは、人は言葉と表情の両方をコントロールできるが、表情の方が言葉よりもコントロールが難しいことを指摘している（Ekman & Friesen, 1969, 1975; Blank & Rosenthal, 1982）。加えて、表情とトーンの間の矛盾が知覚されやすいとされる。

３　会話分析は文脈、表情分析は０・１秒

本章では、政治コミュニケーションの研究を発展させるために、会話分析と表情分析を統合した新しい分析方法を提示する。質問と回答は、通常、話者交替に基づいて繰り返される。そのため、会話分析では質問と回答のセットが分析単位となる。一方、表情分析では、瞬間的な表現が測定されるため、短時間の分析単位も必要となる。一瞬の微表情（Micro Expressions）を見逃さないため、表情分析の単位は０・１秒となる。

会話分析と表情分析では分析の単位が異なるため、分析単位を同じにする必要がある。ただし、この２つの分析方法を統合する場合、双方の長所を損なわないように注意しなければならない。０・１秒を分析単位にすると、会話の内容や意味を無視しなければならない。一方、質問と回答のセットを分析単位とすると、瞬間的な表情は除外されてしまう。しかし、質問と回答のセットを分析単位として採用した場合、質的分析を用いることで瞬間的な表情を含めることが可能となる。

本章では、質問と回答のセットを分析単位として採用し、会話分析の強みを活かすこととした。表情を分析する場合、定量分析では政治家が話しているときの表情を用いる。これによって、発話の際に見られる政治家の表情を分析することが可能となる。しかし、政治家が話している時間によって、誤差の範囲が異なることになる。そのため本稿では、５秒以上話す政治家の表情を測定することとした。

フェイスリーダーは、顔の表情を分析するためのソフトウェアである。このソフトはＦＡＣＳをベースにしており、顔の４９１点を指定して３Ｄモデルを作ることができる。このソフトウェアは、０・１秒ごとに動画を計測することで、「中立」「幸せ」「悲しみ」「怒り」「驚き」「恐怖」「嫌悪」の

7つの表情を数値として算出する。

本章では、質的分析と量的分析を合わせた手法を採用する。まず、定性分析の対象は、2017年1月8日に放送された日曜討論に出演した安倍晋三首相（当時）である。質問の多くは島田が行い、冒頭の説明などいくつかの質問を中川が行っていた。番組は「2017年、政治はどう動く」というテーマで行われた。28問の質問を受けた安倍首相のインタビューは30分であり、その後に他の政治家のインタビューが行われた。

次に、定量分析の対象として、与党議員10名を対象とした。分析対象とした番組は、新報道2001（フジテレビ）、プライムニュース（BSフジ）、激論クロスファイア（BS朝日）、日曜討論（NHK）である。

4　表情の事例とフェイスへの脅威

(1) 定性分析

安倍首相のインタビューを用いて定性分析を行い、会話の中で安倍首相の表情が示した「幸せ」「悲しみ」「怒り」「驚き」「恐怖」「嫌悪」「中立」の推移を示した。

図6-1は、安倍首相の表情の推移を示している。分析した表情の内、中立的な表情が40～50％程度を占めており、平静を装って質問に答えていることが分かる。しかし、それ以外の表情として、驚きや嫌悪が一部示されており、完全に落ち着いているわけではないことが分かる。議題は主に外交、安全保障などで、インタビューの最後には衆議院解散について聞かれていた。

このインタビューの議題は、重要な政治問題に関連している。例えば、質問の6問目から9問目は、安全保障に関わる重要な問題である普天間飛行場の移設について聞かれていた。沖縄県に米軍基地が

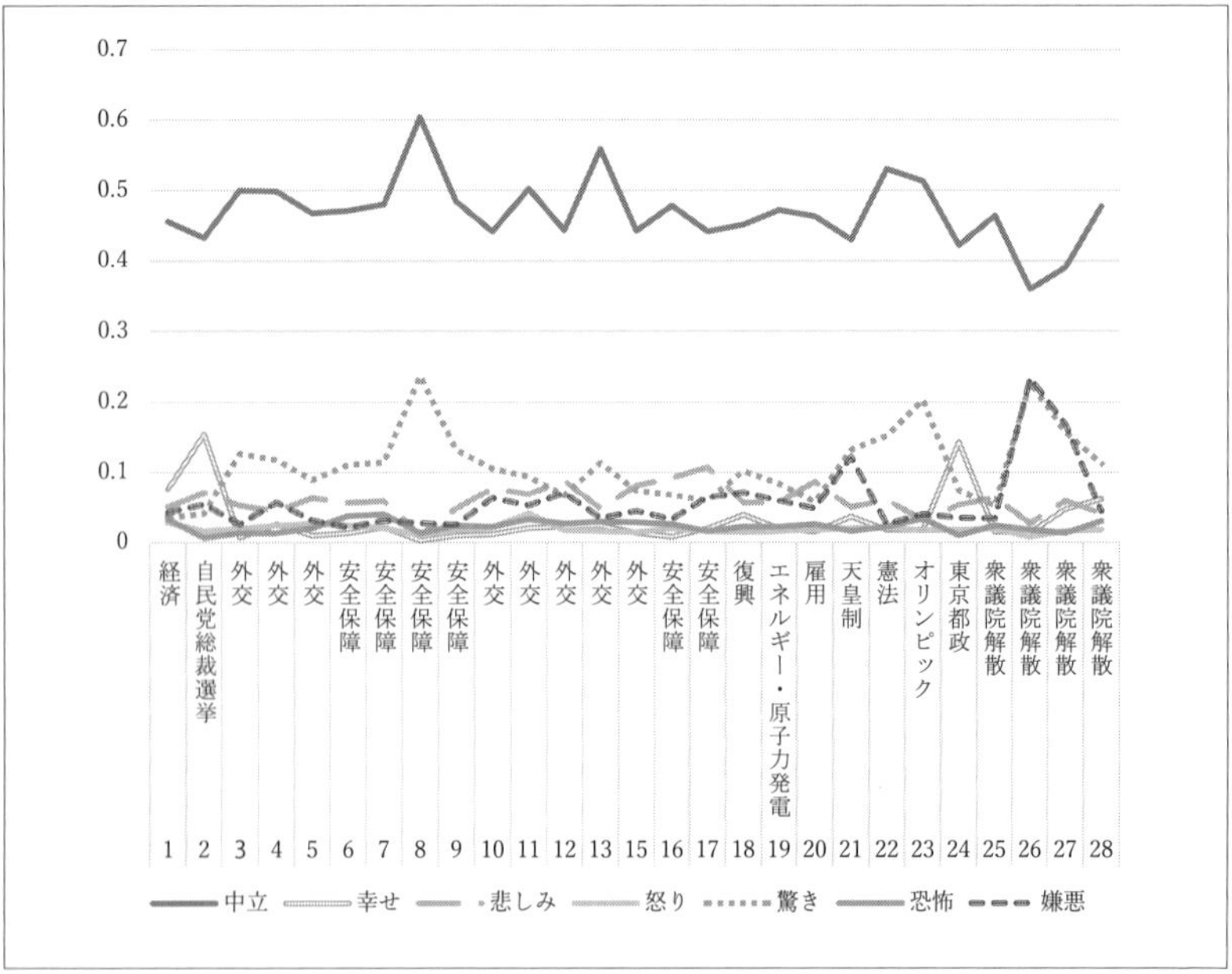

図6-1　表情と話題の流れ

集中しており、政府は米軍基地を普天間から辺野古に移すことを検討している。しかし、沖縄県民の多くは辺野古への移設に反対している。このインタビューでは、この状況をどのように解決するかが問われている。もうひとつの例は、日本とロシアの関係という外交問題についての質問であった。北方領土での共同経済活動をどのように進めていくかという問題であり、これらの質問はすぐに解決できるような問題ではなく、2021年現在でも重要な問題となっている。政治インタビューでは、こうした難しい問題に対して、回答が求められる。

幸せな表情　安倍首相は、このインタビューの中で2回幸せな表情を示した。幸せな表情は、その人が実際に幸せを感じているということではなく、笑っている、微笑んでいるという表情を指す。例えば、自民党総裁選に関する2つ目の質問に答えたとき、安倍首相は笑顔を見せた。

島田：自民党の総裁任期が連続3期9年間にまで延長される運びになっていると。そういう中で来年秋のですね、総裁選挙で3期目を目指したいというような気持ちがそろそろ強くなってんじゃないですか。

安倍：まずはですね、日々全力で、国民の期待に応えていく、そのために汗を流していきたいと思いますが、この結果をですね、積み重ねていくことによって果たしてこの先どうしようかという判断をしていきたいと思います。

（2017年1月8日「日曜討論」より）

この場面で安倍総理は、自民党総裁の任期に関する党則の変更について聞かれている。2017年3月に自民党は党則を変更した[2]。これは、安倍首相の長期政権は、党員や国民の理解を得ることができると考えて変更されたものである。このインタビューは、総裁任期が連続2期6年のときに行われていた。

安倍首相はこの質問に答えるとき、笑顔で「まずはですね、日々全力で、国民の期待に応えていく、そのために汗を流していきたいと思います」と語った。仕事に対する姿勢を示す言葉ではあるが、それが笑顔で語られている。つまり、話された言葉と顔の表情は食い違っていたのである。これは、インタビュアーが長期政権の話をしたときに、安倍が長期政権になることを嬉しく思い、幸せな表情をしていたことを示唆している。

驚きの表情　次に、眉毛を上げることに特徴を持つ驚きの表情を扱う。眉毛を上げるのは驚きの表現と認識されるが、人は何かを強調するときに眉毛を上げる。

島田：はい、ただですね、在日アメリカ軍の問題、ここでは先月沖縄でオスプレイが大破する事故がありました。このため沖縄県の翁長（雄志）知事は改めてですね、オスプレイ配備の撤回を求めています。こうした声には、総理はどう向き合う考えですか。

安倍：今回オスプレイが給油中にですね、事故が起こり、不時着水をしたわけでありますが、かつてはですね、私たちが、では運航を停止してくれといっても、実際はほとんど応じてこなかったのが、現実でありましたが（中略）。

（２０１７年１月８日「日曜討論」より）

この場面では、沖縄県知事がオスプレイの配備撤回を求めていた問題を取り上げている。安倍首相は、「今回オスプレイが給油中にですね、事故が起こり」と言ったとき、眉毛を上に動かした。この問題の重要性を強調するために眉毛を動かしたと考えられる。この質問に回答する際、下を向いたまま考えて答え始め、その後、顔を上げて聴衆に説明を始めた。そして、この問題を説明することの重要性を示すため、眉毛を動かした。驚いた表情は、政治インタビューで政治家が何を重視しているかを判断する指標として有効となる。

嫌悪の表情　嫌悪の（うんざりした）表情は不快感を表すが、一般的に政治家はこの感情をあまり表現しない。次の例は、安倍首相が国会の解散について再び聞かれた場面である。安倍首相はこのやりとりの前に「解散のかの字も、おそらく頭には浮かばないだろう」と答えている。すでに「解散はない」と答えていたにもかかわらず、インタビュアーから再び同じ質問をされたときに、嫌悪の表情が示された。

島田：でその先にですね、今度は衆議院の選挙制度そのものを巡って、政府の審議会が定数是正に伴う、小選挙区の区割り会見を5月の下旬までに勧告しています。この新しい区割りの案が出る前、出た後、解散総選挙、その前後でですね、行うというようなことがあり得るんでしょうか。

安倍：あの今、申し上げましたようにですね、私は今全く、解散考えていないわけでございまして、それはまさに今の仕事にですね、全力を尽くしていくということに、まさに頭が全て、それに占められているわけでありますから、それはしばらく続いていくだろうと思いますね。

（2017年1月8日「日曜討論」より）

インタビュー中、安倍はすでにその質問に答えていたが、インタビュアーの島田は区割り見直しに言及し、再び同じ質問をした。このとき、安倍は「今、申し上げましたように」と言うときに嫌悪の表情を示していた。同じ質問をされたときに安倍は、無意識で不快感を表情に示したと考えられる。

悲しい表情　悲しい表情は必ずしも悲しみを表しているわけではない。政治家は悲しい表情を使うとき、慎重に言葉を選んでいる。政治家が下を向いて困ったような（険しい）表情をしていれば、悲しい表情と認識される。

島田：朝鮮半島ではですね、この東アジアの安全保障の鍵を握る、北朝鮮の存在というものが不気味な姿を示しています。核実験、ミサイル発射を繰り返す、北朝鮮に対して、懸案の日本の拉致の問題ですね、ここがなかなか進展しません。経済制裁をしていることが、そこにどう影響しているのか、それも含めて解決の糸口というものを総理はどのようにお考えですか。

安倍：あの北朝鮮はですね、新しい金正恩政権が成立をして以来、核実験、そしてミサイルの発射を繰り返しています。その観点からですね、日本も国連の場において、リーダーシップを発揮しながら国連決議２３２１をですね、決議いたしました。その中において日本も制裁を行っている。同時にですね、拉致問題が解決をしていないということも含めて、制裁を行っているわけでありますが、北朝鮮に対しては対話と圧力、行動対行動の原則にのっとってですね、拉致問題の解決のために全力を尽くしていきたい。拉致問題が解決をしなければですね、日本と北朝鮮との関係は正常化しないわけでありますし、同時に北朝鮮がですね、国際社会から受け入れられることはない。つまり北朝鮮にとってですね、未来を描くためにはですね、この拉致問題を解決をしなければならないということをですね、理解してもらえるように、日本もしっかりと対応していかなければいけないと考えています。

（２０１７年１月８日「日曜討論」より）

安倍は「拉致問題が解決をしなければですね、日本と北朝鮮との関係は正常化しないわけであります」と言う際に悲しい表情を示した。拉致被害者や関係者が自分のインタビューを見ていることを想定し、そのために悲しい表情をしたと考えられる。安倍首相は、拉致問題のようなデリケートなテーマの時には、その場の状況に応じた表情をしている。また、悲しみを表現するだけでなく、「拉致問題の解決のために全力を尽くしていきたい」と、解決策を模索する意思を示している。この定性分析により、政治インタビューでは、発言内容と表情が関係していることが示唆された。

(2) 厳しい質問は何らかの表情を招くか

定量分析のデータは、質問と回答のセットを分析単位として用いる。データセットは10回のインタビューから作られた。インタビューは、与党議員に焦点を当てている。質問と回答の数は１６０回である。ここでは、フェイスへの脅威が、政治家の表情に影響を及ぼすかどうかを明らかとする。フェイスへの脅威は1から5段階でコード化されている。レベル1は脅威がないことを意味し、レベル5は最も強い脅威を意味する。

質問がフェイスへの脅威を含む場合、政治家にとって質問に直接的に回答することは難しくなる。質問が厳しい場合、政治家の表情は、悲しみ、恐怖、嫌悪の表情が表れると想定した。

分析の結果、フェイスへの脅威が「悲しみ」と「恐怖」の表情に影響することが明らかとなった。フェイスへの脅威は、悲しみの表情を招く結果であった。政治家は、フェイスを脅かされる質問をされると、悲しい表情をして答えているといえる。厳しい質問は政治家を悩ませ、その結果、政治家は悲しい表情を見せることになる。他方で、フェイスへの脅威は恐怖の表情を遠ざける結果であった。フェイスを脅かすような質問の場合、政治家は恐怖の表情を示さず、隠しているといえる。この結果からは、フェイスへの脅威がある質問に直面した場合、政治家は脅威を感じていることを隠していることが示唆される。

テレビ番組については異なる結果が得られた。政治家はプライムニュースで幸せな表情を多く示していることが分かった。プライムニュースは1時間55分の政治インタビューであるため、インタビュアーは和やかな雰囲気が保たれるようにしている。また、新報道2001や激論クロスファイアでは悲しみの表情、新報道2001や日曜討論では驚いた表情、激論クロスファイアでは恐怖の表情がプライムニュースより見られる結果となった。プライムニュースでは怒った表情や嫌悪の表情が他の番組より多く見られた。こうした違いは、番組の構成や質問のスタイルが影響していると考えられる。また、年齢が高くなると嫌悪の表情を示しやすくなり、他方で、幸せ、怒り、驚きの表情を示さないようになる。そのため、加齢と表情に関係があることがうかがえる。

5　表情が世論に与える影響

本章は、表情分析と会話分析を統合する分析手法を提示した。定性・定量分析の手法を会話分析のフレームを使って分析を行った。定性分析では、安倍首相のインタビューを用いて、政治家のインタビューにおける幸せ、驚き、嫌悪、悲しみの表情を示した。また定性分析では、言葉と顔の表情に違いがある場合があることを示した。加えて、安倍首相は同じ質問をされた際に、無意識に嫌悪の表情をしていたことが明らかとなった。

定量分析では、悲しい表情と恐怖の表情にフェイスへの脅威が影響を与えていることを示した。厳しい質問は政治家の顔を悲しませ、政治家は恐怖の表情を隠そうとしている。

会話と表情の分析を統合的に行うことで、政治インタビューに関する新たな展望が見える。政治家が質問に答えるときの表情には、その人の心理が表れていると考えられる。例えば、幸せな表情を示していたとしても、言葉は異なる場合がある。政治家の発言のみを分析していても、幸せな表情は分からないといえる。また、厳しい質問をされたときに、政治家は悲しい表情を示す。テレビの視聴者は、政治家が悲しい表情をしていることを見つけたときは、フェイスを脅かす質問がされたときだと理解できる。この定量分析から、政治家は恐怖の表情を隠そうと、顔の表情をコントロールしようとしていることが示唆される。

本章の限界は、結果を普遍化できるだけのサンプル数がないことである。表情分析は、録音プログラム、テープ起こし、コーディング、データの読み込み、ソフトウェアによる分析が必要となる。本章の結果が普遍性を持つかどうかはさらなる検証が必要となる。また、顔の表情は年齢によっても変化し、個人によっても異なるので、政治家と非政治家を比較することも必要となる。

表情や言葉の表現が世論に与える影響には、プラスの効果とマイナスの効果があると考えられる。プラスの効果としては、政治家の表情や言葉による世論の形成が挙げられる。政治家は、メッセージを洗練させることによって、自分の政党に関する肯定的なイメージを作ることができる。一方、マイナスの効果としては、自分の政党に対する悪いイメージや否定的な世論を作ってしまう危険性があることである。一例として、ドイツのキリスト教民主同盟の党首であるアルミン・ラシェットが洪水被害の視察の際に、周りの関係者と談笑している姿が報道され、不謹慎と批判され、謝罪するに至ったことが挙げられる（朝日新聞２０２１年7月18日）。こうした事例は探せばいくつもあり、不適切な場面での笑顔など世論に影響を及ぼすことは明らかである。有権者に好意的に受け取られない表現や発言は、政治的な支持を失うことに繋がり、投票率の低下を招く可能性がある。視聴者に肯定的または否定的な影響を与える表現や発言については、さらなる研究が必要といえる。

政治インタビューは、政治家が視聴者・大衆に直接語りかけることで、視聴者の心を動かすツールとして使われる。有権者は、政治家のインタビューを見て、政府や野党への判断・評価をすることで、世論を形成していく。有権者は、政治家の言語的・非言語的行動に基づいて、適切な判断を下す能力を持っておかなければならない。

コラム6　知らず知らずのうちに誘われる反応

政治演説において、聴衆は、無意識のうちに集団行動が喚起（collective action）されており、誘われた政治的反応（Invited Political Behavior）をしてしまう。クラスナーは、「誘われた政治的反応」の概念を紹介した（Krasner, 2019, 2020）。この概念は政治行動、特にリーダーとその聴衆の関係についての理解を深めることに役立つ。「誘われた政治的反応」とは、政治家と聴衆、あるいはたまたま居合わせた人々との間の象徴的な相互作用を指す。

この相互作用の中で、政治家は支持を得るために既存の社会規範を利用する。これは、スピーチを含めた言語的なコミュニケーションだけでなく、非言語的なコミュニケーション行為も含めて、文化的に形成された、身体的・感情的反応を聴衆から引き出すような行為を指す。例えば、ジョークを言う（笑いを誘う）、拍手や笑いを誘う、手を差し伸べ握手を誘う、両手で赤ちゃんを抱く（信頼を誘う）、罪を告白する（許しを誘う）などが挙げられる。ほとんどの場合、反応を引き出す政治家は目的を持っており、通常は共感を得て、最終的には支持を得るために行う。

聴衆の反応はほとんどが自然に発生している。群衆の中に立っている人は、選挙運動をしている政治家が握手を求めてくるかわからず、演説を聞いている聴衆は、演説者がいつ笑いを誘うようなジョークを言うか、拍手を誘うようなレトリックを使うか事前には分からない。

この意味で、誘われた政治的反応は、半自然発生する反応を呼び起こすことで成功している。例えば、多くのアメリカ人は、ジョークに笑うことや告白に共感することを人生の早い段階で学ぶ。同様に、スピーチ中の拍手は連帯感をもたらす。この連帯感は、拍手をしている他の人にも及ぶ水平方向のものと、話者と拍手をしている人を結ぶ垂直方向のものがある。言い換えれば、行動を引き出すということは、一見自然発生する反応であり、聴衆の利益の結合を促す集団行動となる。政治家はこのような聴衆の反応を利用して、脅威を和らげたり、忠誠心を高めたりする。つまり、聴衆の反応は政治家の目的を達成することに有利な条件を作り出している。それは、政治家を支持する感情を作り出すものであり、問題意識が変化したり、脅威となる問題が抑制されたりする。

親しみを込めて手を差し伸べるなどの招かれた（誘われた）行動は、すぐに拒絶されるリスクが低く、相互反応や握手という形で成功する可能性が高い。一方、冗談を言ったり、私生活の詳細を明かしたりするような誘発行動は、失敗のリスクがある。成功した場合は、反応も大きくなるが、失敗した場合、「あの人はつまらないギャグを言った」と感じたり、不適切な発言をしたと不快感を覚えたりすることに繋がる。政治家の告白に対して、行動を非難する人もいれば、共感を覚える人もいる。政治家は、リスクが低い行動をすることが多いが、大きな反応を誘うためのリスクのある冗談を言うこともある。我々、有権者は、知らず知らずのうちに政治家に反応を誘われていることに気を付けなければ、無意識のうちに支持する態度が形成されてしまう。

第7章　しかめっ面は答えないか

1　高文脈文化の日本

政治家の顔の表情は、政治家の回答とどのように関連しているのか。本章では、テレビの政治インタビューにおける質問と回答に焦点を当てたこれまでの研究（木下・フェルドマン 2018）を超えて、日本の政治文化の下で、テレビ番組の中で政治家の回答と顔の表情の相関関係について議論する。インタビューの際に、政治家が視聴者に良い印象を与えようとしてコントロールする表情と質問への回答の関係に焦点を当てている。日本社会で特に重要視されている幸せな表情と回答の相関関係や、質問に対して真面目に答えることを示唆する悲しい表情と回答に関する相関関係について明らかにする。

政治家は普段は平静を装っているが、難しい問題に直面したときに感情を顔に出すことがある。政治家の目的は、有権者に良い印象を与え、次の選挙で有権者が自分に投票してくれることを期待することである。一方、インタビュアーは、政治家を困らせることで、自分が出演するテレビ番組の高視聴率を狙っている。政治インタビューの研究は、インタビュアーと政治家の相互作用に注目して展開されてきた（Hutchby, 2021）。インタビュアーは、質問の際には中立性を保ち（Clayman, 1998）、政治家に自身の行動の説明を求める。

他方で、政治家に関する顔の特徴や表情の研究が展開されている（McHugo et al.,1985, Sullivan & Masters, 1988; Laustsen & Petersen, 2018）。サリバンとマスターズは、聴衆に影響を与えるためには、顔の表示(1)のみよりも、顔の表示と発言の組み合わせがより効果的であることを指摘している。そのため、非言語的な行動だけでなく、言語的な内容も重要となる。顔の表情は自然な感情とみなされるが、政治家は訓練によって顔の表情を作ることが想定されている。また、政治家は支持者を減らさないために、政治インタビューでの質問に対処するために慎重に言葉を選んでいる（Bull & Mayer, 1993）。本章では、日本の政治インタビューに焦点を当て、表情と回答の関係を明らかにすることを目的としている。

さらに、どっちつかずなコミュニケーション、表情、日本文化の関係についても考察する。日本のインタビュアーは、ゲストを尊重するために、和やかな雰囲気で質問をしている。日本の文化は高文脈文化(2)であり、共感と先を見越した行動を特徴としている（Travis, 1998）。しかし、インタビュアーが厳しい質問をしたときに、政治家はフェイスへの脅威を受けることがある。そうした場合に、日本の政治家は幸せな表情を示し、良い印象を保とうとし、ネガティブな表情を見せないようにしていると考えられる。

2　表情と政治

本章では、「政治家の顔の表情は、回答とどのように関連しているか」という課題に基づいて、2つの事柄を検証する。第1は、「悲しい表情と幸せな表情が、どっちつかずな回答に関係している」というものである。政治家は、支持率の低下を抑止するために、戦略的に回避的な回答を用いている。

政治家は、自分に都合の悪い質問をされたときには、曖昧でどっちつかずな回答をする（木下・フェルドマン 2018）。同時に、政治家は、どっちつかずな回答をする際に適切な表情を見せると考えられる。第１に関連して、悲しい表情は深刻な状況、物事の重要さを表すのに使われるため（Gayoso, 2020）、悲しい表情とどっちつかずな回答には正の相関があると予想する。

言語は文化的な違いを反映するので、日本の政治インタビューは他の文化とは異なる可能性がある。日本の文化には、敬語や礼儀正しさなど、独特の態度や行動に関する特徴がある。また、日本人は協調性を示すために他人と一緒に笑うことを好む。笑いには、面白いことに反応するため、緊張をほぐすため、何かを隠すための３つの理由があるとされる（Hayakawa, 2003）。日本の政治インタビューでは、インタビュアーは和やかな雰囲気を好み、厳しい質問をすることはあまりない。本章では、日本の政治家は、自分の感情を誤魔化すために笑顔を見せると仮定したが、結果を先取りすれば、幸せな表情とどっちつかずな回答は関係があるとはいえない結果であった。他方で、悲しい表情とどっちつかずな回答には関係があることが明らかとなった。

日本では、放送法第４条で放送事業者は政治的に公平でなければならないと定められているため、テレビ番組は一般的に中立的な立場をとっている。しかし、フジテレビ系列の新報道 2001 やプライムニュースは一般的に右派と認識されているのに対し、テレビ朝日系列の激論クロスファイアは左派と認識されている。本章では、与党議員に焦点を当てて分析する。分析対象は、与党議員20名へのインタビューであり、質問と回答の合計は３４４回になっている。インタビュー20名の番組の内訳は、日曜討論が６名、プライムニュースが４名、激論クロスファイアが４名、新報道 2001 が６名である。

3　表情とどっちつかずな回答

（1）幸せそうな表情

分析に入る前に、幸せ、悲しみ、怒り、驚き、恐怖の５つの表情を持つ事例を概観する。嫌悪の表情は典型的な例がなかったため含めていない。それぞれの表情の事例を概観することで、インタビュアーが質問した内容と、政治家の回答を理解することができる。また、事例には、フェイスへの脅威、内容、文脈の次元に対して、コーダーがどのように評価したかを示す。

平将明（元内閣府副大臣、自民党衆議院議員）は、政治家の幸せな表情の例を示した。彼へのインタビューは、２０１６年8月19日にプライムニュースで放送されたものである。自民党の平は、中小企業に対する政府の支援政策について質問されている。平が、中小企業はＰＤＣＡ（Plan-Do-Check-Act）サイクルを回さずに、お金を使ってしまう傾向があると答えた後の質問である。

反町：ちょっと、それって、なんか、ちょっと、なんか、おかしく

平：いや、でも、マクロ経済的には、ですね、需要を支えなきゃいけないんで、公共事業にしても、ですね、中小企業政策にしても、何年もかけて使ってもらうんじゃなくて、早く使ってもらわないといけないと、あった。ただ、こないだからやっている「ものづくり補助金」っていうのもですね、まぁ、船久保（利明）（大田区工業連合会会長）さんなんかも主張されていますけど、もうちょっとですね、いわゆる成果を見るべきだと。今見ているのは、その「ものづくり補助金」とか、これサービスにも使えるようにしたんだけれども、ちゃんと使っているか、必要な証憑類をちゃんと出してください。ズルしていませんよね。ここの確認に比重がいっていて、ですね、それを使っ

て作った新商品とかですね、それがどれだけの付加価値を生み出したかとか、どれだけの売り上げに貢献したかという分析とか、さらにこれもっと応援したら、もっと伸びるよねとか、出したものの、今、ちょっと上手くいってないから、テコ入れが必要だよねっていうとこは弱いんですよ。だから、これはやっていかなければいけないという問題意識を持っているんだけど、これ難しいのはですね、補正ってのは、直ぐ使わなければいけないというのが、性格なので、私の考えは、基金にしないといけない、そういう時は。数年度で。ただ、行革的な視点から行くと、基金にドーンと入れちゃうと、その後どう使ったか分かんないんじゃないかって、

（2016年8月29日「プライムニュース」より）

この質問のフェイスへの脅威のレベルは「4．中程度に強い脅威」、内容の次元は「3．やや理解できない」、脈絡の次元は「4．質問に答えていない」と評価されている。質問は、政府の方針が正しいかどうかの意見を求めるものである。与党議員である平が政府の方針を批判すれば、それは政府与党が統一されていないと見られかねない。また、平の回答は冗長であり、理解しづらくなっている。このように、政府の政策が間違っているかどうかという質問には答えていないので、脈絡の次元は答えていないと評価されている。

平は「必要な証憑類をちゃんと出してください。ズルしていませんよね」という際に、幸せな表情を示した。フェイスリーダーで算出した幸せの数値は0・293（最大：1・00）であった。これは必ずしも高い数値ではなく、認識できる程度の笑みといえる。発言の内容は、政府が支援策の本質を理解していないことを意味している。しかし、平は質問には答えず、政府が間違っていることを嬉しそうに話す笑みを浮かべていた。平は内閣に属していないので、与党議員の立場から政府を間接的

に批判したと考えられる。しかし、これは強いメッセージではなく、弱い間接的な批判となっている。彼の嬉しそうな表情はインタビュアーに向けられたものであり、彼はインタビュアーに対して「政府は間違っている」ことを笑顔で答えた。つまり、彼は発言ではなく、表情で質問に答えたといえる。コーダーは、文章から評価しており、表情は文章からは理解できないため、質問に答えていないと評価されている。

(2) 悲しい表情

悲しい表情の例は、自民党総務会長代理（当時）の武見敬三の例が挙げられる。このインタビューは、２０１７年1月21日に激論クロスファイアで放送されたものである。武見は、２０１６年8月8日に日本の天皇が退位の意向を表明したことについて、意見を求められた。

田原：天皇のお気持ち、お聞きになって、どんな気持ちでした？
武見：いや、相当深く、考えになった上でですね、やはり、天皇のあり方、憲法に抵触しない形で、ご自身の気持ちを、実に、慎重に述べられたなぁと。そのお気持ちというのが、やはり、生前退位につながるものであったという受け止め方をですね、私は、はっきりしました。
（２０１７年1月21日「激論クロスファイア」より）

この質問では、フェイスへの脅威は「3．やや強い脅威」と評価された。内容の次元は「1．わかりやすい」と評価されたが、自分の気持ちや考えを直接述べていないため、脈絡の次元は「2．やや答えていない」と評価された。武見は、天皇の気持ちに対して、良いか悪いかといった評価は触れずに、客観的な見方を述べた。もし、武見が自分の気持ちを述べたとすると、天皇の退位に関する自民党の方針について論争が起こることになりかねない。批判を避けるために、武見は自分の気持ちを言わなかったと考えられる。

武見は、「天皇のあり方、憲法に抵触しない形で、ご自身の気持ちを、実に、慎重に述べられたなぁと」と述べる際に、悲しみ表情を示した。その悲しい表情の値は、０・７２６と高い数値であった。天皇に関する話題であり、その発言が政党の支持率を下げる可能性があったため、慎重に言葉を選んだといえる。政治家が悲しい表情を見せるときは、質問された議題に慎重になっている姿勢であると考えられる。

(3) 怒りの表情

自民党の稲田朋美政調会長（当時）の回答は、政治家が怒りの表情を示した良い例となっている。政調会長は、自民党の政策を調整する役割を担っている。このインタビューは、２０１６年7月31日に新報道2001で放送されたものである。質問は中国の外交政策に関するものとなっている。質問の前にインタビュアーの須田哲夫は、ハーグ仲裁裁判所が中国の人工島は岩だと指摘していること、中国は国連海洋法条約に違反していることなどを説明した。また、ＡＳＥＡＮ外相会議の共同声明では、領土問題は国際法に則って平和的に解決されるべきだとしていた。

須田：この国際法を無視するのは、稲田さん大国として、どうなんでしょう？

稲田：そうですね、中国は、やっぱり、（国連安保理で）拒否権を持っている。そして、非常に特権的な立場にある中国が、しっかりと国際法を守るというのは、21世紀、当然のことでありますので、法ではなくて、力での現状変更というのは、社会から国際社会から全く理解されないし、そして、主張があるのであれば、裁判手続き、法的手続きの中で、仰るべきだった、というふうに思います。

（２０１６年7月31日「新報道2001」より）

須田は、国際法を無視している中国について稲田の意見を求めた。稲田は怒りの表情を浮かべながら、「中国が、しっかりと国際法を守るというのは、21世紀、当然のことでありますので」と述べた。怒りの値の最高値は０・４７５であった。この４・９秒の発話で、怒りの平均値は０・３６４を示した。稲田の政治的イデオロギーは保守的であるため、怒りの表情を見せることで、中国は国際法を遵守すべきであるという明確な姿勢を示した。内容の次元については、回答は明確なので「1．分かりやすい」と評価された。また、質問のタイプが自由形式であることから、脈絡の次元も「1．答えている」と評価された。フェイスへの脅威のレベルは「2．潜在的な脅威」とコード化されており、潜在的な弱い脅威に留まっている。新報道2001の番組の特徴の一つは、ゲストが簡単に答えられるような自由形式の質問が多いことである。この事例は、フェイスへの脅威がなくても、与党議員が他国に対して怒りを示すことがある事例といえる。怒りは有害であるといわれるが、不正義に対する反応であり（Holmes, 2004）、規範的に正当化されないものに対して「変革を求める怒り」がある（Nussbaum, 2016）。

（4）驚きの表情

政治家が驚いた表情をした例として、候補者の公認権を持ち、国政選挙の運営を担う自民党の二階俊博幹事長（当時）の回答がある。このインタビューは、２０１６年8月27日に激論クロスファイアで放送されたものである。以下の例では、インタビュアーが二階の自民党幹事長としての野心について質問している。

田原：二階さん、課題は、いっぱいあるんですが、二階さんには、まず、幹事長としての抱負、どうありたい？

二階：わたしは、まぁ、自民党のお陰さまで、大変の大きな政党になりました。国会議員、いま、４１０名要しているわけです。一時に比べればね、本当に、あの、２００台というかそういう状況の時もあった訳ですから、

（２０１６年8月27日「激論クロスファイア」より）

二階は「大きな政党になりました」という際に眉を上げ、０・４１２の驚きの表情を浮かべた。驚きの表情は、出来事を強調し、その重要性を示すことである。二階は、眉を動かして話すことで、その出来事の重要性を示したものである。

フェイスへの脅威は「3．やや強い脅威」、内容と文脈の次元はそれぞれ「4．理解できない」、「5．全く答えていない」と評価された。二階は、自民党の幹事長として何をしたいのか、という抱負について質問を受けた。この質問に直接答えていたら、自分の責任となり、行動が制約されることに繋がる。意思表示によってその後の行動が制限されてしまうというフェイスへの脅威がある質問である。そのため、この質問に対して、二階は自民党が議席を増やしたと述べただけで、明確な発言はしなかったのである。内容の次元に加えて、自民党幹事長としての抱負を答えていないことから、脈

絡の次元も高くつけられており、質問に答えていない。

(5) 恐怖の表情

恐怖の表情の例として、菅義偉官房長官（当時）の答弁がある。内閣官房長官は、総理大臣を補佐し、内閣の重要政策に関する企画、調整、情報収集を行い、重要な決定事項を伝える政府のフロントマンとしての役割を担っている。菅は、２０１６年8月21日の日曜討論で「働き方改革」という重要課題について質問された。

中川：あの、先ほどおっしゃった「働き方改革」について少し伺いたいのですが、今回の内閣改造で、安倍総理は、加藤（勝信）一億総活躍大臣に働き方改革担当大臣を兼務させて、具体的な計画、年度内を目途にまとめる、という考えを示しましたね。政府が、経済界に求めている賃上げというのが、思うように進んでいない状況なんですが、なぜ今は働き方改革を目指すんでしょうか。

菅：ここはですね、先ほど申し上げましたけども、子育て、そして、介護というものを充実させることによって、様々な働き方に対応できる実現できるというふうに思ってます。まぁその中で、一億総活躍社会の実現、そこについては、加藤大臣、前回から担当大臣でありますので、そこで今回ですね、働き方改革担当大臣も加藤大臣にお願いをして、そこで一体となって、年度内に様々な計画を取りまとめて、軸にしていきたいと思っています。

（２０１６年8月21日「日曜討論」より）

中川は、これまで政府は経済界に賃上げを要請してきたが、なかなか上手くいかなかったと説明している。そして、働き方改革をなぜ進めるのかと菅に質問した。菅は、直接は答えずに、どっちつかずな回答をした。「子育て、そして、介護というものを充実させることによって、様々な働き方に対応できる」という回答は、現状の問題点を解決するものではなく、質問に答える回答にはなっていない。そして、「働き方改革担当大臣も加藤大臣にお願いをして」と答え、政府が一丸となって対応しているような印象を与えようとしている。菅は、「一億総活躍社会の実現、そこについては、加藤大臣、前回から担当大臣でありますので」と言う際に、恐怖の表情を見せた。恐怖の数値は0・551で、中程度の高さであった。フェイスへの脅威は、「3．やや強い脅威」と評価された。内容の次元は「1．わかりやすい」が、答えが間接的であったため、脈絡の次元は「3．やや答えていない」と評価された。この事例から、政治家が恐怖の表情をしているときは、質問がフェイスを脅かしており、政治家が答えにくい状況であることが分かる。

（6）悲しみの表情とどっちつかずな回答

分析の結果、政治家は、悲しい表情を見せるときにどっちつかずな回答をしているといえる（巻末の付表）。また、政治家が怒った表情で質問に答えると、回答が分かりにくくなることを示している。一方、政治家が質問に答えるときには、恐怖と嫌悪の表情を見せる傾向があると示唆される。また、嫌悪の表情をしているときは、回答がわかりやすくなっている。これらの結果は、政治家が質問に答えるときに、ネガティブな表情をすることを示唆している。政治家は、政治インタビューを重要な政治の舞台と認識しているため、難しい質問に答えるときには険しい顔をしていると考えられる。ただし、政治家は、恐怖や嫌悪の表情を見せることは滅多にないことに留意する必要がある。

さらに、フェイスへの脅威は、内容と脈絡の次元に影響を与えており、どっちつかずな回答になることが分かった。これらの結果はこれまでの研究結果と一致しており（木下・フェルドマン 2018）、質問がフェイスを脅かすものであれば、政治家はどっちつかずな回答をする傾向がある。また、女性は、男性の回答内容よりも分かりやすく、女性政治家は質問されたことを丁寧に説明しようとしていることが分かった。番組別でみると、新報道2001では、参照カテゴリであるプライムニュースよりも多くの質問に答えていなかった（脈絡の次元）。激論クロスファイアでの回答は、プライムニュースの回答よりも分かりやすかった（内容の次元）。日曜討論の回答は、プライムニュースの回答よりも分かりにくかった（内容の次元）。さらに、日曜討論の回答は、プライムニュースよりも質問に答えていなかった（脈絡の次元）。

分析結果より、悲しい表情とどっちつかずな回答には正の相関関係があるといえる。しかし、幸せな表情とどっちつかずな回答の間には、そのような関係は見出せなかった。これらの結果は、政治インタビューにおいて、悲しみの表情が特に重要であることを示している。政治家は、必ずしも悲しんでいる訳ではないが、重要な問題に直面したときには、問題に対する苦悩した表情を聴衆に示すことがある。そのような場合、その政治家は質問に直接答えず、分かりにくい話し方をしている。そのため、悲しい表情は、政治家が何を重要視しているかを知る良い手がかりになる。例えば、事例では、天皇の退位に関する質問に、悲しい表情で慎重に答えていた。

4　日本独自の政治文化か

本章では、日本の政治インタビューの特徴がいくつかあることを明らかにした。第1に、悲しい表情は、質問に答えていないことと関係していることである。悲しい表情をしているときは、質問に答えず、直接的な回答を避け、分かりにくい話し方をしている。第2に、政治家の幸せな表情は、回答と関係がある訳ではないということである。ただし、事例より、日本の政治家は重要な問題を議論するとき、笑顔を見せることがある。第3に、政治家の恐怖と嫌悪の表情は、質問への直接的な回答と関係していることである。

これらのことから、本章では、瞬時の反応が求められる政治インタビューの場で、政治家の表情と回答に関連があることを示した。この結果から、政治家は、どのような表情を見せるべきかを考えながら、直接的な回答か回避的な回答かを検討していると考えられる。

この研究の結果が他の文化でも当てはまるかどうかは定かではない。しかし、アメリカのトランプ大統領が行った演説の中で、悲しい表情が重大さを反映していることが示されている（Gayoso, 2020）。これは、政治家が重要な問題を考えるとき、悲しい表情を見せることを示しており、共通である可能性が考えられる。反対に、幸せな表情は日本の文化に特有のものと考えられる。日本人はよく笑顔を見せ、否定的な感情をコントロールする傾向があり、アメリカ人よりも幸せな表情を見せる（Matsumoto et al., 1998）。平の事例のように、重要な問題を議論しているときでも、政治家は幸せそうな表情をしている。おそらく、日本人は調和を重んじ、笑顔によって穏やかな雰囲気を作ることができると信じているためである（Hayakawa, 2003）。この意味において、政治インタビューにおける言語と非言語表現の関係をより明確にするために、さらなる研究が必要となる。

コラム7　シンボル（象徴）

政治に対する人々の反応は、特定のシンボルに対する肯定的・否定的な感情や、それぞれのシンボルに対する感情に依存するという「シンボリック・ポリティクス」に近年、注目が集まっている（Sears, 2001; Kaufman, 2006）。

シンボリック・ポリティクスとは、政治的シンボルの構築、流通、受け入れの集団的過程と理解される。政治的シンボルとは、「時間、空間、論理、想像力によって関連付けられた態度、一連の印象、または出来事のパターンを呼び起こす」社会的構造または手がかり（視覚、聴覚、文字によるものを問わない）と定義される（Edelman, 1985）。シンボルは政治において特に重要な意味を持つ。なぜなら、政治はしばしば次から次へと象徴的な争いを繰り広げるためである（Sears, 1993）。シンボルは、エリートと大衆の間のコミュニケーションに不可欠な要素である。シンボルは共通の参照フレームを提供し、個人が広範な情報検索の負担から解放されるため、政治エリート、すなわち政治家、政府高官、利益団体、さらにはメディアが頻繁に採用している。政治エリートは、自分たちの政策に対する支持を得るために、自分たちの考えを理解しやすいシンボルに凝縮している。

シンボリック・ポリティクスは、政治的な意思決定や行動を合理的なアクターで説明するのではなく、政治的な出来事の意味やその意味に付随する感情を解釈することを目的としている。政治シンボルには、国旗掲揚などの視覚的なものや、国歌などの聴覚的なものなど多様なものが含まれ、愛国心や民主主義、公共の利益など、政治や社会秩序のある側面を客観化するものとして機能する。

コミュニケーション過程における政治シンボルは、マクロレベルとミクロレベルの政治行動を媒介し、政治リーダーと大衆の双方が政治的対象を理解し、それぞれの態度や意見を形成するための2つの重要な機能を果たしている。第1は、政治リーダーが、大衆や競合するエリートの態度や信念に影響を与えて、政治的支持を獲得するための道具的役割を果たす。例えば、特定の政策に対する大衆の支持を得る、他の政治的問題から人々の注意をそらす、反対意見を封じ込める、政治体制や現職リーダーの基本的正当性に対する認識を強化するなどである。そして、第2は、解釈機能（対象の評価、社会的調整）であり、政治指導者と国民の双方が社会的・政治的環境を理解しようとし、複雑な政治的情報を理解しやすいシンボルに置き換えて、人々が政治的意味を理解できるようにするものである（Groswiler, 1997; Sears, 1993）。

シンボルは「激励の言葉（hortatory language）」とされ、抽象的で不明確なシンボルは、人々の潜在意識に語りかけ、批判的な視線を回避するため、選挙運動において特に効果的とされる（Edelman, 1985）。このように、シンボルは効果的なコミュニケーションのための重要なメカニズムであり、態度に影響を及ぼす。シンボルは、選挙運動において重要なだけでなく、国民のアイデンティティを結晶化させ、自分たちのものと異質なものを区別することによって、国民に自分たちが何者であるかを伝えるものである。

例えば国旗のような国家のシンボルは、国民、価値観、目標、歴史などを視覚的、言語的、象徴的に表現することで、人々を一つにまとめる力を持っているという点で、国民の間に絆を生み出す。この意味でシンボルは、国民が共通の遺産と共通の未来を共有していることを思い出させ、特定のグループの人々がお互いに強化する役割を果たす。

シンボルは2つの重要な影響力を持つことが明らかにされている（Cassen, 2017; Lim, 2017）。第1に、シンボルは強い感情を引き出すが、それはシンボルが参照する事柄の具体的なコストや利益に基づくことは少なく、むしろシンボルに対する何らかの永続的な要因に基づく。第2に、シンボルは慢性的にアクセス可能な構成要素となる可能性が高く、それによって対抗したり修正したりすることが不可能になる可能性がある。

例えば、２０１２年以降の安倍政権では、「アベノミクス」や「三本の矢」はシンボルとして機能した。「アベノミクス」といえば、安倍政権下の経済政策を指し、金融政策、財政政策、成長戦略が含まれている。「改革なくして成長なし」、「聖域なき構造改革」といえば、小泉純一郎政権下でも用いられた新自由主義政策を指し、道路公団民営化や郵政民営化などが思い浮かぶ。こうした言葉は、シンボルとして機能し、有権者を結びつける旗印として機能した。シンボルは、スローガン・キャッチフレーズ・流行語・サウンドバイト[3]の使用、メタファーなどと関連しており、難しい問題を分かりやすく捉えることを可能にし、人々を結びつけるものである。今後、政治シンボルについての研究も日本で展開されていくであろう。

第8章　笑顔に隠された意図

1　日本人の笑顔

政治家はなぜテレビで笑顔や微笑などの幸せな表情を示すのか。本章では、政治家がどのような場面で幸せな表情を示すのかを明らかにし、幸せな表情と質問との関係、質問に答えない場合のレトリックとして、幸せな表情が用いられているかを検証することを目的としている。

政治家はテレビインタビューや記者会見などの際に、良い印象を作り出すことを心掛けている。それは次の選挙を意識し、政治家および所属する政党に対して、有権者が良い印象を抱くことが再選に直結するためである（Mayhew, 1974）。しかし、幸せな表情を見せることが必ずしも良い印象を与えるとは限らない。例えば、ツイッターに加藤勝信官房長官の偽の画像が投稿され、政府が削除を求めたという事例があった（読売新聞２０２１年4月12日）。当該画像は、地震直後の記者会見の場において、加藤官房長官が笑みを浮かべているもので、「不謹慎だ」などのコメントとともにツイッターで拡散されていた。この事例では、不適切な場で笑みを見せることが支持の低下に直結するため、偽情報に対応するため政府が対応したものである。微笑や笑顔といった幸せな表情は、選挙のポスターにおいては、好印象を与えるものの（Horiuchi, Komatsu & Nakaya, 2012）、適切な場面で用いられていなければ、逆効果になる。

政治の場において、幸せな表情を見せることが好ましいのかどうかは、十分な検討がなされていない。幸せな表情は、恐怖、怒り、悲しみ、驚き、嫌悪の表情と異なり、ポジティブな表情である。日本の地方選挙を用いた研究として、アサノは、選挙キャンペーンのポスターで笑顔指標が高い候補は支持が高まるが、投票率が一定より高い場合は笑顔の効果は消えるだけでなく、マイナスの効果になることを示している（Asano, 2018）。幸せな表情は良い影響をもたらすと考えられているが、必ずしも良い影響ばかりとは言い切れず、検討が必要な表情である。

加えて、幸せな表情は日本独自の文化の可能性があり、西欧の文化と異なる意味合いを持つことが考えられる。どのような場面で表情を示すかを表示規則（Display Rules）と呼び、表示規則は社会的規範や因習によって変わるとされる（Ekman & Friesen, 1969）。日本、中国、韓国のような東アジア諸国では、人々は集団で行動することが多く、感情の表出を抑制することが大事であると捉えられており、調和を維持するために感情を示さないことが重視される（Heine et al., 1999; Markus & Kitayama, 1991）。日本人は多くの場面で笑顔を多用し、欧米とは異なる笑顔の使い方をしていると考えられる。

これらのことを踏まえ、本章では、日本の政治家が政治インタビューにおいて、笑顔をどのように用いているのかを明らかにする。

2　表情と文化

（1）文化的差異と日本の特徴

情動の表出および解読については、中村（1991）によって整理されている。情動は、刺激状況によって生じ、その情動状態は主観的経験と情動行動という形で表出され、同時に情動の表出は表示規則から影響を受ける。また、情動の解読には表出行動、情動喚起刺激、表出者の不変的特徴、物理的・社会的な状況、解読者の特徴が必要な要因とされる。加えて、情動判断に影響を与える要因として、①物理的背景などの社会的文脈の継続的特徴、②顔の形態や役割といった表出者の継続的特徴、③物理的事象、第三者の行動、人の表情や他の行動などの一時的な事象が挙げられている（Ekman, Friesen & Ellsworth, 1982）。

表情の表出や解読について、文化的な差異があることが分かっており、日本における情動の特徴を概観する。エクマンらは、エストニア、ドイツ、ギリシャ、香港、イタリア、日本、スコットランド、スマトラ、トルコ、アメリカの10の国や地域において、7つの感情のうちどの感情が最も強いと判断できるか、2番目に強い感情は何かについて、文化を超えて共通していることを実証している（Ekman et al., 1987）。表情の解読に文化を越える共通性があるとされるものの、アメリカ人と比較して日本人の方が情動を否定的に判断すること、女性は不快の表情に感受性が高いことが指摘されている（中村 1993）。情動コミュニケーションには、文化的・社会的要因が重要な役割を果たしている。

中村（1993）は、日米の大学生に対して、公的な場面と私的な場面で感情を表に出すかどうかを調査した。日米共通の傾向として、公的な場面よりも私的な場面の方が感情を表しやすい。私的な場面では、アメリカ人の方が全般的に感情表現は豊かといえる。また、どのような感情を表出しやすいかに関しては日米であまり差がないとされる。

李・松本（2011）の研究では、日韓を比較しており、社会的場面において、日本人は韓国人よりも悲しみや怒りを抑制して表現することが示されている。同様に、シモダらもイギリスやイタリアの学生と比較して、日本の学生は情動や態度をあまり明白に表出しないとしている（Shimoda, Argyle & Bitti, 1978）。日本人はアメリカ人やヨーロッパ人と比較して、情動の表出行動と主観的経験の強度が低いとされる（Scherer et al., 1988）。

日本のような感情があまり表出されない文化では、口元よりも目に焦点を当て、感情の解釈がなされる（Yuki, Maddux & Masuda, 2007）。他方で、明確に感情を示す文化では、口元の筋肉の動きに基づいて感情が解釈される。日本人はネガティブな感情をコントロールするだけでなく、アメリカ人よりも幸せな感情を示すとされている（Matsumoto et al., 1998）。

エクマンとフリーセンは、緊張を喚起する映画を見た後のアメリカ人と日本人の感情表出行動を比較している（Ekman & Friesen, 1971）。それによると、緊張を喚起する映画を見た後の面接において、アメリカ人の場合には不快な感情をあらわにしたのに対して、日本人は愉快そうな表情を呈していた。これは、日本人は不快な感情を他者にあまり示さない、示したくないという暗黙の規則に従っていると考えられる。

日本人の生活様式や行動パターンは、伝統的な日本文化によるものから変化している。それは、一口に表現すれば、「腹におさめる」、「顔に出さない」など「内に秘める、耐える」から、相互理解を求めて「積極的に表す」ことに向かっている（大坊 2007）。日本では伝統的に、能面のように見る者によって多義的に解釈されるような表情が尊ばれ、全てを許容するかのような平静さを装うことが美徳とされてきた。そのため、日本文化には抑制・間接さを旨とする美意識が根強く働いていると考えられる（大坊 2007）。これらの先行研究より、日本人は歴史的・文化的要因によって、情動を抑制する傾向があること、および幸せな感情を示しやすいことがわかる。

（2）幸せな表情

エクマン（1987）は、快感による幸福感、興奮による幸福感、安心による幸福感、自己概念の高揚の幸福感の4通りがあるとしている。自己概念の高揚の例として、称賛や他人からの尊敬、社会的是認が挙げられている。また幸せのタイプだけでなく、強さも様々あることを指摘しており、微笑から口を開けて笑うもの、含み笑い、くすくす笑うといったものが挙げられている。

幸せでないときにも微笑が見られ、他の感情を隠すため、あるいは修飾するために微笑する。微笑は、他人からの攻撃を撃退したり、止めさせたりするための服従反応であるとしている。微笑を見せれば相手も微笑を返さざるを得ないため、緊張状態を心地よくする場合にも用いられる。

ハヤカワは、笑いに関して、嬉しい場合、緊張を和らげる場合、何らかの気持ちを隠す場合の3通りに分類している（Hayakawa, 2003）。早川（2000）は、仲間づくり（談話促進）の笑い、バランスをとるため（緊張緩和）の笑い、覆い隠すための笑いの3種類に分類している。仲間づくりの笑いは、話題の共有期待の笑い、共有表明の笑い、共通認識確認の笑いに下位分類がなされている。バランスをとるための笑いは、恥または照れによる笑い、厚かましさによる笑い[1]、儀礼的笑いに下位分類がなされている。覆い隠すための笑いはごまかしの笑い、反応の仕方が分からないためのとりあえずの笑いに下位分類がなされている。早川（2001）は、自然談話資料を用いて頻度を明らかにしており、仲間づくりの笑いが最も多く、その次にバランスをとるための笑い、覆い隠すための笑いの順に出現することを指摘している。

橋元（1994）は、自己の目的か他者の目的かによって笑いの目的が異なるとしており、自己目的の場合には快楽、緊張をほぐす、心理的安全弁としての役割があるとする一方で、他者を目的として笑う場合は、攻撃的機能、社会的機能、防御的機能、談話制御機能があるとしている。苦笑、微笑み、大笑い、にやにや、けらけらといった多様な笑いが存在している。愛想笑い、恥ずかしさによって引き起こされる笑いもある。

エクマンは笑顔を、修飾のためのスマイル（Qualifier Smile）、コンプライアンススマイル（Compliance Smile）、調整のスマイル（Coordination Smile）、リスナー反応スマイル（Listener Response Smile）に分類している（Ekman, 1991）。このように、笑顔といっても多種多様なものが存在しており、状況によって使い分けられていることが分かる。

本章では、２０１９年5月1日放送のプライムニュース（ＢＳフジ）に出演した菅義偉官房長官（出演当時、以降は菅とする）を分析対象とする。質問と回答の数は60問であるが、7問については顔が横を向いている等で表情が測定できない回答があった。そのため、53問を分析対象とする。菅を分析対象とした理由として、菅は他の政治家よりも幸せな表情を示すことが多く、一定数の事例を確認することができたためである。プライムニュースは、1時間55分の番組となっているため、重要な争点について、時間をかけて質問することが可能となっている。

第1に、幸せな表情を見せたかどうかは、フェイスリーダーを用いて測定した。フェイスリーダーは、幸せな表情を0から1までの数値で測定可能であり、0・3以上の数値が得られたものを幸せな表情と判断した。0・3以上とした理由は、幸せな表情が客観的に把握できる程度であり、0・3未満の場合、口や眉の動きなどにより、測定される誤差といえる範囲の表情が含まれる恐れがあるためである。

第2に、ハヤカワの研究（Hayakawa, 2003）を踏まえて、幸せな表情の分類として、①自分が嬉しい・楽しいといった感情を伴うもの、②その場を和ませる、緊張を和らげるために用いられるもの、③何らかの気持ちを隠す笑み・嘲笑・その他の3つを用いる。

第3に、木下・フェルドマン（2018）と同様に、フェイスへの脅威および脈絡について、大学生にコーディングを依頼した。フェイスへの脅威は、脅威がないという第1段階から、強い脅威があるという第5段階までの5段階で評価している。脅威がある質問の場合に、何らかの気持ちを隠す笑みを見せる事例があるか、また、その場を和ませる笑みを用いているかどうかを確認する。脈絡の次元は、質問に答えているかどうかの程度であり、質問に答えていれば「1」、質問に全く答えていなければ「6」と評価される。

3　どういう時に笑みを見せるか

53問の回答のうち、0・3以上の幸せな表情の数値が得られた事例は12ケースであった。嬉しい・楽しいと判断した数が4ケース、和ませると判断した数が6ケース、気持ちを隠す・その他と判断した数が2ケースであった。幸福とフェイスへの脅威の相関係数は $r=0.256$, $p<.10$, $n=53$ であり、10%水準であるが、正の相関関係があるといえる。他方で、幸せな表情と脈絡については、相関関係は確認できなかった。

(1) 嬉しいという感情を伴う幸せな表情

嬉しいために幸せな表情を示した事例として、2つ取り上げる。1つ目は、令和時代が始まったことについて、「官房長官として色々とご苦労もされてきたと思いますが、この今の率直なお気持ちいかがでしょうか」と尋ねられた1問目の例である。

竹内友佳：それでは今日前半のゲストは改めてご紹介します。安倍政権、官房長官の在任期間歴代最長記録を更新中の菅義偉さんです。菅さん令和時代始まりましたが、官房長官として色々とご苦労もされてきたと思いますが、この今の率直なお気持ちいかがでしょうか。

菅：ちょうど2年と9ヶ月前ですかね、陛下がお言葉を発されました。まあそうした中で当時やはり陛下ご自身が、日常の活動、天皇陛下として行っていくこと、こうしたことにですね、自ら続けることが困難であるというお気持ちをですね、率直に国民の皆さんに述べられたと。そういう中で政府としてはですね、国民的な議論が高まった。そうしたことを踏まえて、予断を持つことなく検討してですね、衆参正副議長によるですね、議論の取りまとめを受けて天皇の退位等に関する皇室典範特例法という、こうしたものをですね、国会で成立させていただいて、そして昨日はご退位、そして本日はご即位、こうしたことがですね、つつがなく行うことができて正直ホッとしています。

（２０１９年5月1日「プライムニュース」より）

この質問に対して、天皇陛下がお言葉を発せられたと紹介し、その後、「つつがなく行うことができて正直ホッとしています」と回答している。「ホッとしています」と述べる際に、幸せな表情を示しており、数値は０・６８４となっている。

この事例では、官房長官として令和という新しい元号を迎えることができた安堵感から、嬉しい気持ちを表現するために、幸せな表情が示されたものである。フェイスへの脅威は「１」とコーディングされており、脅威のない質問といえる。気持ちを尋ねられており、この質問に答えることによって、名誉が傷つけられる可能性が低いため、フェイスへの脅威が低いといえる。この事例からはフェイスへの脅威と幸せな表情の間に関係があるとはいえない。

２つ目の例は、51問目の視聴者からのメールの質問であり、「令和おじさんと呼ばれている」ことを踏まえて、「世の中の要請にどのように応えるお考えでしょうか」と尋ねられた場面である。

竹内：視聴者の方からこういったメールがきています。千葉県の70歳の方なんですが、年号平成は竹下内閣の小渕（恵三）官房長官が発表された平成おじさんと国民に好意で持って迎えられました。後の小渕総理誕生の引き金の一つになったと思いますが、今令和おじさんと呼ばれている菅官房長官は、同じようなこの世の中の要請にどのように応えるお考えでしょうか。

菅：令和おじさんって言われてどうですかって記者会見で聞かれて、なんとなくピンとこないですねっていう発言させていただいたんですけど、おじさんですからね。

（２０１９年５月１日「プライムニュース」より）

この質問に対して、菅は記者会見でのエピソードを紹介している。この質問に回答する際、終始笑顔で答えているが、「おじさんですからね」という際に最も高い数値となっており、０・８８０となっている。その回答に対して、反町は「そこはおじさんかおじさんじゃないかで頑張るところでは僕はないと思いますよ」と、笑いながら話している。「おじさんですからね」という菅の発言は、ジョークとして機能しており、司会者との和やかな関係を形成することに役立っている。そのため、令和おじさんと言われることについて、嬉しい気持ちを含んでおり、「嬉しい・楽しい」といった感情を伴うもの」に分類したが、「その場を和ませる、緊張を和らげる」という分類と重複しているといえる。この質問のフェイスへの脅威は「2」とコーディングされており、潜在的な脅威が存在する低いレベルであるといえる。この事例においても、フェイスへの脅威と幸せな表情の関係があるとはいえない。

(2) 和ませるための幸せな表情

幸せな表情が示された事例のうち、最も頻繁に見られた分類が「その場を和ませる、緊張を和らげるために用いられるもの」である。1つ目の例は、徴用工の原告団が日本企業の資産を差し押さえ、現金化をすることについて問われている5問目の場面である。

> 反町：あの、実際にこれが現金化されれば、実害になるということだと思うんですけども、その時点が次の節目になるという理解でよろしいですか。本当に現金化されちゃったらという。
>
> 菅：政府はですね、関係企業にそれぞれ綿密に連絡を取りながら、そうした企業の利益を守るべくですね、しっかりとした対応をしているということですよね。それで今のタイミングの話ありましたけれども、まあどのタイミングで何をどうするか、こういうことはですね、発言することは、ここは手の内を明かすような形になりますので控えたいと思います。ただそこはしっかりと企業と連携をしてやっていると、企業の利権を守り抜くと、まあそういう思いです。
>
> （2019年5月1日「プライムニュース」より）

菅は「ここは手の内を明かすような形になりますので」と述べるときに微笑を見せている。これは

「言えませんよ」ということを相手に理解してもらうために表情を示したものであり、インタビュアーとの対立を避け、雰囲気を和らげる意味合いで用いられている。政府が韓国側に対して何をするか計画を持っている可能性があり、その計画を隠すということも考えられる。しかし、別の感情を隠している訳ではないので、インタビュアーに向けられた微笑であり、対立を避ける目的であると考えられる。幸せな表情の数値は、０・５６９となっている。

フェイスへの脅威は「４」とコーディングされており、やや強い脅威のレベルとなっている。この例では、質問に答えられないという政治的な処理を行っており、その際に微笑し、司会者に敵意がないことを示している。脈絡は「５」とコーディングされており、質問には答えていない。

２つ目の例は、皇室典範改正に関する附帯決議について尋ねられた16問目である。

反町：なるほど、そのプロセスの中で一つ出てきたのがですね、この考え方なんですね。皇室典範特例法における附帯決議です。これは要するに皇室の、我々の言葉で言うと人手不足です、人手が足りなくなってしまう、様々なその皇室関係の行事にご出席いただく皇族の方々の人の数が足りなくなってしまうんじゃないか。そうした中でここの上にあるような、安定的な皇位継承を確保せざるためにはしょうがない、女性宮家の創設等について本法施行後速やかに検討を行うんだということになっています。じゃあこのものについて、実は安定的な皇位継承を確保するための話と女性宮家の創設はちょっと深みと言おうかインパクトが違いますよね。その場合でいうと本法施行後、速やかに検討を行うというのは官房長官のスケジュール感でいうと、まず最初に検討すべきは皇位継承についてのお話なのか女性宮家の創設に関しての、より具体的な人手不足に対応する施策から検討すべきなのか。そしてそれはいつ頃から検討すべきなのか、どのようにお考えですか。

菅：まずこの皇室典範特例の附帯決議ですけども、これについてはですね、やはり趣旨尊重してしっかり対応するというのが政府の当然の姿勢であります。その中で安定的な皇位継承、これを維持することはですね国家の基本問題、これに関わる極めて重要な問題だと受け止めていますし、そして男系継承がですね、例外なく維持されてきていますから、その重みなどを踏まえてですね、慎重にそして丁寧に検討すべきことであると、こうしたことを申し上げています。それと女性宮家でありますけども女性皇族が婚姻等によってですね、皇族数の減少、これについては皇族方のご年齢からしてもですね、先延ばしすることはできない、重要な課題であるとこのことも認識をしております。こうしたことの対応についてはですね、様々な考えとか意見がありますから、国民のコンセンサスを得ることはやはり十分な検討とかですね、分析、慎重な議論こうしたことが極めて大事だというふうに思っています。ただいずれにしろ、この天皇陛下のご退位、ご即位一連の式典がですね、まずつつがなく国民から祝福される中で行うことができるように、私もまだ天皇陛下のご即位に伴う様々な式典ありますので、そうしたことにまず全力を尽くしてそこをしっかりやることが大事だと思っています。

（2019年5月1日「プライムニュース」より）

複数の質問を矢継ぎ早に尋ねられ、難しい質問に直面している。この質問に答える際、菅は準備してきた原稿ノートを確認しながら答えている。政府がこれまでに述べてきたことと矛盾がないように回答し、一通り持ち込んだ原稿ノートの話を終えた後に、「様々な考えとか意見がありますから」のところで、微笑を示した。幸せな表情の数値は0・437とそれほど高くはないが、注意していれば、微笑んでいることが判断できる程度である。ここで微笑んでいる理由は、原稿を読んでいた後の緊張を和らげる目的であると考えられる。インタビュアーに対してというよりも、自分の緊張をはぐすために微笑を示したと考えられる。

フェイスへの脅威はやや脅威がある「4」とコーディングされている。脈絡は「4」とコーディングされており、質問には答えていない。幸せな表情を示した「様々な考えとか意見がありますから」という発言の場面は、笑みを見せる場面として適切とは言い難い。フェイスへの脅威があり、質問に答えていない場面において、微笑する事例は日本文化によるものであり、場を和ませるためのものといえる。

(3) 気持ちを隠す笑み・嘲笑・その他の事例

気持ちを隠す笑み・嘲笑・その他に分類された事例は、「嬉しい」、「和ませる」に分類ができず、ごまかしの笑いや反応の仕方が分からないためのとりあえずの笑いと考えられている。この例は、G20の日露首脳会談に合わせて、2019年7月の参議院選挙と同時に、解散総選挙が行われるのではないかというジャーナリストの見方を紹介し、日露の状況をどういう風に見たら良いかが尋ねられる35問目である。

反町：一方外交でもう一つ伺いたいのが日露です。6月のG20を一つの節目にするというような見立てが流れている。我々もそういう風に6月のG20の日露首脳会談でどこまで形として出てくるんだろうか、はっきり言ってしまうとその内容次第によってはそれをテーマでダブルを打つんじゃないかという、筆が滑る人もいるわけですよ。我々の想像も含めてですよ。そういう中で日露の状況、我々どういう風に見たらよろしいんですか。

菅：まああのこれですね、シンガポールで、日露、総理とプーチン大統領がですね。会談をしてそれぞれの大統領、総理大臣との間に平和条約締結までという趣旨のお話ありましたですね。解決しろという、そこから皆さんもう勝手に今度のG20の時だと決めちゃっているんですけども、ただ今これまさに70年間そのままですから、その中で領土交渉とは極めて困難なものなんです。しかし両者の合意をしてそれぞれ外務大臣とそれとそれぞれの事務の責任者特別代表決めて交渉していますから、ここはずっと続けているんです。まあそういう中で総理の間に大統領の間に解決しようとそういう方向で今事務方、事務の責任者同士で会合が続いている、そういうことだと思っています。

（２０１９年5月1日「プライムニュース」より）

菅は「そこから皆さんもう勝手に今度のG20の時だと決めちゃっているんですけども」と述べる際に、微笑を示している。幸せな表情の数値は、０・３２０となっている。解散があると首相は言っていないにも関わらず、ジャーナリストの方々は、今度のG20のときだと決めてしまっていると笑いながら述べている。この表情は、「嬉しい」、「和ませる」には分類することができず、嘲笑に近い微笑であると考えられる。ジャーナリストを完全に嘲り笑っている訳ではないが、解散については言及していないことを確認する意味も含めて、微笑している。

この例では、フェイスへの脅威は「３」とコーディングされており、少し脅威がある質問となっている。また脈絡についても「３」とコーディングされており、やや答えていると評価されている。この例は、脅威があるから、笑って誤魔化している訳ではないため、表情との関係は明らかではない。

もう一つの例は、梶山清六の総裁選についての意見を尋ねる54問目である。

反町：あの菅さんは梶山静六さんが総裁選の時に、派閥を抜けて変えられましたですよね。あの時梶山さんは金融危機の状況の中でメガバンクの統合やらなんやらも全部含めて非常にハードランニングと言われるような政策をぶち上げられて、なおかつその経世会からは小渕さんが出て、あの時はもう一人は小泉さんが出たのか、ですよね、そう言う中で、その勝てるかどうかといったらやっぱり厳しい中で政策の旗を掲げる、きちっとやるということを言って出て言った。あの梶山さんの当時の総裁選の戦いぶりと言うのは菅さんは今どう言うふうにお感じになっているんですか。

菅：あの時私、国会まだ一期生で、その時に梶山さんの総裁選挙、まさに権力闘争でしたね。あそこをさせていただいて、自民党、国会議員とはこんな感じなんだなと非常に勉強になりましたよね。そういう意味で梶山さんと言う人は非常に先見性の高いというんですかね。私一番びっくりしたのはですね、銀行なんか当時日本に23行あったんですが、銀行なんかそのうち１つか２つになるんだって言っていたんですよ。まさか住友と三井が一緒になるとかですね、色んな銀行が統合するとは全く思わない時から言ってましたですね。そういう意味で色んなことを教えられた政治家の方ですよね。

（２０１９年5月1日「プライムニュース」より）

菅は「銀行なんかそのうち１つか２つになるんだって言っていたんですよ」と言う際に、微笑している。幸せな表情の数値は、０・５６９となっている。この例は、過去の自民党の政治家である梶山を回顧したことに伴う、微笑であり、思い出し笑いと考えられる。「嬉しい」・「和ませる」のどちらも適当ではないと判断したため、その他の事例といえる。

フェイスへの脅威は「2」とコーディングされており、潜在的な脅威のレベルとなっている。脈絡は「3」とコーディングされており、やや答えているといえる。この例においても、回答と表情の直接的な関係は確認することが難しいといえる。

4　多様な微笑み

本章では、政治インタビューにおける幸せな表情が、どのような場面で使用されているかを明らかにしてきた。分析対象とした菅は、53問のうち12問（22・6％）で幸せな表情を示しており、頻繁に幸せな表情を示す政治家といえる。嬉しいといった感情を伴うもの、その場を和ませるもの、何らかの気持ちを隠すものの3つに分類したところ、その場を和ませるために用いられていたケースが6ケースあり、最も多かった。政治家は、司会者との対立を避けるために幸せな表情を示している事例が見受けられ、穏やかな雰囲気を形成しようとしていた。加えて、幸せな表情を示すことが適切ではないと考えられる場面においても、幸せな表情が示されており、質問に答えない場面で用いる幸せな表情は日本文化によるものと考えられる。そして、幸せな表情は必ずしも質問に答えない場合に示す訳ではないことが明らかとなった。むしろ、幸せな表情の使用は、質問に答えるかどうかとは関係がない場合の方が多いと考えられる。

課題として、幸せな表情を分類することが極めて難しいことが明らかとなった。今回の分析ではハヤカワの研究（Hayakawa, 2003）に基づいて分類を行ったが、嬉しい、和ませる、気持ちを隠すという質的な3分類が行えるかどうかは難しい事例がいくつかあった。また、他国の政治家が幸せな表情をどのような場面で示しているかを確認しなければ、日本文化によるものかどうかは明らかにはならない。そのため、欧米圏の政治インタビューとの比較を通して分析する必要があり、さらなる研究が必要である。

政治インタビューは、政治家がメディアを通して、政治家および政党の良い印象を形成するツールとして用いられている。政治家は司会者からの質問に対して答えることを通して、説明責任を果たし、同時に支持の拡大を図っている。我々、有権者は選挙を通して、議員を選出し、その過程において議員の行動を監視しなければならない。選挙を終えれば監視しなくても良いという訳ではなく、絶えず次の選挙を意識して、議員が適切な行動や振る舞いを行っているかを監視していかなければならない。政治インタビューは報道を前提とした表舞台で行われているため、政治家の幸せな表情の使用は司会者や視聴者に向けられていることを認識し、政治家がなぜ幸せな表情を用いているかを確認しながら、監視していくことが求められる。

コラム8　非言語コミュニケーションと政治的レトリック

非言語コミュニケーションには、非言語表現として、声の特徴に関するイントネーション、ストレス、話の速さ、アクセントや声の大きさがあり、その他、顔の動き、凝視、瞳孔の大きさ、体の動き、人間関係の距離が挙げられる（Bull, 2002）。非言語表現には言語表現には現れない快・不快といった感情が無意識に現れる（Mehrabian, 1981）。特に話者の手振りは、自信となって現れ（佐藤 2014a）、聞き手の理解を促す効果を持つとされる（藤井 2002）。ハーフェナー（2015）は、人は身振りによって思考を補っており、話者の手の動きはその人が大切と感じているものであると指摘している。また、腕は感情を伝える役割を果たしており、自信があるときに腕を広げ、自信を失ったときに腕を縮める（ナヴァロ・カーリンズ 2012）。

演説の際に腕を振り上げることにより、話者は聴衆の注意を引き付けることができ、話者の活力が伝わるとされる（佐藤 2014b）。安倍の腕の動きは、２００６年の所信表明演説で０回、２０１３年の所信表明演説で６回、２０１３年のオリンピック招致プレゼンで76回（1分あたり20・4回）と増えており、オバマ大統領（当時）の就任演説（1分あたり13・5回）と比較しても、安倍が上回っている。また政治家は声が低い方が好感度や信頼度の評価を高め、高い声は評価を低下させる（岡田 2016）。

安倍首相の非言語表現は答弁と関係していることを明らかにしている。安倍首相の答弁では、「下を向く場合」と「内容が理解できる」の間に正の相関関係があり、下を向いて考えている場合は、内容が分かりやすくなっている（木下 2015）。また原稿を見る場合は、自分の意見ではなくなる一方、質疑に明確に答えており、左手の動きは自分の意見を示す一方で、質疑に答えない傾向がある。

悲しみと嫌悪の表情は「原稿を見ている」ことと相関していることを明らかにした。この結果より、安倍首相はパフォーマンスとして、原稿に合わせて悲しみや嫌悪の表情を示し、状況が厳しいことを有権者に訴えていたことが示唆される。

こうした非言語コミュニケーションは、政治的レトリックと密接に関係している。特に話の上手い政治家は、政治的レトリックの使用を頻繁に行うだけでなく、表情や身振り手振りなど非言語コミュニケーションを用いて、聴衆の理解を促し、説得することを試みている。プレジデントの調査では、会話上手は話している最中に84％が表情を意識していると回答している（神夏磯・

山本・横田 2021）。また、会話上手は、話している最中に相手と目が合ったとき、9割が見つめ返すと回答している。非言語コミュニケーションは、政治的レトリックを理解する上で、重要な要素であることは間違いないといえる。

２０２０年4月7日から同年5月25日までの安倍首相の記者会見から、政治的レトリックと表情、身振り手振りの関係を明らかにした（木下 2022）。その中で、悲しみと嫌悪の表情は「原稿を見ている」ことと相関していることを明らかにした。この結果より、安倍首相はパフォーマンスとして、原稿に合わせて悲しみや嫌悪の表情を示し、状況が厳しいことを有権者に訴えていたと考えられる。また、驚きの表情が示される場合、手の動きは多くなっている一方で、メタファーの使用や他者の発言の引用「強化」は少なくなっていることが明らかとなった。この結果は、説明を行う際に、重要な点は驚きの表情を用いて、手を動かし強調されるが、レトリックの使用が難しくなることを示唆している。さらに、手の動きと専門用語の間に正の相関関係があることが確認でき、専門用語とレトリックは使いやすさが異なることが示唆された。つまり、専門用語は自分の見解を説明するために容易に用いられる一方で、レトリックの使用は使い慣れていなければ難しいことを意味する。

有権者は、政治家が用いる政治的レトリック、表情、手振り身振りなどの動きを総合的に判断しなければならない。話の上手い政治家は、政治的レトリックのみならず、非言語コミュニケーションを活用することも上手く、説得力を増すテクニックを身に付けている。

第9章　政治家のコミュニケーション戦略の歪み

1　コミュニケーション戦略としての他者の言葉

ゲストがインタビュアーの質問に答える際に、自分の意見だけで答えるのではなく、個人やグループの意見を取り入れて話す場合がよくある。様々な議題について意見を求められたとき、政治家や専門家は、「私はこう思う」「私の考えでは」「私の立場では」と自分の考えを述べている[1]。一方で、政府やメディアなどが他者の意見を引用・紹介したり、閣僚や他の政党などの立場を紹介し、自分の視点を当てはめたりすることもある。政治家は、コミュニケーション戦略として、自分の意見に説得力を増すことを意図して、他者の意見を引用したり、政敵との意見を明確にするために対比したりする。

政治インタビューのゲストは、どのような質問の場合に他の情報源を利用して回答する傾向があるのか。他の情報源をよく利用するゲストは、国会議員、地方政治家、非政治家のうち、どのグループか。また、ゲストはどのような情報源を利用しているのか。ゲストが回答に他の個人やグループの視点を取り入れる傾向は、政治的レトリックと関係している。政治家は、常に国民や有権者に自分の見方を共有し、自分の政策提案を受け入れさせ、自分の計画や戦略を支持させようとする（Hameleers,

2019; Johnson, 2020）。他人の言葉を引用することは、その言葉の発言者が特にその分野の権威として知られていたり、社会的な地位や役割で尊敬されていたりする場合には、聴衆を説得するための論拠となる。

　政治家が他人の言葉を引用する目的は他にもある。政治的言説の文脈における引用に注目する研究は盛んになっており、イギリス議会の首相へのクエスチョンタイム（ＰＭＱｓ）において、「認識され受け入れられた、よく知られた他者」や「普通の人々」を引用するという戦略的な使い方にも注目が集まっている（Fetzer, 2019; Fetzer & Weizman, 2018）。しかし、議会の討論で用いられる引用と異なり、政治インタビュー中の他者の引用は、質問の種類、インタビューの環境、対話の効果（Perlocutionary Effect）(2) など、様々なことを考慮しなければならない。しかし、これまでに政治インタビューでの引用を分析した研究はほとんど見受けられない。最近の研究では、日本の事例を取り上げた研究があり（Shibata, 2020）、範囲やサンプルに制限があるもの(3)、インタビュー中の引用に焦点を当てている。

　これまでの研究を踏まえ、政治家が特定の情報源を引用する傾向は、インタビュー対象者やテレビ番組の属性、さらには質問の性質と関連しており、それらに影響を受けていると考えた。インタビュー対象者については、与党議員、野党議員、地方政治家、非政治家によって、引用の戦略が異なると考えられる。また、番組の構成、インタビューの議題、質問の「フェイスへの脅威」のレベルによって引用のされ方が変わると考えられる。政治インタビューは、視聴率を上げるため、司会者は、重要な争点に関して、面白いと考えられる質問を行う。そうすると、質問は厳しくなり、フェイスへの脅威が増すため、ゲストのコミュニケーション・アプローチや戦略が歪められると予想される。

　これらの予想を検証するために、４つの政治インタビュー番組からデータを収集した。政治インタビューのゲストは、インタビューの質問に答える際に、誰の言葉を引用するのか、あるいは誰の言葉を参照しているのか、(4)という疑問に焦点を当て、ゲストの回答の中で言及された情報源のタイプを特定することとした。本章での情報源は、内的な情報源と外的な情報源に分けられる。内的な情報源とは、意見や考えが話し手自身のものであり、与えられた問題について話し手がどのように見ているか、どのように感じているかを反映しているものである。外的な情報源とは、話し手が与えられた考えや視点を明らかにする際に、他の個人やグループに言及したり、考えを他者に帰属させたりするものを指す。外的な情報源は、引用を含む直接的な形である場合に加えて、発言を参照し、ある人物の発言であることを示すことで間接的に参照する場合も含む。多くの場合、ゲストの回答は、発言者の視点と外部の情報源が混ざり合い、発言者の視点と他の個人やグループの視点が同じように反映されている。

２　政治インタビューにおける情報源

本章では、２０１９年４月23日から２０２０年４月22日までの12か月にわたり、政治家と非政治家（専門家や引退した政治家など）が招かれた１２５の政治インタビューよりデータを収集した。対象者は、テレビ番組とインタビュー対象者の属性の均衡が保たれるように選定した。４つのテレビ番組として、プライムニュース（45件、サンプルの36％）、報道1930(5)（36件、28・８％）、激論クロスファイア（22件、17・６％）、日曜討論（22件、17・６％）を対象としている。これらの番組は、放送時間、インタビューの長さ、司会者・キャスターの質問のスタイルなどがそれぞれ異なっている。

１２５回のインタビューで、２４５８回の質問と回答があった（女性に対しては２６９回（10・９％）となっている）。２４５８回の質問のうち、政治家には１９２３回（78・２％）、国会議員には１７

20回、地方政治家には203回の質問がなされた。非政治家への質問は535問（21・8％）であった。

（1）質問の評価

質問の内容に基づいて、「全く脅威がない」（フェイスへの脅威が最も少ない）ものから、「高いレベルの脅威」（フェイスへの脅威が最も高い）までの5段階で評価する項目を入れている。フェイスへの脅威が最も高い質問（レベル5）の例として、枝野幸男（立憲民主党党首）のインタビューを取り上げる。このインタビューの背景として、国会の予算委員会での自民党と野党の対立、「桜を見る会」、「森友学園」、「加計学園」の疑惑があった。枝野は田原から、このスキャンダルで野党が自民党に対抗し、政権を倒すことができなかったことについて問われている。

田原：それとね、ここはやっぱり、あの、自民党の決裁文書の改ざん、それから、加計だってね、嘘ついてるに決まっている。というのを野党が追及できなかった。中途半端。だからね、やっぱり自民党は野党を馬鹿にしてこんなんいけると高を括っているんだよね。頑張らなきゃ。

枝野：あの、そこは反省しなきゃならない部分はあるのかもしれませんが、田原さんが今もおっしゃったように、野党が政権を倒すことができるのは選挙のときしかあり得ないんです。だから2回だけ自民党の総理大臣を倒したことがある。それは細川内閣のときと鳩山内閣のときの選挙なんです。選挙もなく政権を、総理大臣を変えることができるのは自民党の中なんです。で、我々は自民党の良識ある皆さんがこれじゃまずいよねと思っていただくような材料を国会質疑のなどを通じて、ま、国民の皆さんにもですが提供していくと。そこのところで割と加計（学園）が十分にそこまで（倒閣まで）いかなかったというのは、あえて言い訳じみて言うと、わかりにくかった。非常にわかりにくかった。

田原：今度はわかりやすい。

枝野：今度はわかりやすい話であるのと、それからもう一つは、あの、共同会派というのを作らせていただいて、それをやってみると思った以上にやはりあの、共同会派として一つの会派で役割分担すると、あの同じ戦力でも、より機動的、効果的にその力を発揮してもらえる。今忘れずにいっときますけども、我々桜を見る会のことばっかりやっているわけじゃなくて、同時に英語の入試のあと記述式の、入試もおかしいじゃないかと、これもチーム組んでガリガリやる。大きな共同会派になったので、そういうことを戦略的にできるようになった。それが、今回一定程度効果があると思います。

（2019年11月17日「激論クロスファイア」より）

田原の質問が、野党の党首としての枝野の社会的地位を問う、枝野に対する面子をかけた質問となっている。「野党が追及できなかった」と言われており、枝野は、自分や政党の印象を悪くするような回答をするリスクを負っている。田原がほのめかすように、野党に政府を追及して倒閣するまでの熱意がないことを認めたくないことは確かである。熱意がないことを認めてしまうと、野党の党首である枝野が、国会で与党に立ち向かうために仲間を奮い立たせることができないという事実を認めることになり、自分の評判を落とすことになるためである。他方で、田原の発言を全面的に否定することはできず、自分たちの政党は成功しており、近いうちに政権交代をもたらすだろうと反論することもできなかった。このような状況では、自分や政党の立場を危うくするような発言、あるいは事実と異なる発言をしてしまう可能性があるため、枝野はインタビュアーの批判的な視線を和らげるために、これまでの経緯を説明し、これからの姿勢を説明した。枝野は、野党の力不足や熱意が与党の力に打ち勝つのではなく、過去に起こったように、政権の信任を決めるのは選挙であり、自民党のリーダーを決めるのは自民党自身でしかないことを説明している。枝野は、国会での質疑を通じて、国民に（情報を）提供していくと述べた。枝野は、このフェイスへの脅威を軽減し、回避するために、野党が一つの会派として、現在の桜を見る会のような政治的スキャンダルだけでなく、入試改革などの他の重要な問題にも対処できるようになったと回答した。

(2) 情報源の特定

次に、引用の情報源の問題を取り上げる。ゲストの回答を、他の視点を参照していないもの、自分の意見や見解を示しているもの（内的情報）と、外部の視点を引用・参照しているもの（外的情報）に分類した。「外的情報」のカテゴリをさらに2つのサブカテゴリに分けた。1つは、他の情報源の発言、思考、または感情のみで回答が構成されている「外部情報源のみ」であり、もう1つは、回答の内容がゲストの考えと他の情報源の視点の両方で構成されている「内的情報と外的情報の混合」というカテゴリである。

内的情報の例として、反町と竹内が、菅義偉内閣官房長官（当時）にインタビューした際に、質問に対して自分の考えを明確に提示しながら回答している例を紹介する。

竹内：ここからは菅官房長官に令和時代の内政の大方針について伺います。菅さんは今朝の官房長官会見で令和時代の政策課題について、経済最優先の姿勢は今後も変わらないと経済政策を一番に挙げていらっしゃいました。昭和、平成を経済の視点で見てみますと例えば昭和は大まかに言えば、戦後奇跡と呼ばれる高度経済成長を遂げた時代でした。そして平成はバブル崩壊からデフレが続いた時代でもありました、さて菅さん、この令和はどう言った時代になるとイメージされていますか。

菅：まああの、経済に限ってはデフレから脱却をして安定成長、そうした時代にしたいと思います。

（２０１９年５月１日「プライムニュース」より）

外的情報の例としては、ＰＣＲ（ポリメラーゼ連鎖反応）検査をめぐって、日本共産党の山添拓参議院議員と田原のやりとりが挙げられる。２０２０年４月の状況は、東京都で、５日間で４４０人の新型コロナウイルス感染が判明したものの、ＰＣＲ検査を受ける基準が厳しく、検査体制の問題が指摘されていた。

田原：（PCR検査について）山添さん、どうですか。

山添：あの、帰国者・接触者相談センターに相談をして、実際に外来を受診できた人が５・３％だと、さらにＰＣＲ検査も実施できた人は４％弱しかいないということがこの間、数字として出てきています。

（２０２０年４月５日「激論クロスファイア」より）

この例では、山添は自分の意見を一切言わず、目の前の数字を引用しているだけである。インタビューでは、自分の意見を言わず、データを紹介する例が他にもいくつか見られており、これらは全て外的情報と扱われる。

内的情報と外的情報の混合の例として、反町と竹内が埼玉県知事の大野元裕にインタビューした際の例を紹介する。ここでは、知事は、新型コロナウイルスの感染状況に応じて判断することができるが、国が全体的な調整を行うことができるという法律に従わなければならないという国と地方自治体の問題に焦点を当てている。

> 反町：（西村康稔経済再生担当大臣：自治体がそれぞれの状況で決めていいが法律に則って欲しい。国は総合調整する役目がある。国と東京都のすれ違いについて）大野さん、このやり取り、小池知事と国の向き合い、どういう風にご覧になりますか。
>
> 大野：これね、完全に話がすれ違いなんですよ、なぜかというと反町さんが言うように、ここはもしもクラスターだったら止めたい、とすれば例えば指定したい、だけどこれは強力な権限なので、そのために45条[6]適用するんであれば前もって指定したい、何年も前に、これをやるんだったら45条の適用必要なんですよ、ところが小池さんが言っているのは、24条の9[7]でやりましょうと、でもそこはふわっとしたもので、何にも決まってないけど強力なことやります。
>
> （2020年4月8日「プライムニュース」より）

上記の例は、大野が複数の多様な情報源を参照しながら回答していることを示している。大野は自分の意見を述べるだけでなく、スタジオのインタビュアーに言及したり（「反町さんが言うように」）、特措法や東京都知事を引用したりしている（「小池さんが言っているのは」）。

3　内的情報と外的情報の分析

（1）内的情報と外的情報

図9‐1は、ゲストが、政治インタビューの質問に答える際に、「内的情報」、「外的情報」、「内的情報と外的情報の混合」をどのように用いたかを示したものである。まず内的情報の割合は58・4％で、ゲストは自分自身の考え、政治的な出来事や問題に対する自分自身の解釈を提示している。自分の考えを他人の視点や考えと混ぜ合わせたり（内的情報と外的情報の混合）、「外的情報」を引用したりした回答は42％以下であった。外的情報のみを用いた回答は0・5％と少なかった。

「外的情報」と「内的情報と外的情報の混合」の両方を合わせた1023件（外的情報12件、混合1011件）について確認すると、これらの情報源を利用する理由は3つあることがわかった。第1に、1542件（全体の90・0％）の回答では、政治家も非政治家

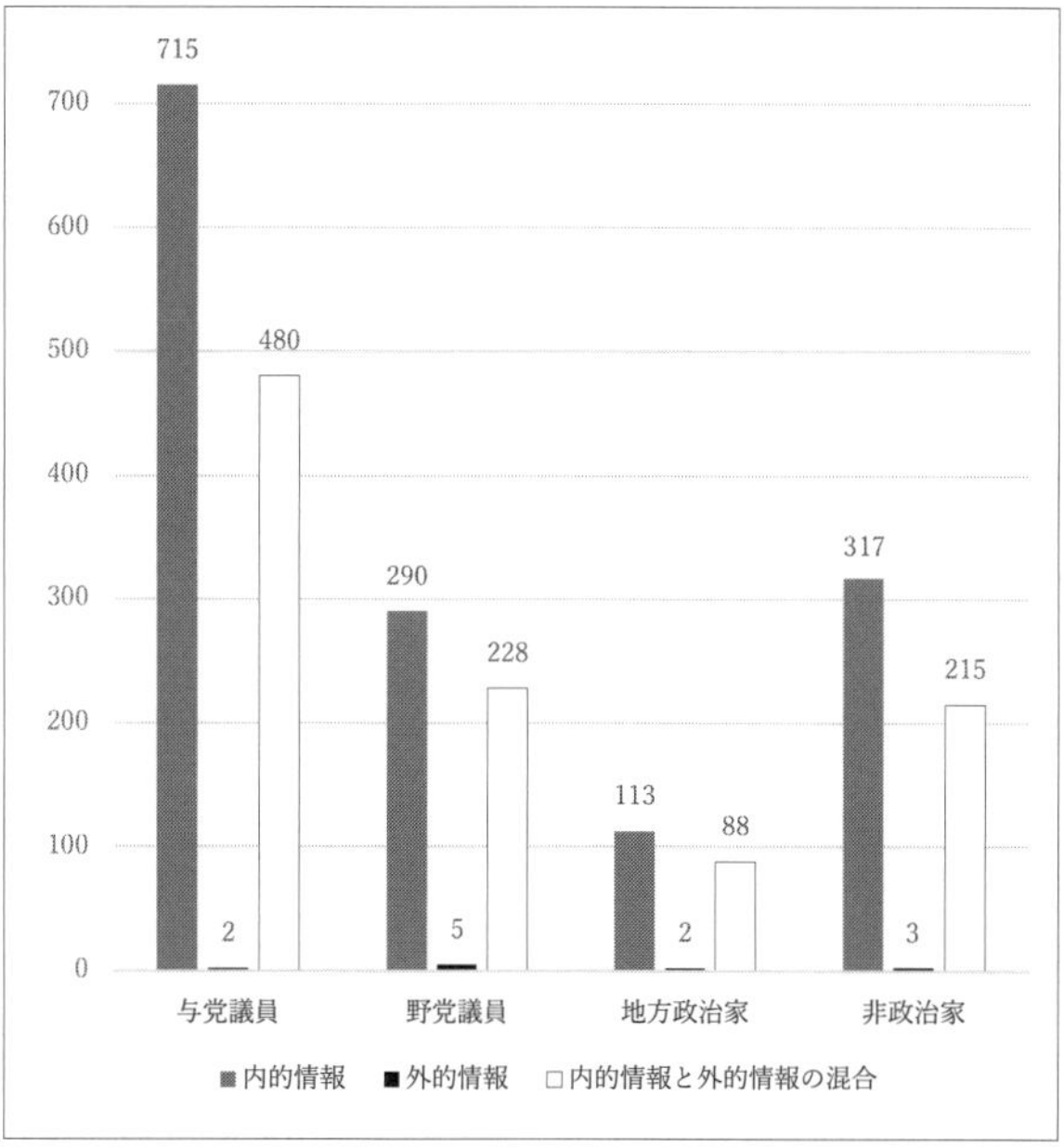

図9-1 「内的情報」、「外的情報」、「内的情報と外的情報の混合」の頻度

も、自分の考えや主張、出来事やプロセスの解釈を裏付けるため、あるいは自分の立場を正当化するために、他人の言葉を引用しているということである。例えば、田原が立憲民主党の長妻昭衆議院議員にインタビューしたときの例がある。日米共同声明をめぐる議論の中で、長妻はトランプ大統領の発言に言及している。この例の前に長妻の発言に対して、小野寺（小野寺五典：自民党衆議院議員。同じインタビューに招かれていた出演者である）が長妻の発言は、日米共同声明を曲解しているとし、アメリカは中国と貿易交渉していることを説明した。

田原：何のこと、どこがどう違うの？
長妻：あの今、小野寺さんが仰ったのは２０１８年９月26日に結ばれた日米共同声明のことをおっしゃったんですね。つまりＴＰＰなど過去の経済連携協定で約束した内容が最大限であると、これをここで確認した、と仰ったんですが、違うんですよ。確認してなくて、お互い政府の立場を尊重するって書いてあるんですよ。あくまで尊重する、別にこれを厳守するってことではないし、そしてトランプ大統領のさっきの発言[8]ではＴＰＰなんて関係ないと仰っているわけですから、正確にだから、これを仰っていかないといけない。

（２０１９年６月９日「激論クロスファイア」より）

次に、１４７件（８・６％）の引用は、自分や自分が属する政党の物事の捉え方が、言及された情報源と比べて異なることを示すために情報源を引用していた。これは、反論を提示したり、情報源の見解に異議を唱えたり、自分の主張がより合理的で正しいことを強調したりするために引用されるものである。関連する発言は、与党議員よりも野党議員に多く見られた。その一例として、反町が日本共産党の志位和夫委員長にインタビューしたときの例を紹介する。志位は、日韓関係の見方を聞かれ、安倍首相を引き合いに出して、両者の考え方の違いだけでなく、安倍首相の姿勢を批判している。

反町：一方ではじゃあ韓国の貿易管理にまあ不手際、甘さがあるのかどうかというところ、これは、日本側はあると言っても韓国側は無いと言っています。

志位：そこはちょっといろんな議論あるんですけれども、あの、それを理由にもし、貿易上の問題を理由にして、対応するというんだったら、それは一つの理屈になるんですけれども、それを理由にしてない訳ですよ。先日の総理とこのフジの番組で議論した時も、そういう国と国との約束を違えたからと、政治上のことを理由にしている訳で、そうなってくると私は、筋は違ってくると思うんですね。

（２０１９年7月19日「プライムニュース」より）

最後に、25件（1・5％）は、外的情報の引用が、話し手の主張の証拠や証明のために使われていた。これらは、特定の議題に関して、より知識があり、ノウハウを持っている個人やグループからのデータや専門的情報に基づいていた。以下は、田原が沖縄県知事の玉城デニーにインタビューしたときの例である。沖縄の米軍駐留について話し合う中で、田原は、辺野古には軍事基地建設に適さない軟弱な地盤があることが２０１８年にすでに明らかになっていたと指摘する。政府が発表していないにも関わらず、沖縄の関係者はなぜそれを知ることができたのかと尋ねている。玉城は、知識のある専門家を頼って関連情報を入手したことを明らかにした。

田原：なんで軟弱地盤があることがバレたんですか。
玉城：これはですね、実は彼らの調査した結果も公表されているんですけど、そういう地質工学に詳しい市民の方々がいて、政府が発表したその資料を片っぱしから精査をしてですね、どうやら政府がそれを隠しているということが表に出てきて、それが結果的にこの軟弱地盤の存在が明らかになったということに繋がったと思います。

（２０１９年６月16日「激論クロスファイア」より）

（２）外的情報の情報源

図９-２は、ゲストが用いる外部情報が何かを示したものである。この図は、「外的情報」と「内的情報と外的情報の混合」のカテゴリのみで構成されている。この表では、両方のカテゴリを合わせている（１０２３件）。なお、このサンプルでは、１７１４の情報源が用いられていたが、これはゲストの回答の中に、１つの回答の中で複数の情報源を引用している人がいたためである。１つの回答につき平均１・68回の情報源の引用があった。

インタビューは様々な情報源を引用しており、それらを14のカテゴリに分類した。以下には引用の数が多かった外国の情報源、他の出演者、政府の情報源の例を示す。

外国の情報源　外国のリーダーや外国政府の引用は、その頻度が最も高い情報源となっている。これには、韓国や中国などの日本に近い地域の国のリーダー、アメリカ大統領、イギリスやドイツの首相などの演説や発言、国際機関（国連、世界保健機関など）の声明が含まれる。以下の例はトランプ大統領に言及した自民党の佐藤正久参議院議員の回答であり、そこで日本周辺の緊張感に関するリーダ

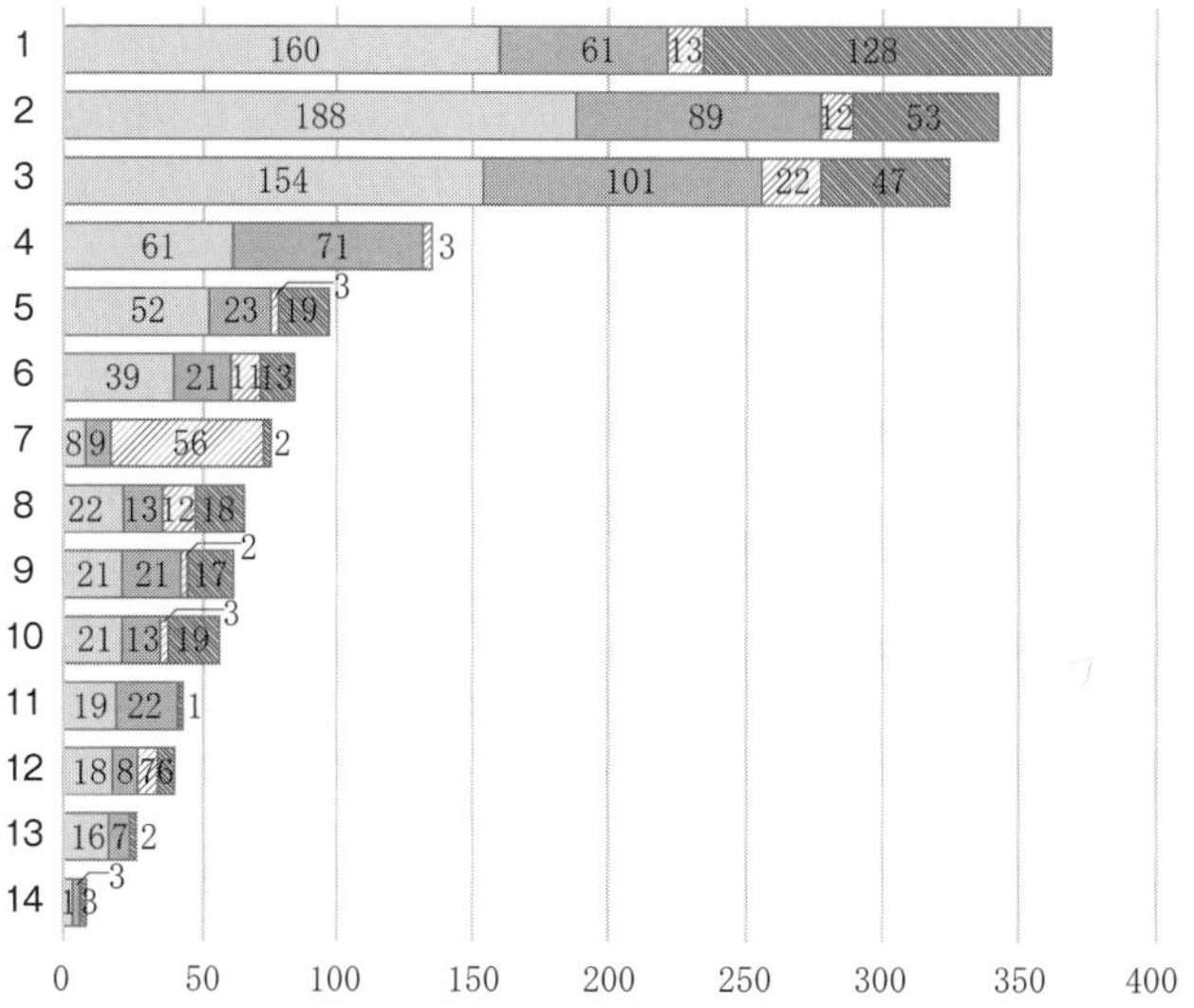

	14	13	12	11	10	9	8	7	6	5	4	3	2	1
与党議員	1	16	18	19	21	21	22	8	39	52	61	154	188	160
野党議員	3	7	8	22	13	21	13	9	21	23	71	101	89	61
地方政治家	0	0	7	0	3	2	12	56	11	3	3	22	12	13
非政治家	3	2	6	1	19	17	18	2	13	19	0	47	53	128

与党議員　野党議員　地方政治家　非政治家

図 9-2　引用した情報源の種類と数（多重回答）

（注）番号の意味は次の通り。1 ＝外国政府，外国のリーダー，国際機関　2 ＝他の出演者　3 ＝政府（総理大臣，大臣，内閣など）　4 ＝同じ政党の国会議員（連立与党を含む）　5 ＝政府（官僚）　6 ＝世論（市民団体，企業を含む）　7 ＝地方自治体（知事，市町村長）　8 ＝専門家　9 ＝匿名（～とされる，言われている）　10 ＝メディア　11 ＝国会議員（敵対する政党）　12 ＝公的な文書（憲法，法律）　13 ＝国会の委員会（予算委員会では…とされていた）　14 ＝天皇

「外的情報」と「内的情報と外的情報の混合」のサンプル 1023 件のうち，1 回答あたり平均 1.68 件の引用があった。

ーたちのコメントが引用されている。

反町：（北朝鮮のミサイル発射に関する日米の意見について）佐藤さんどうですか。

佐藤：まさに今回、安倍総理もトランプ大統領と長時間色々話して、北朝鮮情勢も話して日米間で認識は完全に一致したと、明言していますよね。

反町：一致してない……

佐藤：一致してこうなんです、宮家さん（宮家邦彦：キヤノングローバル戦略研究所研究主幹）言われたように、一致した上でトランプ大統領はそういう表現をしているんです。

（２０１９年5月28日「プライムニュース」より）

インタビューの他の出演者　このカテゴリには、ゲストが、同じインタビューに参加している他の出演者（専門家や対立する陣営の政治家など）の以前の回答やコメントについて言及したものが含まれる。例えば、立憲民主党の泉健太衆議院議員へのインタビューで、一緒に出演していた他の政治家の発言を参考にして、自分の意見を述べている。

泉：はい、まあ先日安倍首相がですね、令和の時代にデフレ脱却をと言ってびっくりしましてですね、まだそこの手立てを見つけられていないのかという思いをしましたね、本当に今デフレを脱却したいと言うならば、先ほど浅田さん（浅田均：日本維新の会政務調査会長）が仰ったようにですね、家計の消費をとにかく回していくことですよ。中略

（２０１９年6月16日「日曜討論」より）

政府の情報源　このカテゴリは、首相や大臣、内閣の言及など政府の情報源で構成される。与党議員は自分の主張を裏付けるためにこのような情報源を引用することが多く、野党議員は不満や批判を表明するために大臣の発言を引用することが多かった。例えば、日本共産党の笠井亮衆議院議員は、政府が美術展の一部閉鎖を決定したことについて、失望と非難の意見を示している。

笠井：だからそこのところが問題で……

田原：萩生田になって……

笠井：萩生田大臣がですね、結局あの今言われたみたいに、展示内容とは無関係ということをしきりに言っていると、手続き問題と言っているけれども、しかしこの問題、問題になった時、菅官房長官も柴山（柴山昌彦：文部科学大臣）、当時の文科大臣も内容を精査するって言っていたわけですよ。そういう流れの中で今回そういう風に文化庁が決定するっていうことになると、検閲に等しい行為だと。

田原：え？

笠井：検閲、ということになってきて、専門家でつくるあの審査委員会に審査を経て、4月に採択したにも関わらずですね、不交付ということで撤回が決定した時の議事録がないんですよ、求めても……

（２０１９年10月6日「激論クロスファイア」より）

（3）引用の傾向

図９‐２では、インタビューを受けた異なるグループ（与党議員、野党議員、地方政治家、非政治家）が参照した引用の数も明らかにしている。与党議員は、インタビューの他の出演者を最も多く引用し、次に外国や政府の情報源（政府は自分の陣営に属する）を引用する傾向が多かった。これに対して、野党議員は、政府の情報源を最も多く引用し、次にインタビューの他の出演者と自分の陣営の政治家（主に自分の立場や政策を正当化するため）を引用していた。

地方政治家は、教育、福祉、自然災害対策など、地域社会に関わる問題について意見を述べるためにインタビューに招かれており、地方自治体の情報源を引用することが最も多くみられた。次いで政府の情報源（予算や環境に関する問題など）、外国の情報源（沖縄県における米軍の駐留に関する問題など）が挙げられる。専門家は、外国の情報源（特に軍事問題の専門家は二国間関係や外国政府の見方を紹介することが多い）、他の出演者、そして政府の情報源の発言を引用していた。

（4）フェイスへの脅威がコミュニケーション戦略に与える影響

最後に、引用された情報源がなぜ用いられているのか、なぜ用いる回数が減るのかを明らかにする。２４５８問の質問と回答を分析した結果、フェイスへの脅威がある場合に外国政府、他の出演者、政府の引用が減ることが明らかとなった。つまり、地位や名誉を脅かす質問をされた場合、ゲストは、準備してきた他者の情報源を用いるのではなく、自分の言葉で回答せざるを得ない状況に追い込まれていると考えられる。

与党議員と野党議員は、政府を多く引用していることが分かった。国会議員は首相や大臣などの発言を多く引用していると分かった。他方で、与党議員と野党議員はともに、外国の情報源をあまり使っていないことが分かった。

激論クロスファイアは外国政府と政府の情報について、プライムニュースに比べて、外国や政府の引用が少ないことが分かった。他方で、日曜討論については、他の出演者や政府の情報が多く引用されていた。これは日曜討論が複数のゲストを呼ぶことが関係している。

また、インタビューの中心となった議題を見てみると、経済・エネルギー、新型コロナウイルス、選挙・倫理などの争点を中心としたインタビューでは、外国政府の情報源の引用が少なくなり、外交・安全保障の問題を中心とした質問では、外国政府の引用が増えていた。

4 引用と日本の政治文化

本章の目的は、政治家や専門家が日本の政治インタビューで用いる情報源を特定し、これらの情報源を引用する動機を調べ、これらの情報源とゲストの属性、テレビ番組、質問の仕方、インタビューの中心となった議題との関係を示すことである。本章は、既存の先行研究（Shibata, 2020）を超える調査対象であり、インタビュー対象者も地方政治家や非政治家を含んでいる。シバタは、7つの外的情報源（首相、野党議員、政府、専門家、国民、匿名の発言者、発言者と同じ意見を持つ政党・政治家）を特定していたが（Shibata, 2020）、本章では、ゲストが引用した14の情報源を特定した。

本章では、4つの政治討論番組で行われた2458回の質問と回答を用いている。これらの回答のうち58％は、ゲストが自分の考えを述べたものであった。一方、他の個人やグループの視点や考えを示す、外的情報源への引用があったのは42％であった。外的情報を用いる話し方の内、最も多いパターンは、話し手の視点と他者の視点の両方を組み合わせた混合であった。

このように、他者の視点を引用し、同時に自分の考えを明らかにすることは、修辞学的な観点から、他者の世界観と自分の世界観との間に関連性を持たせるという会話上の機能を持っていることがわかる。政治行動という大きな枠組みの中で、「自分の主張は他の人にも認められている」ということで、聴衆を説得するコミュニケーション戦略となる。しかし、このレトリックが効果的なのは、引用された情報源が、その分野における権威、あるいは社会的地位が認められており、聴衆に承認されている場合に限られる。

このような理由から、本章で特定された14の情報源のうち、日本のゲストが最も頻繁に引用するのは、アメリカ、韓国、中国の政治リーダー、インタビューに招待された他の出演者、そして首相や大臣などの政府の発言や考えである。与党議員は、自分のアイデアや考えが政権の主要メンバーで共有されていることを示すために、同じ政治陣営である政府の情報を引用することが多い。与党議員は、「我々」や「私たち」という代名詞を使って、自分の意見を政府の公式の見解や政策と同じであることを示す。特定の情報源を引用することは、聴衆が政治を理解する方法に影響を与えるだけでなく、ある問題に対する発言者の立場を、既に支持された認識されている考えの中で評価する効果的な方法となる。

また、日本では、インタビューの際のフェイスの管理（面子の維持）を目的としたコミュニケーション戦術として、他者の言葉を引用することが日常的に行われており、文化的な意味合いが含まれている。他人の言葉を引用する理由として、自分の考えを支持したり、自分の立場を正当化したりする傾向が圧倒的に多いことがわかった。これは、他人の世界観と自分の世界観を結び付けるためといえる。また、発言者と他の人との考え方の違いを明示して、反論や批判をするために引用するケースは9％以下と少なかった。これは、政治家が、同じインタビューに参加した人たちを引用している様子を見るとよくわかる。「反町さんが仰ったように」「三宅さんが仰ったように」「浅田さんが仰ったように」という表現が多い。

これは、話者がその言葉に同意することで、同じスタジオにいる相手と同じ視点を共有していることを意味する。政治家は、自分と相手の間の格差を強調したり、相手の立場を批判・否定したりせず、誰かの面目が潰れる対立的状況を避けようとしている。この意味で、日本の政治インタビューの最大の特徴は、フェイスの管理にあるといえる。政治家は、相手の発言や考えに対して公然と対立したり、批判したりすることをできる限り控え、インタビュー中は穏やかな雰囲気を保ち、穏やかなコミュニケーションスタイルを維持し、友好的な意見交換を行うことを好んでいる。

最後に、引用された情報源とインタビュー環境との関係に注目すると、以下の2つの点でこれまでの研究結果をさらに裏付ける結果が得られた。第1に、テレビ番組に関して、日曜討論に出演した政治家が、インタビューの中で他の出演者の発言を参照したり、引用したりすることが多かったのは、この番組では、対立する意見を持つ複数の参加者が、番組内で提起された議題について、司会者を介して意見交換することが奨励されているためである。また、日曜討論の参加者は、激論クロスファイアのようにゲストが1人から2人と少ない番組に比べて、政府関係者の発言を引用することが多いことが分かった。

第2に、これまでの研究と同様に、フェイスへの脅威が政治インタビューにおける回答にとって重要な要因であることが分かった。フェイスへの脅威がないとき、インタビューを受けた人は自由に話すことができると感じ、戦略的に他人の発言を引用している。他方で、厳しい質問に直面した場合に、引用を伴う回答をすることは少なくなる。例えば、与野党の議員は、インタビューの他の出演者を情報源として参照することが最も多いが、フェイスへの脅威が大きくなるにつれて、これらの情報源を引用する頻度は徐々に減少していった。

本章では、ゲストが説得力を高めるためのコミュニケーション戦略として情報源を利用していることを示唆した。番組を面白くして視聴率を上げるためにインタビュアーが厳しい質問をすると、ゲストは、外部の情報源に頼るよりも、自分の考えや出来事に対する評価を重視せざるを得なくなる。政治家を中心とした対象者が、他人の言葉を引用して自分の考え方を聴衆に納得させようとするコミュニケーション戦略は、インタビュー中に尋ねられる質問の性質に左右される。

重要なことは、インタビューの環境や質問の仕方だけでなく、ある社会の文化や政治的な文化が、政治インタビューにおける引用源の種類、使用、頻度を決定していることである。本章の分析は日本を対象としているが、他の文化の研究が進むことによって、政治インタビューの性質や内容だけでなく、政治行動に影響を与えるコミュニケーション過程全般についての理解が深まると考えられる。

コラム9　逸話（anecdote）

逸話とエピソードは似たレトリックであるが、やや違いがある。エピソードは、話者の経験談を話すことを指し、聞き手の興味関心を引き出すことを目的としている。他方で、逸話は、エピソードの中でも特に優れたもの、逸脱したもの、秘話を指しており、政策の成功を証明したり、リーダーが信頼のある人物であることを示したりするために用いられる。また、逸話は他者の発言の引用とも関連しており、過去の偉人の話や、過去の成功した人の話を取り上げることで、「過去にそうであったから、今回も上手くいく」、「過去にできた人がいたから自分もできる」と感じるようになる。

アリストテレスは、権威者からの主張の引用を「証人（witnesses）」と呼んでいる。引用は、現実の例として提示された物語（ストーリー）の一部であり、聴衆が政策の成功や失敗について結論付けるための誘い文句である（Atkins & Finlayson, 2012）。政治リーダーと国民を結びつける逸話は、その政治リーダーの性格やエトス（信頼）を強化するものであり、政治リーダー「国民と同じレベルにいる」という証拠となる。

アトキンスとフィンレイソンはイギリスの自由民主党、労働党、保守党の各党首の党大会での演説を調べ、１９９０年までは非常に限られた範囲でしか使われていなかった逸話が、最も一般的なレトリックになっていることを示している。１９９０年から１９９４年までのスピーチでの逸話は7回であったが、次の5年間では32回と増加し、２０００年から２００４年では48回、２００５年から２００９年では73回の逸話があった。これらの逸話は、リーダーの人物像が価値のあることを示すものであり、重要な点は、価値ある人物像とは、優れた業績よりも平凡な人物像と認識されることである。(9)

例えば、２００３年、ブレアは、高齢の女性の話を取り上げた。その女性は、自分が病気であるにもかかわらず、病気の夫の世話をし、手術のために1年間の待機を余儀なくされていた。しかし、労働党の政策のおかげで、彼女は他の場所で早く手術を受けることができた。彼女はブレアに対して、「健康を取り戻すためなら地の果てまでも行くわ。半年間の不安が解消されました。本当に命の恩人です」と述べた。ここでは、労働党の政策の成功が証明されている。これは、高齢の女性の逸話を引用することで、その経験が政策全体の成果を示す例として使われている。

逸話が増加した理由は、政治家やそのアドバイザー、スピーチライターが考える良い説得の方法として、逸話のレトリックが有効であると信じられるようになったためである。アトキンスとフィンレイソンは、専門家の話から日常の話にレトリックの重点が変化していることを指摘している。

政治リーダーは、逸話を通して、自分にはない権威を自分の主張に取り込む。映画の脚本では、「言わずに伝える（Show - Don't Tell）」というルールが用いられる。例えば、登場人物が怒っている場合、それを「怒っている」と言うのではなく、行動で示すべきである。登場人物が「私は悲しい」とか「私は幸せ」と言っている映画は駄作になる。

効果的な逸話は、「自分もできる」と感じさせるものであり、政策の説得力を高める。演説の際は、事前の準備により、効果的な逸話が紹介されることが多い。他方で、政治インタビューの場では、質問に対して答えることになるため、事前の準備が完全にできるものではない。そうした事情により、政治インタビューの場面で効果的な逸話が用いられることは少ないが、話の上手い政治家は、随所に身近な事例や逸話を用いている。

第10章　議員は誰の意見を代弁しているか

1　国会審議と他者の声の引用の関係

なぜ国会議員は、国会審議において他者の声を引用するのか。本章は、他者の声（Extra-vocalisation）の概念（バフチン 2013）を手がかりに、質疑者が誰の意見や考えを表明しているかを明らかにする。人の発言は、他者の声なく構成されることが難しく、社会的な関係の中に位置付けられている。例えば岸田文雄委員（自民党衆議院議員）は「総理は、今回の内閣改造に当たりまして安定と挑戦という言葉を掲げられました」（第２００回国会衆議院予算委員会議録第１号２０１９年10月10日）という発言をしている。これは、内閣改造に対する岸田委員の評価を述べる前に発言した部分であり、内閣総理大臣の声を引用して、その後に自分の考えが示されている。この場合には、自分の考えを補強し、説得力を持たせるために内閣総理大臣の声を引用している。一方で、他者の声を引用する場合には、自身の考えと異なっており、対比するために示される場合もあり、いくつかのパターンが存在している。本章では、国会議員が質疑・答弁の中で、なぜ他者の声を用いるのかを検討する。

他者の声や国会研究に関連する問題点は、以下の3点が挙げられる。第１に、個々の議員が選挙区の支持者の個別的利益を代表している可能性がある点である。国会議員は国民を代表する以上、有権者の声を代表すべき存在であるが、自身の昇進や選挙での再選など、様々な自己利益に基づいて行動することが想定される。本章では、予算委員会での審査を分析対象とし、単なる世論に対するアピールとして捉えられるのか（公共的利益）、それとも支持者の個別的利益を表明する場として活用されているのかを検討する。

第2に、注目度の高い予算委員会の場が政治スキャンダルを中心に扱い、審議しない国会のイメージを視聴者に抱かせてしまうことである。予算委員会の審査がスキャンダルやワイドショーのような争点に集中してしまうと、予算審査や行政府監視の意義が薄れかねない。予算委員会は審査をしていないというイメージが抱かれることで、有権者の間に国会に対する不信が蔓延することに繋がる。

第3に、国会研究は、法案の成否や立法に関心が集中しており、審議の実態について、十分な研究がなされているとは言い難い。国会の主たる活動は、法律の制定および改正という立法機能であるが、制定に至るまでの審議内容を重視する審議機能や、国政に関する調査を行い、記録の提出などを求める監視機能を軽視することはできない。審議機能や監視機能は国会の主要な機能であり、立法機能と関連しているため、不可分なものと考えられる。国会における他者の声の引用を分析することは、審議機能の検証に繋がるものである。

本章はこれらの問題を踏まえて、代議制民主主義・熟議民主主義の観点から、争点明示機能・審議機能の検証を試みる。質疑を分析することによって、質疑者の利害関係者が誰であり、誰の利益を代弁しているかを知る手がかりとなる。また、答弁を分析することで、発言がいかに正統性[1]を持つかというテクニックを知ることが可能となる。答弁者の発言の根拠や裏付けを有権者が認識することで、テクニックに基づいた答弁に惑わされない慎重な判断を下すことが可能になる。また、質疑者の引用する他者の声の違いによって異なる利益・考えが代表されているかどうかが分かれば、国会の審議機能（国政調査）に肯定的な意義を見出し得る。政党や当選回数といった議員の属性が、個別的利益を代表しているのであれば、国会審議の望ましい姿ではないことが判断できる。その結果、公共的利益を代表する議員の選出が可能になるような投票行動に繋がることが期待できる。

2　国会とコミュニケーション

(1) 代議制民主主義と熟議民主主義

憲法第43条において「両議院は、全国民を代表する選挙された議員でこれを組織する」と規定されており、国会議員は国民代表であるとされる。「国民代表」の観念は、国民主権論を前提とし、私法上の「委任・代理」理論を「選挙・代表」関係に借用したものとされる（大石 2017）。選挙区から選出される議員は、特定選挙区（選挙人）の代表ではなく、[2]「国民」の代理人であり、私法的な法律構成に由来する代理理論の効果を遮断するために、「全国民の代表」であることが明記されている（大石 2017）。

代議制民主主義に関して、ヘイウッドは、信託モデル、代理モデル、類似モデル、委任モデルの4つに整理している（Heywood, 2013）。信託モデル（Trustee Model）は、代議制の本質を、成熟した判断や良心に基づいて政治家が行動すると考える。つまり、信託モデルの下で、政治家は道義的な義務を果たし、教育や理解を持つ恵まれた人間であると仮定され、恵まれていない人の利益に適う行動をとることが求められる。代理モデル（Delegate Model）は、政治家は有権者の代理人であり、有権者の利益に拘束され、有権者の利益に適う範囲に限定された権限を行使するに留まる。類似モデル（Resemblance Model）は、代表する議員は社会の縮図であるという考え方であり、社会におけるあらゆる集団から議員が選出され、女性の利益は女性にしか代表できないと考えるものである。委任モデル（Mandate Model）は、選挙において政党はマニフェストを示し、政党は示した政策プログラムについて有権者から委任を受けたと考える。個々の政治家というよりも政党がマニフェストの範囲内で政策についての委任を受けており、党規律によって政治家は統制される。

しかし、これらの代議制のモデルにはいずれも問題があることが指摘されている。信託モデルでは、エリート主義の考えに基づいており、政治家が自己利益を追求する場合、有権者は裏切られることになる。代理モデルの場合、政治家が自身の判断で決定を下すことが説明できず、リーダーシップを発揮することが制約されてしまう。類似モデルは、社会の多数の国民が情報を持たず、教育を十分に受けていないならば、社会の縮図に類似させる意味がないといえる。委任モデルは、有権者はマニフェストを読み、政策や争点に基づいて投票していないため、マニフェストの範囲内での委任に限界がある。

他方で、熟議民主主義は、熟議を重視する民主主義を意味しており、これまでの利益政治ではなく、意思形成過程を重視している。エルスターは、熟議が求められる理由として手続き正当性を付与することおよび選好変容の可能性があることを挙げている（Elster, 2007）。熟議民主主義は、国民での熟議を指す場合と、議会での熟議を指す場合に分けられる。議会での熟議を測定した研究として、シュタイナーらの研究（Steiner et al., 2004）がある。シュタイナーらは合意型議会（スイス）と競争型議会（イギリス、アメリカおよびドイツ）を比較し、熟議に差があるかを検証しており、建設的政治の指標[3]を除いて、スイス議会とイギリス議会の議論は有意に差があることを示している。

代議制民主主義は、国レベルにおいて国民の意志を効率的に反映させる仕組みであるのに対して、熟議民主主義は有権者レベルあるいは議会レベルにおいて、議論の過程を重視するものである。つまり、両者は効率性の観点からは矛盾する面を持つが、正統性を付与するという面からは補完し合う関係にあると考えられる。

（2）議会研究

議会研究からは、議員の議会内での活動が、選挙での再選やキャリア、議会内での影響力の拡大、および議員の専門性に影響することが示されてきた（Fenno, 1973; Meyhew, 1974）[4]。Fenno（1973）によると、議員の目標は、再選、院内での影響力、良き公共政策の実現の3つであるとしている。

委員会で活動を続けることは、選挙あるいは議会内での利益につながることが指摘されている（Cox & McCubbins, 1993; Krehbiel, 2004）。利益とは主に、立法生産性の向上や高い役職の獲得、選挙での成功であり（Cox & Terry, 2008; Grimmer & Powell, 2013）、議会内の活動やポークバレル（利益誘導）にはそれほど影響がないとされる（Anderson, Box-Steffensmeier, & Sinclair-Chapman, 2003; Berry & Fowler, 2016）。また、知名度の高い委員会での活動により、議員の知名度が高まる可能性がある（Epstein et al., 1997）。知名度が上がることで再選をもたらすことも見込まれる（Mayhew, 1974）。他方で、立法権がない委員会での活動を行う場合、議員は監督を行うことを通して専門的な知識を得る（Baron, 2000; Kellerman, 2014）。シローネとヴァンコッペノール（Cirone & Van Coppenolle, 2018）は、委員会での活動が議員の専門性を高めることを明らかにしている。日本の研究において、松本・松尾（2010）は、地元利益、党派政治、議員個人の専門性が委員会での議員の発言量に影響を与えることを示している。

3　議員の選出基盤と利益

（1）選出基盤と利益の関係

ポリフォニーの概念を用いて、国会審議における他者の声の引用に焦点を当てる。国会議員は、なぜ公共的利益と個別的利益の声を引用するのかを検討する。公共的利益は、国民全体の利益に関わる問題であり、幅広い有権者が関心を持つと考えられる。他方で、個別的利益は、企業や団体、特定の地域などに関わる問題であり、特定の有権者に限定された関心となる。

政治家が公共の利益に関心を持つか、個別的利益に関心を持つかについては、選出される議員の選挙での戦い方によって変わることが想定される。濱本（2018）は、政治家個人で選挙を戦うか、政党として戦うかの違いは政党ラベルが正負どちらに働くかによって変わるとしている。選挙の際に政党ラベルがプラスに働く場合は、政党レベルで選挙が戦われ、政党の規律が働き、造反が抑制されるとしている。他方で、政党ラベルがマイナスに働く場合は、候補者レベルで選挙が戦われるため、政党の規律は働きにくく、造反が生まれるとしている。すなわち、候補者レベルで選挙を勝ち抜いた政治家にとっては、さらなる知名度を得るため、公共的利益を代表した質疑を行う。他方で、政党レベルで選挙を勝ち抜いた政治家にとっては、党規律が働き、支持基盤となる企業や団体の意向を意識した質疑が行われると考えられる。

一方で、反対側の解釈も可能である。候補者個人で当選できる政治家にとって、地元利益を優先し、特定の住民や地域の声を引用して質疑を行うことも想定される（表10 - 1）。また、政党レベルで選挙を勝ち抜いた政治家にとって、党の公約が重要であるため、党の公約に関する公共的利益を代表した質疑を行うことも想定される。

表 10-1　選挙の選出基盤と利益の関係

	公共的利益の代表	個別的利益の代表
選挙区選出	政党に依存せず当選できるため，メディア・世論・国民の声を引用し，さらなる知名度の拡大を目指す。	選挙区の利益を意識した特定の住民，地域の声を引用する。
比例区選出	政党の公約に関連した公共的利益を代表することを目指し，国民やメディアの声を引用する。	政党に依存しているため，政党の支持基盤を意識した企業・農家・住民・団体の声を引用し，利益誘導を行うことを目指す。

小選挙区・選挙区選出議員は、さらなる知名度を得るため、多方面の利益を考慮し、多くの引用を行うと考えられる。比例区選出議員は、政党の支持基盤を有しているため、引用の回数は小選挙区・選挙区選出議員と比べて多くはならないと考えられる。また、小選挙区・選挙区選出議員は、党規律が強く働かないため、公共的利益を意識し、国民やメディアの利益を反映させようとする。他方で、参議院の比例代表は、非拘束名簿式であるため、業界団体出身の候補者が議員となることも多い。そのため、比例区選出の議員は、党規律が強く働くため、企業や団体などの個別的利益を意識し、個別的利益を反映させようとする。

小選挙区・選挙区選出の候補者は、政党のブランドは活用するものの、個人で選挙を戦うことを強いられるため、さらなる知名度の獲得が常に求められる。そのため、委員会質疑において、多方面の利益を考慮し、多くの声を引用すると考えられる。そして、小選挙区・選挙区選出議員は、公共的利益の代弁者であろうとするため、その引用元は「メディア・世論・国民」であると考えられる。他方で、比例区選出の議員は、政党の支持基盤を高めることを意識し、「企業・農家・住民・団体」の声を引用すると考える。

（２）予算委員会

誰の声を引用しているかに当たり、以下の分類を用いた。①メディア・世論・国民、②企業・農家・住民・団体、③総理大臣、④政府・大臣、⑤また聞き・一般論、⑥政党・同僚議員、⑦他の政党・他の政党の議員、⑧その他（専門家・外国政府・特定の個人[5]・質疑者本人）である。公共的利益の代表を示す他者として、「メディア・世論・国民」を用いる。また、個別的利益の代表を示す他者として、「企業・農家・住民・団体」を用いる。

分析対象は、第２００回国会衆議院・参議院予算委員会の質疑であり、それぞれ３回開かれている[6]。いずれの予算委員会の審査も予算の実施状況・執行状況に関する質疑であり、国政調査に当たる。国政調査を行う主体は委員会であり、「委員会は、その所管事項について、国政に関する調査を行う」とされている（衆議院2003）[7]。１９７０年半ば以降に国会審議が形骸化しており（大山2017）、議題と直接関係のない関連質疑が行われる傾向になっている。また、予算委員会の質疑では、国政一般に関する事項が取り上げられ、政府対野党の論戦が展開されてきたとされる（大山2017）。そのため、予算委員会における質疑は注目度が高く、国会議員が有権者にアピールするために、他者の声を引用する良い機会となっている。

分析するにあたり、選挙における選出基盤[8]を小選挙区（衆議院議員）、選挙区（参議院議員）、比例単独（衆議院議員）、比例復活（衆議院議員）[9]、比例区（参議院議員）に分類した[10]。分析の単位は各質疑とし、衆議院での質疑が３５２回、参議院での質疑が５１６回、計８６８回であった[11]。

分析を行う前に、データの概要を確認する。図10‐1は、質疑において何が議題とされていたのかを示している。多い順に、「政治とカネ・政治スキャンダル」１７４回（20・０％）、「災害・防災」１２９回（14・９％）、「経済」１０９回（12・６％）、「社会保障・雇用」92回（10・６％）、「外交・安全保障」87回（10・0%）、「文部科学」74回（8・5%）、「消費税・財政」73回（8・4%）、「その他」69回（7・9%）、「農林水産・環境」61回（7・0%）となっている。「政治とカネ・政治スキャンダル」が多く取り上げられていた理由として、菅原一秀経済産業大臣（当時）および河合克行法務大臣（当時）の公職選挙法違反が疑われた問題が取り上げられたためである。菅原大臣は、2006年から2007年にかけてカニやメロンを選挙区内の有権者に送ったとするリストが出回ったことが指摘された。さらに地元支援者の通夜に秘書が香典を手渡した写真が『週刊文春』にスクープされたことを受け（週刊文春2019年10月31日号）、10月25日に辞任している。また、河合法務大臣は、妻の河合案里の選挙運動に関して、スタッフに公職選挙法の上限額を越える報酬を渡したと『週刊文春』に報じられた（週刊文春2019年11月7日号）。これを受け、河合法務大臣は10月31日に辞任している[12]。これらの問題が予算委員会で取り上げられており、大臣に対して責任を追及する質疑が多く行われた。その他、関西電力の幹部が福井県高浜市の元助役から多額の金品を受け取っていたことが発覚した。元助役の関連会社は、稲田朋美衆議院議員が代表を務める党支部に36万円を献金していたことも判明している（東京新聞2019年10月5日）。

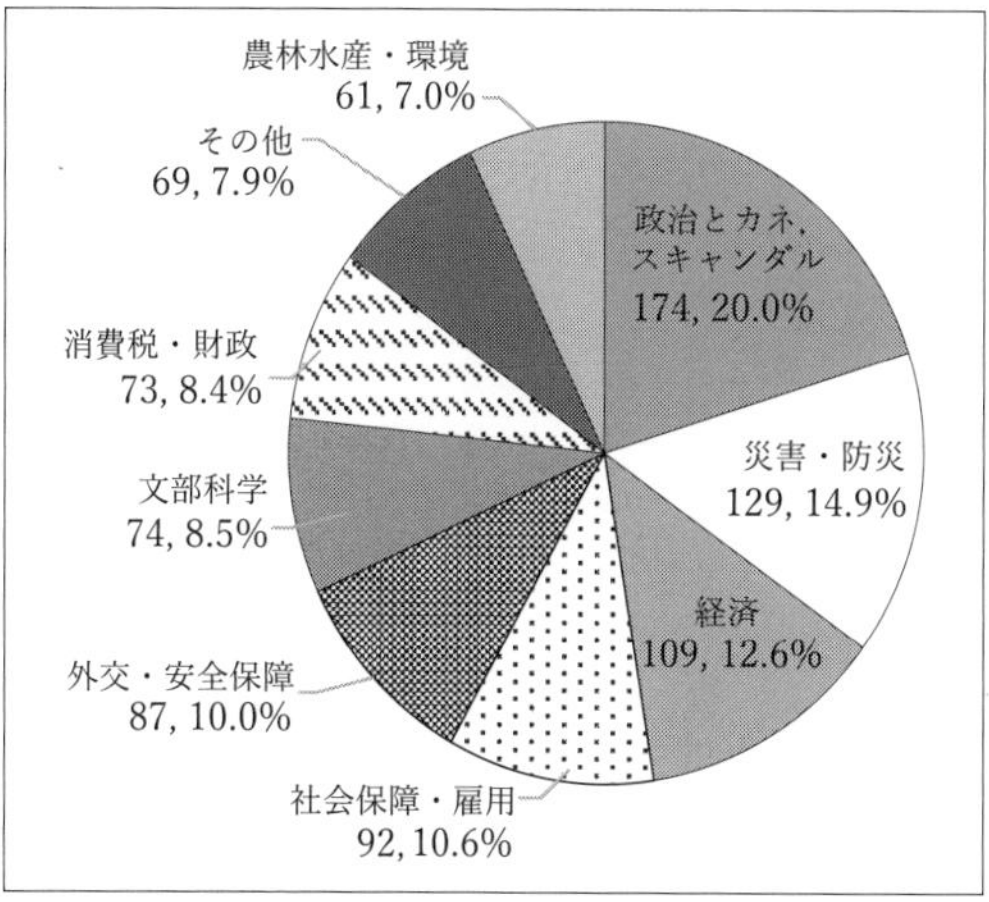

図 10-1　質疑によって取り上げられた議題

（出所）第200回国会衆議院予算委員会議録・第200回国会参議院予算委員会会議録を用いて作成。

「災害・防災」に関しては、台風15号および

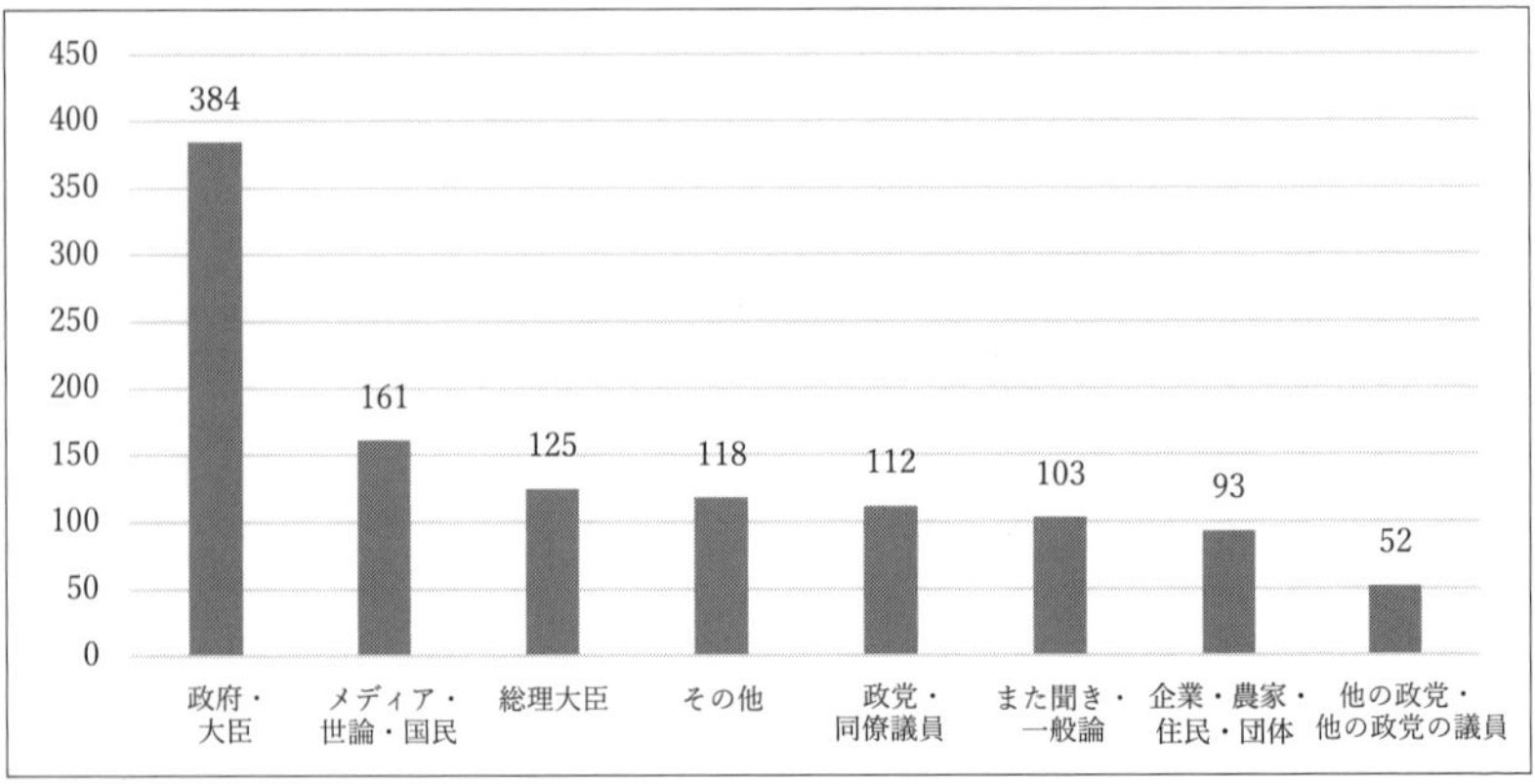

図 10-2　他者の声のヒストグラム

（出所）第 200 回国会衆議院予算委員会議録・第 200 回国会参議院予算委員会会議録を用いて作成。

台風19号に関する被害状況や、政府の支援策、激甚災害の指定についての質疑が行われた。また、「経済」に関してはクールジャパンに関連して、官民ファンドへの投融資について質疑がなされている。「社会保障・雇用」については、全世代型社会保障に向けての政府の施策や障害者支援などについて質疑がなされている。「外交・安全保障」については、２０１９年10月７日に署名された日米貿易協定を中心に質疑がなされた。「文部科学」については、リチウムイオン電池開発によりノーベル化学賞を受賞した吉野彰に関連して、研究支援体制や、大学入学共通テストの延期が決定されるまでのプロセスなどに焦点が当てられていた[13]。

図10‐2は質疑者の用いた他者の声のヒストグラムを示している。多い順では、「政府・大臣」３８４回（44・2％）、「メディア・世論・国民」１６１回（18・5％）、「総理大臣」１２５回（14・4％）、「その他」１１８回（13・5％）、「政党・同僚議員」１１２回（12・9％）、「また聞き・一般論」１０３回（11・9％）、「企業・農家・住民・団体」93回（10・7％）、「他の政党・他の政党の議員」52回（6・0％）とな

っている。

質疑者は「政府・大臣」の声を最も多く引用しており、その回数は３８４回（44・２％）である。例えば、辻元清美委員（立憲民主党衆議院議員）は、小泉進次郎環境大臣の答弁の後に「官僚の皆さんに責任を押し付けることは決してしてはならない、今もおっしゃいました」（第２００回国会衆議院予算委員会議録第２号２０１９年10月11日）というように引用しており、その後、「森友学園では誰か政治家が責任をとりましたか」と尋ねている。大臣の答弁を引用し、追及を行うという手法が多く見受けられる。

次に多い引用元が「メディア・世論・国民」であり、１６１回（18・５％）となっている。例えば、福山哲郎委員（立憲民主党参議院議員）は、大学入学共通テストの問題に関して「自己採点との乖離が三割という報道が出ていますが、個別に私、見ました」[14]（第２００回国会参議院予算委員会会議録第３号２０１９年11月８日）とメディアの報道を引用しており、「自己採点できないのは不安を与えるだけです」と政府を追及している。

「企業・農家・住民・団体」の例として、増子輝彦委員（国民民主党参議院議員）の例がある。２０１９年10月６日に発生した台風19号は、10月12日に伊豆半島に上陸し、死者99名となる大きな被害をもたらした（総務省消防庁 2020）。増子委員は、３日間地元に張り付きながら、被災地を訪問したことを述べ、「市民の皆さん、住民の皆さんは、この泥水を何とかしてほしい、家屋にとっぷりつかって、家屋をとっぷりと埋めてしまったこの汚泥、大変な衛生面や臭い、そして家財道具が厳しい状況に置かれています」（第２００回国会参議院予算委員会会議録第２号２０１９年10月16日）と指摘しており、総理に激甚災害指定を求めている。

4　公共的利益と個別的利益のどちらの代弁が多いか

（1）引用の回数

「小選挙区・選挙区選出議員は、比例区選出の議員より他者の声の引用を多く行う」を検証するため、小選挙区、選挙区、比例単独、比例復活、参議院比例区選出の議員の声の引用回数を比較する。表10－2は、それぞれの選挙区選出議員の他者の声の引用回数の平均値を算出した結果を示している。各グループ間で差があるかどうかについて、検証した結果、差がある結果が得られた（$F_{(4, 863)}=11.05$, $p<.01$, $n=868$）。その後、多重比較を行ったところ、小選挙区と選挙区、小選挙区と比例単独、小選挙区と復活比例、小選挙区と参議院比例区の間で差が見られた。この結果から、小選挙区選出議員は、他の選挙区選出議員と比べて、他者の声の引用回数が多いといえる。

小選挙区・選挙区選出議員の引用が多いと想定していたが、実際は小選挙区選出議員のみ、他の選出基盤の議員よりも引用回数が多いことが示された。衆議院の小選挙区選出議員と参議院の選挙区選出議員では、引用の回数が異なり、小選挙区選出議員がより多方面に気を配り、引用していると考えられる。また、小選挙区選出の野党議員は、政権交代を意識し、政府を批判するための引用も多く行っていると想定される。

（2）公共的利益と個別的利益の代弁

「小選挙区・選挙区選出議員は、メディア・世論・国民の声を引用する」および「比例区選出の議分析の結果、小選挙区選出の議員は「メディア・世論・国民」の声を多く引用していることが明らかとなった。他方で、参議院の選挙区選出議員は「メディア・世論・国民」を多く引用しているとはいえない結果であった。参議院議員は任期が6年であり、選挙を強く意識していないことが要因の一つとして考えられる。

その他、国民民主党、立憲民主党、日本維新の会の議員は、自民党と比べて、「メディア・世論・国民」の声を引用していないことが明らかとなった。これらの政党は、有権者を意識するよりも、政府・大臣を引用して、対決する質疑を行っているためと考えられる。

また、復活比例および参議院比例区の議員は、選挙区選出の議員と比べて「企業・農家・住民・団体」の声を引用する数が少ないことが明らかとなった。復活比例および参議院比例区の議員は、選挙区選出議員と比べて引用する割合が相当低い結果であった。比例復活選出の議員は、次期選挙で小選挙区での議席獲得を目指すため、個別的利益を意識していないことが考えられる。他方で、参議院比例区選出の議員は、公明党議員や共産党議員が多く、個別的利益を意識せず質疑を行っている。これらの政党は大衆政党の性質が強くあり、さらに組織として選挙を戦うため、議員個々人は個別的利益を意識していなくても良いものと考えられる。他方で、共産党議員は、地域住民に根差した質疑を行っていた。

表10-2　選挙区別の他者の声の引用回数の平均値

	平均値（回数）	度　数	標準偏差
小選挙区	2.25	154	1.915
選挙区	1.34	365	1.311
比例単独	1.41	58	1.109
復活比例	1.54	140	1.566
参議院比例区	1.54	151	1.226
合　計	1.57	868	1.487

5　小選挙区選出議員と比例区選出議員の違い

本章では、他者の声の概念（バフチン 2013）を手がかりに、質疑者が誰の意見や考えを表明しているかを明らかにしてきた。代議制民主主義の観点より、選挙の選出基盤が他者の声の引用に影響を与えているかどうかを検証した。分析の結果、「小選挙区選出議員は、選挙区・比例区選出の議員より他者の声の引用を多く行う」こと、「小選挙区選出議員は、メディア・世論・国民の声を引用する」ことが明らかとなった。この分析結果は、小選挙区選出議員が「国民代表である」という理念に従って、国会で質疑を行っていることを示す結果であるといえる。

他方で、比例区選出（比例復活・参議院比例区）の議員は、選挙区選出の議員と比べて「企業・農家・住民・団体」の声を引用する数が少ないことが明らかとなった。この結果は、比例区選出議員が個別的利益を代弁している訳ではないという結果であり、代議制民主主義の観点からは肯定される結果といえる。国会議員は選挙で選ばれたからといって、国会で国民の声を反映している訳ではなく、自分たちの信念に従って、政府を追及していると考えられる。

本章の課題として、国会質疑での他者の声にどれ程の意義があるかが明確ではない点である。質疑で他者の声を引用したことが、利益として政策に反映されるかと言われれば、ほとんどが影響を与えないものである。国会議員は、委員会審査の質疑を通して、政府の行動を牽制し、あるいは特定の行動を取ることを促し、次期選挙を見据えて有権者に対してアピールを行っている。こうした委員会内での質疑が、どれほど有権者に浸透し、影響力を及ぼすかについては、別途検討することが求められる。

ただし、政治コミュニケーション論から、他者の声の引用は説得に関する技法として捉えることが可能である。加えて、他者の声を多く引用すること自体が、選挙に強い政治家の言葉の使い方の特徴である可能性がある。政治家は、有権者の支持を得るため、あるいは相手陣営に対する有権者の支持を損なわせるために、他者の声を引用するからである。自身の主張を補強するために、世論や国民の声を引用する、あるいは相手の信頼を傷つけるために、過去の発言を引用し、相手の行動との矛盾を追及するといった使われ方がなされている。本章では、他者の声の使われ方について、十分に検討を加えていないものの、自分の主張を裏付ける「強化」のために用いられるか、あるいは自分の主張と異なる「対比」のために用いられるかによって、主張の影響力や説得力が変化すると考えられる。

　また「また聞き・一般論」の使われ方は、日本独自の使われ方の可能性がある。例えば、消費税に関して、矢田わか子委員（国民民主党参議院議員）は「この時期に本当に引き上げることが妥当だったのかという意見があります」（第２００回国会参議院予算委員会会議録第1号２０１９年10月15日）というように、匿名の声を引用している。政府の批判を行う場合など、相手を批判する際に用いられるが、批判している発言者が誰であるか特定できないため、批判された側は、相手の批判をするのではなく、批判された内容についての応答が求められることになる。

　国会審議における審議機能・監視機能は、政治コミュニケーション研究と相互に関係して進められる。「予算審査を行わない予算委員会」という批判から先に進んで、審議機能・監視機能の検証を行うことが今後求められる。有権者は選出した議員が、誰の声を引用しているかということにも着目して、国会審議を監視していかなければならない。

コラム10　奥が深いメタファーの世界

メタファーとは見立てであり、AをBとみるとき、Bにメタファーが生まれる（瀬戸 1995）。つまりメタファーでは、ある領域の特定の要素や関係が、別の領域を用いて説明される。メタファーにはターゲットドメインとソースドメインがある（Beer & De Landtsheer, 2004）。メタファーはより身近なソースを用いて、馴染みのないターゲットを理解するために用いられる。よく用いられる例として、「怒り」は「火事」を用いて表現される。「彼は火を噴いた」「テロ事件により人々の怒りに火が付いた」などが挙げられる。

選挙キャンペーンの際には、戦（いくさ）のイメージから陣営と表現されることがある。この例では陣営がターゲットであり、戦がソースとなる。メタファーの例をいくつか挙げるとすると、「土俵にあがる」「ダークホース」「領袖」「落下傘候補」「牛歩戦術」「パイプライン」「1年生議員」「旗振り役」「指南役」「首相の右腕」「密室政治」といったものがある（Feldman, 2014）。

メタファーは、理解が難しいことを分かりやすくするということに加えて、人々の感情に影響を与える。例えば、自由主義的な移民政策に反対するイギリスの極右政党や右派メディアは「移民の増加」を洪水（Flood）や津波（Tidal wave）というメタファーを用いて説明する（Charteris-Black, 2006）。このようなメタファーは、人々がすでに経験したことのある自然災害に対する恐怖を利用して、移民に対する恐怖を引き起こす。また、カーネマンは、メタファー思考はプライミング効果を引き起こすと指摘している（Kahneman, 2011）。プライミング効果は先に与えられた刺激や理解が、その次に起こる刺激や理解を促進したり、抑制したりすることを指す。例えば、優秀な人物であると最初に紹介された人が、少しのミスをしても優秀な人物であると考え、許容してしまう。あるいは、何か成功を収めたとき、優秀な人物であると認識していると、優秀だから成功したと、優秀さをさらに認識することになる。

メタファーは文化によって大きく異なる。鈴木（2010）は、メタファーは聴衆の文化や価値観や歴史観と結びついていることが多く、別の共同体に属する聴衆には理解が難しいという限界があることを指摘している。例えば、レッドテープ（Red Tape）は赤い紐であるが、繁文縟礼を意味し、役所では手続きが複雑であることを指す。これは8世紀頃に、イギリスで公文書を縛るのに使われた赤いひもに由来している。日本人にレッドテープと言っても伝わらないのは、文化的な違いによる。

メタファーに関して注意しなければならない点は、用いる人やメディアの主観によって、フレームが提供されるということである（Kövecses, 2018）。そのため、メタファーは諸刃の剣ともいえる。よく知らない人に対して興味関心を引き出し、説得のために用いられる点は、民主主義にとって良い側面があるといえる。他方で、敵対する政党やメディアが、それぞれ感情に訴えるためにメタファーを用いれば、対立が生じ、イデオロギーなどの違いにより、分極化が生じる。

メタファーは、政治分野に関わらず、日常生活で多く用いられているため、いくつか紹介する。「暖簾に腕押し（暖簾を押しても手応えがなく、張り合いがないことを指す）」「露払い（貴人や神霊などといった高貴な者を先導することを指す）」「ファーストペンギン（ベンチャー精神を持って行動する個人や企業を指す。危険があるかもしれない海に最初に飛び込むペンギンから来ている）」「どちらの路線が正しいか（路線は線路の路線を指す）」「コインの裏が透けて見える（裏舞台は見えてはいけないが、一部見えていることを指す）」「長期政権の澱（澱は液体に沈んだカスを指す）」「ずっと春が続いている（ずっと上手くいっている人のことを表現している）」「馬が合う（馬と乗り手の呼吸がぴったり合うことから来ている）」「混乱の渦にいる（激しい水の螺旋形の流れから来ている）」「手のひらを返す」などがある。これ以外にも多様なメタファーがあるので、日常生活で意識して探してみると面白い。

第11章　味方からの質問は援護射撃となるか

1　対抗型審議とは

本章は、内閣提出法案に対して、野党が対案を提出した場合の対抗型の審議に着目する。対抗型の審議とは、野党が提出した議員立法を内閣提出法案と並行して審議することを指す。これまでの国会研究において、法案の審議パターンについては福元（2000）や武蔵（2006）により、分類がなされているが、対抗型の審議様式の具体的な効果については、明らかにされていない。本章では、安保法制において維新の党および民主党が対案を提出した委員会審査に着目して、対抗型の審議様式の所属政党への質疑・答弁と相手方への質疑・答弁の違いを明らかにする。

対抗型審議が通常の法案審議と異なる点は、審査方式の違いにある。野党が議員立法により法案を提出した場合、法案提出者である野党議員が答弁を行う場合があり、質疑者は政府側に答弁を求めることができるのと同時に、提出者である野党議員に答弁を求めることが可能になる。対案は、一括審議されることによって初めて、両者の政策の対立点を明らかにし、政策の選択肢を国民に示して、その選択が可能となるものである（谷 2003）。ここで対案を審査しない場合の通常の審査と異なるパターンが生じる。質疑答弁のパターンは、通常①与党が政府へ質疑を行うもの、②野党が政府へ質疑を行うものであるが、発議者である野党議員が答弁者になることにより、③与党が野党議員（発議者）へ質疑を行うもの、④野党が発議者である野党議員へ質疑を行うものというパターンが現れる。ここに、対案審査が通常の野党議員が政府へ質疑を行う法案の審査と異なる特徴が現れる。この③および④のパターンは、審議内容において、いかなる違いを生み出すのであろうか。

国会は表舞台の審議であり、国会議員は、国民の代表として審議を行う。そのため、選挙が意識され、政党のコミュニケーション戦略が重要となる。政党の執行部が決めた方針に基づき、議員が質疑を行い、キャンペーンを行う。質疑や答弁をもとにジャーナリストがニュースを形成し、世論の支持を獲得できれば、キャンペーンは一層加速することになる（Sellers, 2010; Vliegenthart & Walgrave, 2011）。この与野党のコミュニケーションが対決する場となる機会が、野党が対抗型の議員立法を提出した場合となる。つまり、野党の議員立法は、アリーナ型議会における政権獲得のための戦略的武器として、論戦を喚起させる重要な手段であるといえる（谷 2003）。

本章における問題は、国会審議において対案審査が不十分であるということである。野党の議員立法は、閣法優先主義のもと、審議されずに趣旨説明の聴取のみで終わる場合がほとんどであり、野党の議員立法の審議入りが行われる場合は、衆参の多数派が異なるねじれ国会における参議院へ提出された場合に限られることになる。国会審議がつまらないものとされるのは、野党が質疑を行い、政府が答えるという一方通行に一因があると考えられる。なぜ国会審議が面白くないのかという問いに対して、質疑の事前通告制があり、あらかじめ質問の内容が決まっており、それに対する答弁が官僚により作成されているためであると考えられてきた[1]。しかし、官僚の答弁原稿を見ることは建設的な議論に貢献しているため（木下 2015）、答弁原稿を見ない方が国会審議をつまらなくしている可能性があると考えられる。本章では、野党が質疑し、政府が答弁を行うという審査方式に国会審議が面白みに欠ける原因があるのかを検討する。野党の議員立法との一括審議が行われる場合、審査方式の違いから、建設的な議論となると考えられる。

第2節において、議員立法と国会審議に関する先行研究を整理し、対抗型審議の効果を検証する研究が十分にないことを示す。第3節において、①与党議員が政府へ質疑を行うものと④野党議員が発議者である野党議員へ質疑を行うものを「所属政党への質疑」と位置付けて、特徴があるかを検証する。加えて、発議者である野党議員が答弁を行う③と④の場合に、建設的な議論が生み出されるのかを検証する。第4節において、分析結果と解釈を行い、第5節において、締め括ることとする。

2　議員立法と国会審議

(1) 議員立法

ここでは、議員立法に関する先行研究を意義と慣例という2つの側面から整理する。議員立法は、与党が主体的に関与することによって、成立が見込まれる議員立法と、野党が主体となって提出し、成立が困難な議員立法に分類される（谷 2003）。与党が主体的に関与する議員立法は、委員長提出法案の形で提出され、与野党により合意が形成される。他方で、野党が主体となる議員立法は、①内閣提出法案に対して、野党が独自の主張を対抗案の形で提出し、その政策の相違を明確にし、世論に訴えようとする対案型、②野党の議員立法が問題を明らかにし、世論の動きもあって政府側が後に内閣提出法案として提出する政策先行型、③野党独自の政策表明に留まる政策表明型に分けられる（上田 1995; 上田 2005; 谷 2003）。そして、これらの議員立法の機能として、谷（2003）は①対案・代替案提示機能、②審議・争点明示機能、③議題設定機能、④実質的影響力機能、⑤超党派立法機能の5つがあるとしている。

次に、議員立法の議事に関する慣例を示す。これまでの国会慣行では、対案が議員立法の場合には、内閣提出法案との一括審議を行ってきた。野党の対案が審議の対象となるのは、野党提出の議員立法が政府提出法案と対案関係にある場合には、委員会で一括して審議の対象とする慣行があるためである[2]。しかし、対案が修正案だけの場合は、閣法との一括審議をせず、趣旨説明の聴取だけで審議なしの採決で否決するという取り扱いを行ってきた（谷 2003）。委員会で実質審議が行われる野党の議員立法は、閣法や与党案の対案に限定され、野党単独の政策先行案に対しては、政府与党が委員会付託を吊るして、審議入りをさせない握り潰しの戦術が採用されてきた（谷 2003）。

野党案は、政府案の比較対象の材料となっても、委員会における多数を与党が占めている場合には、最終的な決定に影響を及ぼすことはほとんどない[3]。他方で、政府側は、野党案の内容を部分的に取り入れた修正や附帯決議を行うことで、政府案の成立を確実にする手段に用いることがある。そのため、政府側から見ても、野党案との一括審議は、不利な条件となる訳ではないとされる（谷 2003）。

これらの先行研究より、野党の議員立法は、対案・代替案提示機能の現れであり、委員会先例より、対案審査は一括審議が行われるという取り扱いがなされてきたといえる。また、この一括審議は、決して政府側にとって不利となるものではなく、与野党双方に意義があるものといえる。次に、議院内閣制を採用し、委員会中心主義を採用している日本においては、イギリス型の政治とアメリカ型の法律を作る立法機能を重視する政治の間に位置していると考えられる。次節では、対抗型と合意型の2つの政治を概観し、意思決定の制度を重視するか、立法過程を重視するかの違いを示す。

（2）対抗型と合意型

対抗型の政治であるか、あるいは合意型の政治であるかについては、国レベル、議会レベル、法案レベルの3つのレベルに分けて考えられる。1つ目は、国レベルの政治であり、レイプハルトによって示されている（Lijphart, 2012）。レイプハルトは、36か国の制度に関するデータを用いて、多数決主義型の民主主義（Majoritarian Democracy）と合意型の民主主義（Consensus Democracy）に大別している。イギリスやニュージーランド、カナダ、バルバドスといったウェストミンスターモデルは、内閣へ執政権が集中し、二大政党制であり、一院議会へ立法権が集中するとされる。

2つ目に、議会レベルについて、多数決主義かどうかを明らかにした研究としてデーリング（Döring, 1995）、増山[4]（2003）の研究がある。政府与党にどれほど議事運営権の所在があるかについて7つの基準を用いて、多数主義的な議事運営を指標化している。増山（2003）は、日本の国会は合意志向型の議事運営とは一線を画し、イギリスを典型とする与野党対決型に近い議事運営を制度的に保証していることを認識しなければならないとしている。

他方で、議会レベルにおいて、アリーナ型議会を示した研究としてポルスビーの研究が挙げられる（Polsby, 1975）。ポルスビーは議会を、社会の様々な要求を実質的に法律に変換する機能を果たす変換型議会と、与野党が争点を明らかにし、議論を戦わせ、各々の政策を有権者に訴えるアリーナ型議会という2つの類型化を行っている。変換型議会の典型はアメリカで、立法の主体は議会であり、議会機能の中心は立法機能であると捉える。一方、アリーナ型議会の典型はイギリスで、立法の主体は政府であり、議会機能の中心は討議機能、争点明示機能および政府監視機能であると捉える。また、立法府における変換機能の決定要因として、議会における多数派の形成、会派の運営、継続的な政策の多数派工作が挙げられている。ポルスビーの研究は、対抗型と合意型という明確な区別はしていないものの、アリーナ型議会は対抗型を意味し、変換型議会は合意型を意味すると解釈することが可能である。ただし、議会審議は単なる対決ではないことがローゼンバーグらにより示されている（Rozenberg et al., 2011）。ローゼンバーグらは、イギリス、ドイツ、フランス、スペインの下院の安全保障に関する審議を比較しており、対決を示すドイツ議会に対して、イギリス議会では多数派内部の異議を示すことや、スペインにおいては政策への賞賛があること、フランス議会では地方の利益が代弁されることが示されている。

３つ目の法案レベルについては、福元（2000）や武蔵（2006, 2016）が挙げられる。福元（2000）は、法案審議過程を詳細に検討する必要があるとして、内閣提出法案を対象に、①審査回数を積み重ね、反対政党度数や重要法案が多い「討議型審議様式」、②審議が引き延ばされるだけの「粘着型審議様式」、③審議が簡単に済まされ与野党対立が少ない「標準型審議様式」という３つの審議パターンがあることを実証している。武蔵（2006）は、国会審議パターンを理念的に①野党による審議入り阻止・審議引き延ばし・採決阻止を行うヴィスコスシティ型、②野党による質疑・政府による答弁・与野党による討論が行われる討議アリーナ型、③与野党による修正協議を重視するコンセンサス型、④与党による議事統制権・表決権の行使がなされる多数決型の４つに分類している。武蔵（2016）では、橋本内閣から２０１４年の安倍内閣までを対象とし、多数決型とコンセンサス型の法案の数の推移を示している。そこでは、橋本内閣から小泉内閣の郵政解散までは多数決型とコンセンサス型が均衡していたが、２００５年以降に多数決型が増えたことを示している。ただし、衆議院と参議院の多数派が異なるねじれ国会の場合に、コンセンサス型が多いことを示している。この法案レベルの議論は、国会内の法案において、対抗型と合意型があることを示すものであり、対抗か合意かという軸はどのレベルにおいても存在することが分かる。

この対抗型か、合意型かの違いは、意思決定の制度を重視するか、過程を重視するかの違いにより分かれる。曽根・岩井（1987）や岩井（1988）の示した障害物競走モデルは、政策過程に焦点を当てており、ヴィスコシティ論の妥当性を認めている。この立法過程に着目する研究に対して、意思決定の制度を重視する研究として、川人（2005, 2008）が挙げられる。川人（2005）は、議院運営委員会における多数決採決が１９８０年代以降に増加していることを示しており、国会中心主義的議事運営が一定の役割を終え、議院内閣制に適合的な議事運営へ移行していると指摘している。国会が自律的に独自に立法を行う国会中心主義の観点から議員立法は好ましいと考えられるが、議院内閣制においては、議員立法によりもたらされる政策的帰結を内閣は好まないとされる。この国会中心主義的議事運営から議院内閣制を重視した変容は、新制度論により議事運営の実態が多数決主義となることを意味しており、意思決定の制度を反映しているといえる。

議会審議は、対決の場であると同時に、合意の場という2つの側面を併せ持っている。しかし、日本が議院内閣制を採用している以上、対決の場としての性質が強く反映されている。そこで、次に議会審議に関する先行研究を整理する。

（3）議会審議への着目

議会審議へ着目した研究は、政党（党指導部）と議員の選好の違いに焦点を当てている（築山 2012; 松本 2014; Martin, 2011; Prokcsch & Slapin, 2015）。審議への着目は、議員個人の発言に着目することであり、議員の再選動機や良い政策を形成すること、権力を保持することにより説明される（Mayhew, 1974; Fenno, 1973; Fenno, 2000; 松本・松尾 2010）。

プロクシュとスラピン（Prokcsch & Slapin, 2015）は、議会審議の理論として、議会審議の委任理論

（Delegation Theory of Parliamentary Debate）を提示し、イギリス、ドイツ、ＥＵ、ニュージーランドを対象に実証分析を行っている。議会審議の委任理論は、政党のリーダーが党の選好を議員へ委任し、委任された議員が議会において、立場を表明するものである。ただし、選挙制度や議会のルールにより、議員は独自に自身の選好を表明することになる。そこで政党は、いかに議員の発言を統制するかという問題に直面する。議員の発言を統制する方法として、選挙制度と候補者選択のメカニズムが示されている。また、個人投票の裁量が高い場合、政党の同意なく、発言を行うとされる。

ワイバーグ（Wiberg, 1995）および、デディオスとワイバーグ（De Dios & Wiberg, 2011）は、議会政治を議会の議題設定をコントロールするゲームであると捉えている。そこでは、議員の質疑はシグナリングとして、政府および有権者に向けられると考えられる。議員は、再選動機に基づき、宣伝を行い、自身の信用を高め、政策の位置づけを行うために発言すると考えられる。

シュタイナーら（Steiner et al., 2004）によって談話の質指標（Discourse Quality Index）が提示されている。談話の質は、話し手の①参加、②正当化のレベル、③正当化の内容、④敬意の表明、⑤建設的政治により測定される。建設的政治は①妥協や合意に注意を払わない党派的な政治、②代替案の提示、③最新の議事を加味し調整案を提示するという３つに分けられている。

これらの研究は、議会における議員の発言を説明する理論的な研究および審議の質を示す研究であるが、日本においては、事例研究を含めて、議員立法や議員の発言、討論に関する研究が蓄積されている（五十嵐 1994; 築山 2012; 野中 2016）。

五十嵐（1994）は、議員立法により野党の対案が提出された場合を対案型政治と位置付けているが、自民党は調整手続きを経ているため、議員個人が野党の対案に対して賛成であったとしても、賛成に関するような議論すら許されないとして、対案型政治が根本から否定されているとしている。この考えの背景には、野党が対案を提出した場合を、対決として捉えるのではなく、合意を形成する場として捉えようとする考えが存在している。

築山（2012）は、信念・イデオロギーが政策の選好を左右する主要な要因の一つであるとし、議員個人の政策位置は、議員への調査、マニフェスト、議員発言の間で乖離が生じていることを指摘している。

野中（2016）は、議員が発言した後に、別の議員が発言することを討論と定義し、日本の国会とフランスの国民議会を比較し、日本では討論が０・５％しかないことを示している。他方で、フランスの国防委員会では討論が24％、文化委員会では討論が54％であり、討論の比率が大きいとしている。日本において討論が生じる場合は、野党が政府案への対案を提出した時であり、野党案に対して行われる質疑は、提出した議員が他の議員からの質問に答える形になり、討論としてカウントされる。[5]

さらに、これらの日本の研究とは別に、質疑の意図や目的をフランクリンとノートン（Franklin & Norton, 1993）、イリー（Illie, 2006）、ワイバーグとコウラ（Wiberg & Koura, 1994）が整理している。フランクリンとノートンによると、質疑には大きく３つの機能があるとしている。第１に、政府の行動と説明責任に影響を与えること、第２に情報を得ること、第３に政府の行動を牽制することである。

イリーによると、議会での質疑と答弁のパターンには複数の目的があり、党派的な質疑（Partisan Questions）では、政府を守り、強化する質疑だけでなく、野党を攻撃する質疑がなされる。一方で、注目を浴びる質疑（Attention Seeking Questions）では、注目を浴びることや情報を得ることに加え、地元の広報のために質疑がなされるとされている。

ワイバーグとコウラは、議会での質疑の目的を14に区別している。それは、①情報を求める、②行動を制約する、③個人的に公共性を求める、④説明を求める、⑤議論のある政策について大臣を試す、

⑥困難な状況において大臣を攻撃する、⑦多くの異質な質問を並べる、⑧有権者の利益に関することを示す、⑨特定の事柄について名声を築くことを促す、⑩政府が気乗りしない妥協を形成する、⑪他の勢力や出来事が影響を与えると感じるまで、政府の行動を遅れさせる、⑫政府の失敗を示す、⑬政府の力を変える遠隔的な意図を用いて、野党の結集により世論の支持を集める、⑭興味を持てるドラマの要素をつくるの14項目である。

ここで整理した研究は、議会における議員の発言の意味合いや審議の構造や実態を明らかにするものである。しかし、議員立法の対案審査の効果に関する実証研究は、管見の知る限り、見受けられない。そこで、本章では、２０１５年に成立した安保法制における委員会審査を対象に、対案審査の効果を明らかにすることを試みる。

安保法制の対抗型審議を対象とする理由として、次の2点が挙げられる。第1に、安全保障に関する分野は、与野党のイデオロギー差が大きく、対立が起こりやすい政策領域である。そのため、対案審査において、与野党の立場の違いが分かりやすいと考えられる。第2に、１９９４年の選挙制度改革以降、小選挙区比例代表並立制が導入されて、二大政党制が志向されるようになった。そのため、野党第1党の民主党および第2党の維新の党の政策を考慮することに適した領域であるといえる。

3　何のために味方へ質問するか

何のために所属政党への質疑を行うのかという問いに対して、所属政党の法案の利点を説明し、世論に訴えるためであるという答えが想定される。また、いかに所属政党への質疑と相手方への質疑が異なっているのかという問いに対して、所属政党への質疑には、理屈・根拠があることを示すことが考えられる。加えて、法案審議がつまらない理由は何故かという問いに答えるため、「野党が質疑し、政府が答弁するという一方通行の審議形式に原因がある」ことが考えられる。これらを踏まえて、本章では以下の３点を検証する。

第１に、所属政党への質疑・答弁は、ともに公共の利益を考慮するように発言する。反対にいえば、質疑者に向けて話すというよりも、世論に向けて話す。第２に、所属政党への質疑は、答弁に理屈・根拠があることを示すものとなる。第３に、発議者である野党議員への質疑は、建設的な議論となる。

用いるデータは、第１８９回国会（２０１５年）における衆議院および参議院の「我が国及び国際社会の平和安全法制に関する特別委員会」の議事録より作成している。発議者である野党議員の答弁を対象にするため、答弁者の分析対象を内閣総理大臣、防衛大臣、発議者である野党議員に限定する。加えて、対案を提出していない共産党の質疑は対象から除くこととし、質疑者を自民党、公明党、民主党、および維新の党の議員に限定している。首相への質疑の数は衆議院で66問、参議院で71問、防衛大臣への質疑の数は衆議院で１０８問、参議院で１９８問、発議者である野党議員への質疑の数は衆議院で59問、参議院で64問であった。合計で５６６問の質疑と答弁を分析対象とする。

シュタイナーら（Steiner et al., 2004）および木下（2015）

表 11-1　安保法制の分類

①有事・自国の平和と安全 例：集団的自衛権の行使，存立危機事態，重要影響事態，武力攻撃事態、武力攻撃予測事態	②有事・国際社会の平和と安全 例：国際平和共同対処事態，後方支援
③平時・自国の平和と安全 例：グレーゾーン事態，武器等防護，在外邦人等輸送	④平時・国際社会の平和と安全 例：PKO，平時における米軍に対する物品役務の提供

（出典）防衛省（2015）『防衛白書 2015――日本の防衛』「平和安全法制整備法案の概要①」および読売新聞政治部編（2015）『安全保障関連法』39 頁を基に作成。

を参考に、以下の区別を行った。質疑および答弁に関して、①建設的な議論を行っている。質疑に関して、②質疑は対立的である、③質疑は公共の利益を考慮している。答弁に関して、④答弁は公共の利益を考慮している、⑤答弁者は質疑者に向かって話をしていない（Bavelas et al.1990）、⑥政府案あるいは野党案には理屈・根拠があると分かる。

また、フランクリンとノートンを参考に、質疑が①情報収集を目的としているのか、②追及を目的としているのか、③行動を牽制することを目的としているのかに区別している。加えて、安保法制に関する質疑であるため、自国の平和と安全か、あるいは国際社会の平和と安全か、また戦争が起こった場合の有事であるか、戦争が起こっていない場合の平時であるかという4分類に分けられる（表11-1）。そこで、本章では、この4分類による区別を用いて、質疑の議題を特定する。

また、再選動機の点から（Mayhew, 1974）、衆議院議員については、①小選挙区で当選、②重複立候補の際に比例で復活当選、③比例区のみに立候補し当選を区別している。参議院議員については、①選挙区で当選、②比例区で当選を区別している。

4　味方からの質問の効果

(1) 公共の利益・理屈と根拠

第1の「所属政党への質疑・答弁は、ともに公共の利益を考慮するように発言する。反対にいえば、質疑者に向けて話すというよりも、世論に向けて話す」を検証するため、「質疑：公共の利益を考慮」、「答弁：公共の利益を考慮」、「受け手」についての所属政党の質疑を、相手への質疑と比較したところ、「答弁：公共の利益を考慮」および「受け手」については、差がある結果が得られた。これは、所属政党の質疑である場合、答弁において公共の利益を考慮するようになり、相手に向けて話されるというよりも、有権者に向けて話していることが分かる。ただし、「質疑：公共の利益を考慮」については、有意な結果が得られていない。これは、質疑を用いて、有権者にアピールするというよりも、答弁を用いて有権者にアピールしていることを示唆している。

また、第2の「所属政党への質疑は、答弁に理屈・根拠があることを示すものとなる」を検証した結果、「理屈・根拠がある」について、相手への質疑と比べて差がある結果が得られた。そのため、所属政党に対して質疑を行うことによって、自分たちの政策案が理屈・根拠があるものとして、提示されているといえる。

(2) 建設的な議論

第3の「発議者である野党議員への質疑は、建設的な議論となる」を検証した結果、予想通り、野党議員への質疑が建設的な議論を生み出していることが明らかとなった。

また、「質疑が対立的」、「質疑：公共の利益を考慮」、「答弁：公共の利益を考慮」、「理屈・根拠がある」は建設的な議論に資することが明らかとなった。木下（2015）では、質疑が対立的であれば、建設的な議論ではなくなるとされていたが、この安保法制を対象とする議論においては、対立する方が建設的な議論であるとみなされている。これは、維新の党および民主党が対案を提出したことにより、対決の政治として捉えられていることを反映しているものと考えられる。

「有事・国際社会の平和と安全」および「平時・自国の平和と安全」についての議論は、平時・国際社会の平和と安全の議論をするよりも建設的議論となることが明らかとなった。

他方で、「追及」を目的とする質疑は、建設的な議論ではなくなることを示している。これは、相手を批判し、追及する質疑は、国会審議において、否定的な印象を築くことを示唆している。相手の批判を行うネガティブキャンペーンは、有効な手段であると考えられるが、建設的な議論という観点からは求められていないものといえる。

そして「比例復活」により当選した議員は、小選挙区で当選する議員よりも、建設的な質疑を行っている。これは、比例復活で当選した議員は、熱心に質疑に取り組み、再選を目指そうという姿勢が現れている可能性を示唆している。復活当選は、小選挙区で敗れた議員であり、そうした議員の方が再選のために、建設的な議論をするように心がけていると考えられる。

5　建設的議論のために

本章においては、対抗型の審議において、発議者である野党議員が答弁者となることによる審議の効果を検証してきた。第1に、所属政党への質疑・答弁は、ともに公共の利益を考慮するように発言する。反対にいえば、質疑者に向けて話すというよりも、世論に向けて話すことを検証した。分析の結果、所属政党への質疑は、質疑により公共の利益を考慮するものとはなっていなかった。しかし、所属政党への質疑は、答弁により公共の利益を考慮するようになり、質疑者に向けて話されるというよりも、有権者に向けて話されていることが明らかとなった。第2に、所属政党への質疑は、答弁に理屈・根拠があることを示すものとなるかを検証した。その結果、所属政党へ質疑を行うことで、自分の案の理屈・根拠があることが示されるようになるといえる結果が得られた。

そして、第3に、発議者である野党議員への質疑は、建設的な議論となることを検証した。分析の結果、与党からの野党議員への質疑および野党議員から野党議員への質疑は、建設的な議論を促すという結果が得られた。このことから、対抗型の審議は、発議者である野党議員が答弁を行うことにより、建設的な審議が行われるようになっているといえる。ただし、野党議員は、全ての法案に対して、対案を提出している訳ではなく、野党が対案を提出する能力には、限界があることを指摘しておく必要がある。また、野党議員が答弁を行う場合、野党議員には答えることが難しい技術的な質疑がなされるという問題も存在している。宮下（1993）も、行政に携わるものしか知りえない技術的な情報を用いて、与党議員が質疑を行うことの問題を指摘している。この問題に対して、山口（1993）は、野党が作る対案には限度があり、官僚の力を借りない場合は、基本的理念レベルでの対案を作成し、論戦を行うべきであるとしている。

本章では、対決型の政治である安保法制を対象として、分析を行ったが、野党が対案を提出した場合であっても、対決型になるか、合意型になるかは、政府案と野党案の中身や、合意ができる箇所があるかにより変わってくるといえる。例えば、野党の対案が提出された場合であっても、政府案と野党案で修正がなされる場合がある。上田（2005）は、金融再生法が民主党の案を中心として、政府案を一部反映させて成立した例を紹介している。

本章の課題として、第1に、コーダーの代表性が確保できていないことに問題がある。3名のコーダーに、依頼をしているが、有権者が国会審議を視聴した場合の一般的な効果であるとはいえない。それぞれのコーダーは、同様のコーディングの結果を示しているが、一般化することは難しいといえる。真に一般化するならば、無作為抽出や多段階層化抽出により、相当数の有権者にコーディングの依頼を行わなければならないといえる。第2に、コーディングは、国会議事録を読むことで評価を行ってもらっている。これは、文字情報による評価の方が映像よりも、冷静に厳しく評価がなされるためであるが、実際に映像を視聴した場合の効果ではないことに留意しなければならないといえる。第3に、分析対象を安保法制から別の議論を対象に変更した場合は、異なる結果が得られる可能性がある。野党が対案を提出した場合に、政府案が修正された事例を取り上げれば、「質疑が対立的である」

場合、建設的ではなくなると予想される。合意の政治を良いと考える場合、対抗型の審議と異なる評価軸により、コーディングされると考えられる。

最後に、本章の含意として、対抗型の国会審議は、通常の国会審議と異なり、国会審議を建設的にするといえる。そこから、有権者に国会審議の視聴を促すための有用な手段の一つとして、活用することが考えられる。通常の国会審議では、野党が政府を批判する一方通行の審議であると見られるが、野党議員が答弁者として立つことで、国会審議をより魅力的なものとして、認識されることが期待できる。これにより、野党は有権者に対して、政府案との違いをアピールし、政策の代替案を示すことで、次の選挙において、効果的に争点を明示することができるといえる。国会審議は、対決と合意という2つの側面を併せて持っている。そのため、有権者に対して、対決姿勢を見せる場合と、政府案と野党案の修正合意により、合意の政治を見せる場合の双方がある。有権者は、いずれの政策案が望ましいかを検討し、両者の対決と合意を慎重に見極めることが求められる。

コラム11　スピーチライターの実力

本書では、演説のレトリック装置として、三部作のリスト、対比、パズルの解法、見出しと誓約、組み合わせ、追求、冗談、否定的な名付け、挨拶、感謝の気持ちの表明、支持を求めること、同意を求めることを挙げたが、演説には、政治的レトリックが多用されている。２０１７年2月28日のトランプ大統領の議会演説には、聴衆を引き付けるためのレトリックが用いられているので、その演説の一部を紹介する（Miller center, 2017; ログミーBiz 2017）。

昨今、アメリカが商品を国外へ輸送する時、多くの国々が高い関税や税金を支払うよう求めてきます。しかし彼らがアメリカへ商品を輸送する場合、アメリカは彼らからほとんどなにも支払ってもらっていません。私はすばらしいアメリカの会社、ハーレーダビッドソンの役員と従業員に会いました。実際に彼らは、アメリカで製造された秀逸なオートバイをホワイトハウスの芝生の前に、自信を持ってディスプレイしました。彼らは私に「これに乗ってみたいですか」と聞いたのですが、「結構です」と答えました。

会合で、私は「調子はどうですか。ビジネスはうまくいっていますか。」と聞きました。彼らは「大丈夫です」と答えました。さらに私は、「ほかの国々とはどうですか。主に、国外の売り上げはどうですか。」と聞きました。彼らは、長年間違った扱いを受け続け、それに慣れてしまったため、批判をせず「私たちの商品に、ほかの国々は高い税金をかけるので、ビジネスをするのはとても大変です」と私に伝えました。ある国は、彼らのオートバイに対し１００パーセントの税をかけることもあると言っていました。

彼らは変化を求めはしませんでしたが、私は違います。私は自由貿易を強く信じていますが、それは公平な貿易、フェアトレードでなければなりません。長年私たちはフェアトレードをしてきました。

初の共和党大統領、エイブラハム・リンカーンは「アメリカ政府による保護政策の廃止は人々の間に貧困と退廃を作り出す」と警告しました。リンカーンは正しかった。今、私たちは彼の言葉と助言に耳を傾ける時なのです。

（２０１７年10月3日 Joint session of the United States Congress）

日本語訳はログミーB・iz（2017）を用いている

この演説では、まず、アメリカは輸出する際に高い関税を払い、他方で、輸入する際に取引国が関税を払っていないことを述べている。次に、アメリカを代表する企業であるハーレーダビッドソンの役員と従業員に会った際のエピソードを取り上げている。その際、「乗ってみたいですか」と尋ねられ「結構です」と断りを入れており、その場面はジョークとして機能する。そして、変化を求めなかったハーレーダビッドソンの役員・従業員に対して、「私は違います」と変化する姿勢（対比）を示している。そして、トランプは自由貿易を信じているが、公平な貿易が必要であると指摘した。最後に、初代共和党の大統領であるリンカーンの言葉を引用し、保護政策の廃止が貧困をもたらすことを引用した。このように、この演説の中には、エピソード、ジョーク、対比、偉人の発言を引用して、自分の政策が正しいことを示している。

トランプは、「アメリカファースト」をキャッチフレーズとして、政権を象徴するシンボルとして掲げていた。そして、その言葉を実行に移すため、トランプは就任直後の２０１７年1月23日、ＴＰＰ離脱の大統領令に署名した。「アメリカファースト」の中には、保護主義の政策が含まれている。保護主義とは、貿易の際に輸入量を制限し、高い関税をかけることによって、自由な貿易を制限することを指す。トランプ政権は、アメリカ経済を保護し、他国での競争力を高め、自国の企業・経済を発展させるため、貿易赤字を是正することを目指していた。経済政策における保護主義は、自由貿易を推進する保守派から反対される可能性がある。しかし、トランプは、初めての議会演説でエピソードのレトリックを用い、偉大な大統領であったリンカーンの言葉を引用することで、共和党をまとめた。

大統領演説や首相の演説は、スピーチライターが原稿を作成し、綿密な打ち合わせを行い、演説の原稿を完成させる。そのため、論理的であり、エピソードが散りばめられ、感情に訴えかけるものとなっている。様々な演説に触れることは、政治的レトリックを知るための最高の題材といえる。

終　章　政治的レトリックの展望

1　政治的レトリックの総括

（1）得られた知見

第1章では、世界の政治リーダーがどのような政治的レトリックを用いているかを紹介した。世界の政治リーダーたちは希望、恐怖、怒り、共感といった感情に訴えかけている。例えば、支持率が低下した際に、アメリカのブッシュ大統領やイギリスのブレア首相は、恐怖や怒りを用いて、国民の支持を得ようとしていた。他方で、エジプトのサダト大統領やトルコのエルドアン大統領は、コーランやタナハといった聖書を用いて、神聖なものである宗教と結び付けて国民に訴えかけていた。政治的レトリックは、文化によって用いられ方が大きく異なることを示した。日本においては、本音と建て前が使い分けられており、文化の中で、用いられるレトリックが異なっている。

第2章では、政治的レトリックの効果について言及した。実際には、政治的レトリックを用いたことによって、どれほど国民が納得し、態度を変えたかを測定することが難しい。しかし、政治的レトリックの使用によって、世論が変わり、政策が進められる例は数多くの事例から示される。例えば、

２０１５年から２０１７年にかけてフランスが非常事態に陥った際、オランド大統領とヴァルス首相は、フランス人対テロの構図を示し、それにより、フランスは安全保障を強化することができた。またトランプ大統領の就任前の選挙キャンペーンにおいて、伝統に縛られない普通の人間、攻撃性、下品さといったものが国民に受け入れられ、選挙で勝利することができた。またオランダの右派ポピュリストのウィルダースは過激な発言（コーランはテロを誘発する）により、信念を共有する恵まれないオランダ市民から支持を得た。これらの例は、政治的レトリックが世論を動かす証拠と考えられる。

第3章では、フェイスへの脅威が循環していることを取り上げ、ゲストが回答を回避した場合、次の質問でさらにフェイスへの脅威を増した質問がなされることを明らかにした。この点は、1対1のコミュニケーションを考える上で、重要な示唆を含んでいる。それは、重要な問いかけに対して、回答を回避するレトリック（論点をすり替える、一部しか答えない等）を用いた場合、相手の反感を買うことに繋がってしまう点である。相手に不信感を抱かせることはコミュニケーション上、良いものとはいえない。政治家はインタビュアーとの駆け引きの中で、極力答えているように見せかけ、その場で可能な範囲で答えなければならない。

第4章では、政治家の話す情報を(a)政策の根拠となる情報、(b)政党や組織の内部に関する情報、(c)政治過程に関する情報、(d)技術的・専門的な情報、(e)事実、常識、歴史の流れ等に区別し、与党議員、野党議員、地方政治家、非政治家で異なる情報が示されていることを明らかにした。また、５Ｗ１Ｈの情報の提示を求める質問の場合、インタビューされる側は、その質問に応じて、技術的・専門的な情報を開示することを明らかにした。政治家は、回答を回避するレトリックとして、事実、常識、歴史の流れ等を説明することで、真っ当なことを話しているように見せかける。しかし、インタビュアーや視聴者が求めている答えではないため、反感を買う可能性がある。実際に、事実、常識、歴史の流れ等を説明することによって、そういう経緯があるのであれば仕方ないと納得する面があることも事実である。有権者はどの情報に価値があるかを判断して、政治家の話を受け止めなければならない。

第5章では、政治的レトリックとして、他者の発言の引用とエピソードを取り上げた。与党議員は自身の主張を裏付けるための強化として用いている一方で、野党議員は政府与党との対比として用いていた。対比は演説の際のレトリック装置として機能するものであり、他者の発言の引用とも関連している。また、聞き手の興味や関心を引き付ける手法としてエピソードが用いられており、円滑なインタビューに寄与するものと、他者の発言の引用を行い、批判を行っているものが存在することを明らかにした。また他者の発言の引用やエピソードは、身近な例の提示や専門用語といったその他のレトリックと併用がされることも示した。

第6章では、非言語コミュニケーションの一つである表情について取り上げた。幸せな表情を示しているときに、言葉は異なる回答をしている例が見られた。政治家はパフォーマンスとして表情を操作することが考えられるが、一部にその心理が表れることもある。また、厳しい質問をされたときに、悲しい表情を示していた。答えることが難しい問題ということを政治家は表情で示すことがあり、悲しい表情は重要な手がかりとなる。眉を動かして強調していれば、伝えたいことがあることをほのめかしており、険しい表情をしていれば難しい問題に直面していることが分かる。こうした顔の表情は、コミュニケーションを円滑に進める上で重要な役割を果たしている。

第7章では、表情と回答の関係を明らかにした。悲しい表情をしている場合、質問に答えず、分かりにくい回答をしている。他方で、政治家の幸せな表情と回答の関係は見いだせなかった。つまり笑って誤魔化している場合もあれば、そうでない場合もあり、一概に結論は出せないというものである。また、政治家は恐怖や嫌悪の表情を滅多に出すことはないが、それらの表情は直接的な回答と関係していることが分かった。表情は、文化的な影響を受けているため、日本独自の文化である可能性がある。そのため、どこまで一般化できるかは今後の研究課題となる。

第8章では、表情の中でも幸せな表情に着目し、笑みにどのような意図があるのかを明らかにした。特に日本の文化の特徴として、調和を重んじ、笑顔をよく見せることが挙げられる。そこで嬉しいという感情を伴うもの、和ませるためのもの、気持ちを隠すものの3種類に区分し、事例から検討した。53問の回答のうち、幸せな表情を見せた事例は12ケースであり、嬉しいものが4ケース、和ませるものが6ケース、気持ちを隠すものが2ケースであった。第7章と同様に、幸せな表情と回答の間に関係は見受けられなかった。幸せな表情の分類は難しく、この3分類では捉えきれない微妙な笑みが見受けられた。事例では「ここは手の内を明かすような形になりますので」と述べるときに微笑を見せている例があり、敵対する意図がないことを示す場合に、笑みを見せることがある。日本のコミュニケーションでは笑みが重要な役割を担っていることは疑いがないが、いまだ分かっていない点も多いと思われる。

第9章では、政治家のコミュニケーション戦略として、他者の発言の引用・参照を外的情報と位置付け、フェイスへの脅威によって政治家のコミュニケーション戦略が歪められていることを明らかにした。政治家はすでに認識され、受け入れられている他者の考えや言葉を引用したり、参照したりすることで、自分の主張に説得力を持たせることを意図している。政治インタビューでは、外的情報として、外国政府、他の出演者、政府など14の情報源が用いられていることを特定した。また、これらの情報源の引用に影響を及ぼす要因として、フェイスへの脅威があることを明らかにした。厳しい質問に直面した場合、説得のために用いられる政治的レトリックが減ることが示された。これはインタビュアーとゲストのやり取りの相互作用の結果であり、やり取りの中では政治的レトリックを活用することが難しくなることを示唆している。

第10章では、国会審議において、国会議員が誰の意見を代弁しているかを明らかにした。具体的には、選挙区選出の議員と比例区選出の議員で、公共的利益と個別的利益を代弁する違いがあるかどうかを検証した。分析の結果、小選挙区選出議員は選挙区・比例区選出の議員より他者の声の引用を多く行っていることが明らかとなった。また、比例区選出の議員は、選挙区選出の議員と比べて、「企業・農家・住民・団体」の声を引用する数が少なく、比例区選出議員が個別的利益を代弁している訳ではないことが示された。小選挙区選出議員の方がメディアや世論に敏感であり、国会議員は特定の利益を代弁している訳ではなく、信念に従って政府を追及する質疑を行っていると考えられる。また、匿名の声の引用を行い、批判する事例も見受けられた。これは第三者の批判であることを示しながら、批判の内容について尋ねる際に有用な手法と考えられる。

第11章では、味方からの質問は援護射撃となるかについて、安保法制の野党が提出した対案と政府案の一括審議を分析した。分析の結果、所属政党への質疑・答弁は、ともに公共の利益を考慮するように発言していることが明らかとなった。つまり、味方に質疑を行うことにより、答弁が公共の利益を考慮するものとなり、有権者に向けて話されていることを明らかにした。また、味方への質疑は、答弁に理屈・根拠があることを示すようになることが明らかとなった。そして野党議員から野党議員への質疑に建設的議論を促すことを示した。これらの結果は、複数人でのコミュニケーションを考える上で、示唆に富むものである。例えば、会議の場面において、仲の良い同僚から「どういう意図ですか」という質問をすることを頼んでおけば、その質問に答える形で、聴衆への説得力を増すことが可能となる。

（2）本書の課題

本書の課題を3点指摘しておく。第1に政治的レトリックに関する理論的側面が弱い点である。政治心理学という学問上の問題も含まれているが、政治的レトリックは複数のものが同時に併用されることがあり、体系化や理論化が難しいという問題がある。演説のレトリック装置として、3部作のリスト、対比、パズルの解法、見出しと誓約、組み合わせ、追求、冗談、否定的な名付け、挨拶、感謝の気持ちの表明、支持を求めること、同意を求めることがある。また、本書で研究対象とした他者の言葉の引用、エピソード、メタファーがあり、いまだ研究対象とできていない、皮肉、専門用語、ネガティブメッセージ、カジョール（cajole：甘言で釣る）、キャッチフレーズ（ワンフレーズポリティクス）、シンボル（象徴）など多種多様なものが含まれる。加えて、弁明の際のアポロギアとして、否定のレトリック、補強のレトリック、分断のレトリック、超越のレトリックがある。これらの効果を測定するためには、ランダム化比較実験を行う必要があり、それによって意見や態度が変容するかを明らかにしなければならない。また、口語での発言内容に加えて、表情の与える効果、身振り手振りの与える効果等もあり、これらのレトリックの組み合わせを考えれば、その数は膨大なものとなるため、これらの効果を正確に測定することは難しい。

第2に、本書では政治家の発言や表情を研究対象としてきたが、これと対になる有権者の研究が必要となる。政治家が用いたレトリックを見て、有権者はどのような反応をするのか、選挙での投票行動、選挙前のＳＮＳでの行動など多岐にわたる。加えて、政治家の顔の特徴の研究で示されているように保守派にとっては支配的な顔が受け入れられるといった、有権者の政策位置やイデオロギーの違いによって、受け止め方が変化することが予想される。こうした有権者側の研究に加えて、政治家の言動を伝える役割を果たすマスメディアの役割についても研究が必要となる。政治的レトリックについて、マスメディアの報道の仕方、フレーミングや議題設定についての研究も必要となる。政治家の用いるレトリックをマスメディアが取り上げる場合もあれば、マスメディア自身が政治的レトリックを用いる場合もある。政治的レトリックと有権者やマスメディアの関わり合いについての研究が求められる。

第3に、政治的レトリックは政治文化に深く関与している。しかし、本書では、比較政治文化の観点からは研究できていない。第1章および第2章では、他国の政治リーダーがどのような政治的レトリックを用いて、世論を動かしたかを紹介したが、これらの政治的レトリックは政治文化の中で説明されなければならない。日本やアジア諸国においては、儒教思想の影響により、集団を重んじる文化となっている。他方で、欧米では、個人主義であり、職務領域は仕事によって明確に区別されている。また、日本で見られるようにメタファーの言葉の語源自体が、相撲（軍配が上がる、死に体、禁じ手）など文化に依存する面が大きい。イギリスやアメリカでは、広報活動の際に情報を操作するアドバイザーのことをスピンドクターと表現しており、スピンはイギリス発祥のスポーツであるクリケットでボールに回転をかけることからきている。アジアや欧米の比較のみならず、世界に目を向けると中東や南米、東欧、ロシアなど多様な政治文化があり、そうした国々との比較はできていない。今後、これらの地域の国々との比較政治文化の文脈で政治的レトリックが研究されることが求められる。

（3）本書の成果

本書の成果として、以下の3点を挙げたい。第1に、政治家が有権者の説得のために用いる多様な政治的レトリックに焦点を当てたユニークな本となっていると考えられる。政治心理学やコミュニケーション論から、政治的レトリックはしばしば取り上げられてきたが[1]、他者の発言の引用、メタファー、エピソード、表情の活用といった政治的レトリックに関する研究の先駆けとなる。メタファーは、分かりにくい、身近でない政治現象を、分かりやすく説明することに用いられており、聴衆の理解を促進する機能を持つ。同様に、手を動かし話すことは、聞き手の理解を促す効果があるとされる（藤井 2002）。

第2に、フェイス理論の精緻化に貢献した点である。第3章、第6章および第9章で、フェイスへの脅威がコミュニケーションに与える効果を論じた。政治家が質問に答えないことが、次の質問のフェイスへの脅威の増加に繋がること、またフェイスへの脅威がある質問は政治家に悲しい表情をさせること、そしてフェイスへの脅威がある質問は政治家のコミュニケーション戦略を歪めることを示した。日本においては、地位や名誉を守り、維持する穏やかな政治インタビューが行われているものの、一部の質問においては、厳しい質問があり、フェイスという概念は、日本の政治文化の中で重要な位置を占めると考えられる。

第3に、政治家の表情と回答の関係を明らかにした点である。政治に関わる非言語コミュニケーションの研究は、十分な進展をしているとはいえない状況にある。本書では、悲しい表情から、厳しい質問がされていると知る手がかりになることを示した。また、悲しい表情は質問に答えていないことと関連していることを示した。深刻な状況を伝えるとき、政治家は悲しい表情を用いて、有権者に訴えかけている。また、重要な話をする場合は、眉が上に持ち上がり、強調されていることが分かる。またトランプ大統領は怒りを用いて、有権者を動員する政治家であったが、日本の政治家は怒りの表情を示すことは多くない。しかし、国際法を無視する中国に対して、怒りを示す事例が見られた。怒りは有害であるといわれるが、不正義に対する反応であり（Holmes, 2004）、規範的に正当化されないものに対して「変革を求める怒り」があり（Nussbaum, 2016）、適切に活用されれば有権者を動員することに繋がるものである。

2　政治的レトリックは世の中を良くするか

政治的レトリックが世の中に与える効果には、良い面と悪い面の双方があり、使い方によっては民主主義を壊しかねないものとなる。良い面として、国民が政治を身近なものとして捉えることができ、適切な判断を下すことに繋がるというものである。政治的レトリックは、分かりやすく伝えると同時に、面白味を付与し、有権者の興味関心を涵養することに繋がる。政治リーダーが適切なレトリックを用いて、有権者に説得的なコミュニケーションを行うことは、議論を活性化することとなる。他方で、特定の政治リーダーが政治的レトリックを過剰に用いて、国民を扇動し、賛成や反対といった特定の方向に議論を導くことは、社会を分極化させ、対立を助長することに繋がる。

民主主義の観点からすれば、リーダーシップの重要性が増す時代においては、政治リーダーの資質が常に問われている。内閣総理大臣などの政治リーダーたちは、記者会見、国会での答弁、国内外での演説、テレビ討論番組、ぶら下がり取材など多くの場面で、有権者に向けて直接話す機会がある。そうした場面で、いかに面子を保ち（失言をせず）、政治的レトリックを駆使して説得的に話すことができるかが重要となる。政治的レトリックを用いていない話し方は、有権者に興味関心を持ってもらうことができず、じりじりと支持率が低下することに繋がる。他方で、話の上手い政治家は、有権者の心を摑み、世論を動かすことが可能である。新しい内閣総理大臣が誕生した直後は、期待から高い支持率で政権がスタートするが、３か月（１００日）も経てば、期待から厳しい評価に変わる。支持率を回復させることができるかどうかは、政権の目玉政策が国民に支持されるかどうかに加えて、それを上手く説明できるかどうかのコミュニケーションにかかっている。特に何らかの問題が生じた場合、危機に対応するためには、有権者に納得してもらえるだけの十分な説明が必要となる。第1章でみたように支持率が低下しているテロ戦争の際や、対立が深刻化した状況下において、政治的レトリックは真価を発揮する。恐怖を喚起することや感情に訴えることを通して、有権者は政府の政策を受け入れる。有権者は主権者として、政治リーダーたちのレトリックを吟味し、納得できるかどうかを判断することが求められる。

あとがき

2018年に『政治家はなぜ質問に答えないか』を上梓してから4年が経過した。政治家が質問に答えないというどっちつかず理論研究の継続が本書の一部に含まれているが、政治コミュニケーション研究の多様さを改めて実感した。「政治コミュニケーション研究は鮮やかで変化に富む領域である」と前著で書いたが、実際にその通りであり、政治的レトリックを含む政治コミュニケーション研究はいくら研究しても研究対象や範囲が尽きない。

自分が知らない人と親しくなれるかどうかは、コミュニケーション力によるところが大きいが、相手との共通性（趣味など）が見つけられるかどうかによると思われる。自己をいかに位置づけるかという複雑性（1）（趣味や関心の多さ）によって、距離が縮まることになる。複雑性の高い人は、多様な人と親しくなれるといえる。これを政治的レトリックに置き換えれば、分かりにくい良く知らないものに対して、身近なもの・分かりやすいものをメタファーとして用いることで、距離が縮まる。メタファーや身近な例の使用は、自分と相手の距離を縮める効果があると考えられる。

実際の政治家の中で、誰の話が上手いのかについては、多様な人物を挙げることができるが、政治家の話を聞いて読者の方々に判断していただきたいと考えている。特にポピュリストと言われる政治家は、本書で挙げた政治的レトリックを多用しており、聴衆の心を摑むのが上手いと考えられる。しかし、ポピュリストと言われる政治家以外であっても、話の上手い政治家は多く存在している。政治的レトリックについて全く知らずに話の上手い政治家の話を聞いた場合、無意識に支持するようになってしまうだろう。他方で、政治的レトリックをあまり用いずに話す政治家は、愚直な政治家であり、目立つ存在となっていない。政治家の話の多くがつまらないと感じるのは、政治的レトリックが用いられていないからであり、国会議員の多くがお世辞にも話が上手いとはいえない。

また、野党議員は政府与党を批判する際に「誠実ではない」、「モラルに欠ける」、「正直ではない」と批判する。これらは感情に訴えかけるものであり、政策の議論とは異なることに留意しなければならない。何についての議論をしており、何を根拠に「誠実ではない」などの批判を行っているのかを有権者は判断しなければならない。他方で、与党議員は、これまでの物事の経緯を説明し、現在取り組んでいる政府の政策を説明し、「既に対応している」、「検討している」、「議論が進んでいる」といったように誤魔化している。これから何をするのか、行動や責任を伴う具体的な発言はしない。有権者は、与野党双方のこうした言い分を比較して、選挙での判断に活かすことが求められる。

本書の執筆にあたり、学会や研究会でコメントをいただいた全ての方に感謝を申し上げたい。特にソンヤ・ズメーリ（Sonja Zmerli）教授には、論文執筆や学会の際に様々なコメントや有益なご指摘をいただいた。また研究を行うにあたり、今井雅恵さんや村田三奈さんには様々なご協力をしていただいた。テレビインタビューのテープ起こしやデータのコーディング、分析においてご協力いただいた河野有里子さんと仲川侑希さんに記して御礼申し上げる。第6章から第8章において、フェイスリーダーのソフトウェアを活用できたのは、福岡工業大学環境科学研究所の予算を活用させていただいたことが大きい。その際、ご尽力いただいた森山聡之教授並びに中川智治教授に厚く御礼申し上げる。

本書の第8章は福岡工業大学総合研究機構の２０２０年度 研究スタートアップ支援制度により実施した成果である。本研究はJSPS科研費19K01462の助成を受けたものである。

オフェルより本書を孫たち瑛史と朝弥に捧げる。最後に本書の公正および出版にあたり、ご尽力いただいた勁草書房の永田悠一氏に厚く御礼申し上げる。

付録

第7章の分析について、順序ロジットモデルを用いて検証する。従属変数は、回答の内容と脈絡の次元であり、これらは順序尺度で表されている。独立変数は、幸せ、悲しみ、怒り、驚き、恐怖、嫌悪の表情である。コントロール変数は、フェイスへの脅威、テレビ番組、性別（女性）、年齢である。テレビ番組は、日曜討論、激論クロスファイア、新報道2001（プライムニュースは参照カテゴリ）である。

付表は、順序ロジットモデルの推定結果を示している[1]。これらの分析は、分かりにくい回答や曖昧な回答をした要因を示している。内容と脈脈の次元に対する悲しみの係数はプラスであり、1％水準で有意となっている。政治家は、悲しい表情を見せるときにどっちつかずな回答をしているといえる。内容の次元の怒りの係数はプラスであり、5％水準で有意である。政治家が怒った表情で質問に答えると、回答がわかりにくくなることを示している。一方、脈絡の次元に対する恐怖の係数と、内容と脈絡の次元に対する嫌悪の係数はマイナスであり、有意になっている。このことから、政治家が質問に答えるときには、恐怖と嫌悪の表情を見せる傾向があると示唆される。また、嫌悪の表情をしているときは、回答がわかりやすくなっている。これらの結果は、政治家が質問に答えるときに、ネガテ

付　表　内容および脈絡を従属変数とした順序ロジットモデルによる推定結果

	内　容			脈　絡		
	Coef.	Robust Std. Err.	z	Coef.	Robust Std. Err.	z
幸せ	-0.656	1.894	-0.35	-3.371	2.611	-1.29
悲しみ	3.608***	1.232	2.93	3.660***	0.998	3.67
怒り	11.862**	4.670	2.54	-4.463	3.348	-1.33
驚き	1.044	1.333	0.78	-1.672	1.253	-1.33
恐怖	-1.493	1.490	-1	-4.876***	1.333	-3.66
嫌悪	-11.390***	3.608	-3.16	-8.137**	3.668	-2.22
フェイスへの脅威	0.553***	0.167	3.32	0.708***	0.168	4.22
性別（女性）	-18.394***	1.866	-9.86	-0.668	0.773	-0.86
年齢	-0.017	0.029	-0.61	-0.007	0.025	-0.28
新報道 2001	0.444	0.374	1.19	1.012***	0.375	2.7
激論クロスファイア	-1.178**	0.556	-2.12	0.045	0.553	0.08
日曜討論	1.214***	0.459	2.64	2.232***	0.438	5.09
/cut1	1.050	1.458		1.612	1.366	
/cut2	2.017	1.456		2.285	1.363	
/cut3	3.646	1.487		3.364	1.359	
/cut4	4.478	1.515		4.914	1.372	
n	344			344		
Wald chi^2 (12)	461.34***			109.790***		
Log pseudo likelihood	-369.735			-411.158		
Pseudo R^2	0.134			0.123		

***: p<.01, **: p<.05, *: p<.10
（注）不均一分散を考慮して、頑健な標準誤差を使用している。

ィブな表情をすることを示唆している。政治家は、政治インタビューを重要な政治の舞台と認識しているため、難しい質問に答えるときには険しい顔をしていると考えられる。ただし、政治家は、恐怖や嫌悪の表情を見せることは滅多にないことに留意する必要がある。

さらに、コントロール変数の結果も確認する。フェイスへの脅威は1％水準で有意で、プラスの係数であり、内容と脈絡の次元に影響を与えている。これらの結果は木下・フェルドマン（2018）の研究結果と一致しており、質問がフェイスを脅かすものであれば、政治家はどっちつかずな回答をする傾向があることを意味している。また、女性政治家の回答について、内容の次元に対してマイナスで有意な係数が得られている。女性は、男性の回答内容よりも分かりやすく、女性政治家は質問されたことを丁寧に説明しようとしていることが分かる。番組別でみると、新報道2001では、参照カテゴリであるプライムニュースよりも多くの質問に答えていない（脈絡の次元）。激論クロスファイアでの回答は、プライムニュースの回答よりも分かりやすかった（内容の次元）。日曜討論の回答は、プライムニュースの回答よりも分かりにくかった（内容の次元）。さらに、日曜討論の回答は、プライムニュースよりも質問に答えていなかった（脈絡の次元）。

分析結果より、悲しい表情とどっちつかずな回答には正の相関関係があるといえる。しかし、幸せな表情とどっちつかずな回答の間には、そのような関係は見出せなかった。これらの結果は、政治インタビューにおいて、悲しみの表情が特に重要であることを示している。

注

序章

（1）安保法制をめぐる政治過程については、木下（2017）を参照。

（2）タカ派とは、新保守主義の政策立場を指し、安全保障政策において、武力（軍事力）を重視する立場となる。他方で、ハト派は安全保障政策において、穏健派・慎重派であり、タカ派と比べて、武力を重視しない立場となる。タカ・ハトという鳥になぞらえて、安全保障政策の姿勢の違いから、それぞれの立場の人を呼称するようになったメタファーである。

（3）安保法制の議論は、反対派の言説の中で、徴兵制に繋がるとまで話が拡大して広まり、中心ルート思考で考えることができない有権者にとっては、自由に対する脅威として映り、政府は自由を制限する法案を通すと考え、反対派に移る人もいたと思われる。

（4）２０１５年8月30日のデモでは、国会正門前に主催者によると12万人、警察関係者によると3万３０００人が集まったとされている（産経新聞２０１５年8月31日：朝日新聞２０１５年9月5日大阪版）。

（5）セラーズは、政治家のコミュニケーション戦略とニュースの間に4つの段階を経て循環が生じることを指摘している（Sellers, 2010）。第1に、政治家が戦略的にコミュニケーションキャンペーンを用いてメッセージを作る。政党のリーダーは、メディアと世論に訴えるために争点を選択する。第2に、メッセージが作られた後、国会議員はメッセージがうまく伝達するように促進する。少なくとも国会議員たちはリーダーが作った政党のメッセージを国会審議で用いる。そうすることで、政党の関心が明らかにされる。第3に、ニュースとして、政治家のメッセージとジャーナリストが結びつく。国会議員が特定のメッセージを頻繁に繰り返して話すことで、そのメッセージに関心が集まる。また、ジャーナリストの決定は政治家の戦略的コミュニケーションに影響を及ぼすため、政治家とジャーナリストの間で相互作用が発生する。最後の第4段階として、ニュースは政党・国会議員にフィードバックされる。このフィードバックがコミュニケーション戦略の中心要素となる。メッセージを促進するキャンペーンが成功すれば、広範な支持者によって、さらに加速して広がる。

（6）リーダーシップについては、偉人説と時代精神説という2つの類型が論じられている（フェルドマン、2006）。偉人説とは、そのリーダーになる人間には、他のメンバーと違う優れた素質や独特な特徴があるとする考え方である。時代精神説はその時代が要求したものを重視する考え方であり、ある時代を支配している社会的な意識がその時代の人々の直接的な体験の表現として構成され、思想や風俗、芸術、文学、大衆文化などの面に具体的に表れるという考え方である。
（7）ナイらによるとＦＯＸを見る人のうち、インターネットでニュースを読む人は、そうでない人と比べて保守的になる（Nie et al. 2010）。
（8）これまでのテレビやラジオなど人々が能動的に情報をとりにくいメディアはプッシュメディアと呼ばれ、反対に人々が能動的に情報をとりやすいメディア（インターネット）はプルメディアと呼ばれる。
（9）オッターらの研究においても、フェイスリーダーが用いられている（Otter, Mousa-Kazemi, & Resch, 2016）。彼らは、このソフトウェアを使って評価者の表情をリアルタイムに測定し、３つの奇妙な状況の動画と２つのよくある状況の動画で、異なる反応が起こることを実証している。また、ガヨソは、トランプとプーチンのスピーチを比較し、トランプのスピーチは悲しい表情で行われ、自分の言いたいことの重大さを強調していること説明した（Gayoso, 2020）。

第1章

（1）レトリック（修辞法）とは言葉の効果的利用に関わる技術を意味する（高瀬 2005a）。弁論のテーマ選択から、価値観についての考察やプレゼンテーションの仕方に至るまで弁論に関わることは全て網羅される。
（2）ハンガリーでは日本と同様に苗字（ファミリーネーム）、名前（ファーストネーム）の順となっている。
（3）医師や弁護士、大学教授など社会的に信頼されている人物は、威光効果を持ち、その人物だけでなく、発言も信用されやすくなる。
（4）アテナイで生まれたレトリックはローマに受け継がれ、ローマでレトリックのカノン（規範）が確立された。カノンは「発想：伝える内容」、「配置：筋が通るように配置」、「修辞：語句や様式の選択」、「表出：目的に合わせた伝え方の工夫」、「記憶：記憶に残る工夫」の5つからなる（青沼 2018）。
（5）レトリカルプレジデンシーだけでなく、政治的レトリックを用いて話す首相はレトリカルプライムミニスターと呼ばれる。日本では、中曾根康弘や小泉純一郎がレトリカルプライムミニスターとして挙げられる。
（6）大統領の例ではないが、小泉純一郎元首相は、２００５年8月8日、参議院本会議で郵政民営化関連法案が否決されたことを受けて、衆議院を解散した。その際、「はっきりと国民に問いたい」と述べ、直接国民に話しかけ、世論を味方につけ、衆院選挙で議席を増やし、同年10月14日に郵政民営化関連法案は可決成立した。
（7）戦争の際に、軍事介入を「最後の手段」と表現するレトリックや、「苦悩に満ちた決断」と表現するレトリック、「国民の生命を守るために」というレトリックが用いられる（岡部 1994）。また戦争を擬人化することで、敵を明確にし、国民が一枚岩で団結するよう要請する「統一への訴求」のレトリックが用いられる。
（8）候補者の白い手袋は、清潔感を出すというだけでなく、清廉潔白であることを意味しており、汚職など政治での不正を行わないことを象徴する道具である。

(9) スティーブ・ジョブズはアップルの新商品を説明する際、古いビジネスパーソンのイメージとかけ離れたイメージを演出するために、ジーンズに黒のタートルネックを着用していた。

(10) 聴衆の一体感を高めることで、群集心理が働き、安心感を得る。日本人は集団主義の文化であり、同調圧力に弱い。

第2章

(1) ゲートキーピング機能は、マスメディアがどの情報を出すか取捨選択する機能を指す。議題設定機能は、マスメディアでどの議題を中心に取り上げるか、争点の重要性を示すものである。有権者はマスメディアが中心的に取り上げた争点を重要であると認識する。

(2) 政治的社会化は、社会に存在する何らかの価値観を身に付ける形成過程を指し、一般的には8歳から24歳とされる。

(3) 聴衆の一体感を高めた演説の一例として、２００８年11月4日のシカゴグランドパークでのオバマの大統領選の勝利演説が挙げられる。オバマは、Yes, we can のキャッチフレーズを用いることで、聴衆と一体感を形成した。同じ構文の文を繰り返し、リズムを整え、聴衆に内容を理解しやすくするレトリックは「再現」(repetition) と言われる (鈴木 2010)。

(4) 三部作のリストの例として、アベノミクスの3本の矢が挙げられる。それは金融政策、財政政策、成長戦略の3つであり、(1) 金融緩和でデフレ払拭、(2) 機動的財政出動により需要創出、(3) 規制緩和によりビジネスを後押しといったことを述べる。3つの説明が終わった時点が聴衆の反応するタイミングとなる。

(5) パズルの解法は、例えば「なぜ安倍政権が失敗しているか分かりますか」のように聴衆に質問を投げかけ、「政権の対応が後手に回っているからです」とその答えを述べるものである。「アメリカからの入国制限を開始したのは２０２０年3月22日からであり、アメリカとの友好関係を意識したため、遅れたと言わざるを得ません」のように説明が終わった時点が聴衆の反応するタイミングとなる。

(6) 例として、「デフレの脱却を目指します。デフレ脱却のため、消費者物価の前年比上昇率を2%の目標とします」といったことが挙げられる。

(7) 否定的な名付けの例として、第１５４回国会の衆議院予算委員会第22号 (２００２年3月11日) において、辻元清美委員が証人喚問で呼ばれた鈴木宗男証人を「疑惑の総合商社」と呼んだことが挙げられる。

(8) ブルとミスキニスは、アメリカの政治家は黙示的なレトリック装置を使う、一方で日本の政治家は明示的なレトリック装置を使うとしている (Bull & Miskinis, 2016)。明示的なレトリックとは、ジョーク、挨拶、感謝の気持ちの表明、支持を求める、同意を求めるである。また、アメリカでは、オバマとミット・ロムニーで同様のレトリック装置の使われ方がなされているとしている。違いとしては、オバマの方が、ジョークが多く、聴衆を笑わせる親和的な応答が現れていることである。

（9）フレーミング効果は、情報の送り手であるメディアが報道内容をどのようなフレームで報道するかによって、情報の受け手の意見や態度が影響を受けると考えるものである。視聴者はジャーナリストが提供する準拠枠組み（フレーム）を採用し、ジャーナリストと同じように世界を見るようになると考えられる。

（10）一部の国民は、ＳＮＳ上で、政治家の発言やメディアの報道を切り取り、意図を捻じ曲げて発信することがある。

第3章

（1）フェイスの概念や関連する理論については、木下・フェルドマン（2018）を参照。

（2）背後にいる聴衆は、ふと偶然耳にする人が意図されており、潜在的な聴衆である。これは、メディアからオピニオンリーダーに情報が伝達するというコミュニケーションの二段階モデルが想定されていると考えられる（Lazarsfeld et. al. 1944）。また、この二段階モデルは、人から人に移る多段階であると考えられている。

（3）生放送の場合は、事前に決めてある議題、時間配分を守りながら、インタビュアーは報道に携わるものとして中立を維持しなければならない。

（4）激論クロスファイアは、ＢＳ朝日（衛星放送）で毎週土曜10時から10時55分まで、後に放送時間を変更し、毎週日曜日18時から18時54分まで放送されている。激論クロスファイアの司会者は田原総一朗（ジャーナリスト）である。

（5）新報道2001はフジテレビで毎週日曜（7：30～8：55）に２００８年10月5日から放送されていたが、２０１８年4月1日をもって放送が終了している。

（6）プライムニュースは、ＢＳフジ（衛星放送）で毎週月曜日から金曜日の20時から21時55分まで放送されている。プライムニュースの司会者は反町理（フジテレビ政治部編集委員兼解説委員）である。

（7）ＢＳフジは、安全保障政策については右寄りの立場であり、共産党の左寄りの立場と明確に政策位置が異なるため、対立的な質問を行ったと考えられる。

（8）このインタビューの2ヶ月前の２０１６年10月16日の新潟県知事選挙では、日本共産党、自由党、社会民主党、新社会党、緑の党から推薦を受けた米山隆一が当選した。

（9）民意という言葉は、政治家が行動や態度を正当化するときに都合よく用いるものであり、「国民の支持を得て進めている」というように積極的に政策を進める際にも用いられる。

（10）日曜討論は、ＮＨＫ総合テレビが毎週日曜日の午前9時から放送している1時間の政治インタビュー番組である。番組では、政策担当者、教授、元外交官、ジャーナリスト、エコノミストなどの専門家を招いている。キャスターは政治担当の島田敏雄、アナウンサーは中川緑である。

（11）他者の発言の引用はレトリックとして用いられ、第4章、第8章、第9章で取り上げる。ここでは、回答を回避するために、首相の発言を引用している。

（12）４つのテレビ番組で12ヶ月間（２０１６年5月1日~２０１７年4月30日）に渡って放送された１２０のインタビューに基づいている。プライムニュース（41回）、新報道2001（26回）、激論クロスファイア（26回）、日曜討論（27回）の４つのテレビ番組を対象としている。国会議員を対象とした72回のインタビューに加え、地方政治家（東京都知事、大阪府知事、大阪市長など）18人と、政治家ではない人（専門家、政治家ＯＢなど）30人も対象としている。インタビューでは、合計２４２回の質問がなされた。

（13）内容の次元は分かりやすいかどうかを指す。脈絡の次元は質問に答えているかどうかを指す。

（14）脈絡については、クラスカルウォリス検定の後、多重比較をした結果、国会議員と非政治家の間で有意な差があった（平均ランク128.0、標準誤差30.86、$p < 0.01$、ボンフェローニ補正を実施）。また、地方議員と非政治家の間で有意な差があった（平均ランク160.1、標準誤差36.99、$p < 0.01$、ボンフェローニ補正を実施）。

（15）メタコミュニケーションとは、言語を越えたコミュニケーションを意味する。人々のコミュニケーションを考えるものが、コミュニケーション研究であり、さらにそれらを考えるコミュニケーションがメタコミュニケーションとなる。ドゥグリトークの例では、人々が率直に話すことがドゥグリトークであり、さらにそこから、それを用いる話し方・信頼を考えるものがメタコミュニケーションとなる。

第４章

（１）期待度数が１未満のセルはなく、最小期待度数は37・48となっている。

（２）当時取り上げられたスキャンダルに関する人物を分析に含めたことによって、サンプルに偏りが生じていると考えられるが、舛添都知事以外に政治スキャンダルに関連する人物が含まれていないため、偏りは少ない（舛添知事のサンプルは全体の４・00％に過ぎない）。

（３）ネガティブキャンペーンに効果があるかについては見解が分かれている。ナイとシーバーグ（Nai & Seeberg, 2018）によると、政党の評価と認識は、肯定的メッセージと否定的メッセージの連続性によって影響を受けるとされる。ナイとシーバーグはデンマークの有権者に対してインターネット調査を用いて３つの肯定的メッセージと否定的メッセージの順番を入れ替え、８通りを比較した（Nai & Seeberg, 2018）。その分析の結果、否定的メッセージが連続すれば対象を憂鬱な気持ちにさせ、反対に肯定的なメッセージが連続すればスポンサーの評価を高めることを明らかにした。つまり、否定的メッセージ（ネガティブメッセージ）の積み重ね効果により、マイナスの印象が形成されることが示唆されている。ネガティブ広告により無党派層の投票参加が減少するという主張がある（Ansolabehere & Iyengar, 1995）一方で、ネガティブ広告によって、投票率が下がらないという結果も示されている（Finkel & Geer, 1998）。

第5章

（1）ゴスとウィリアムスは、戦略的なレトリックとして政治家が慎重なぼかしをよく用いるとしている（Goss & Williams, 1973）。支持者が二分している争点に関して、慎重なぼかしを用いることによって、聞く側としては自分たちの態度に合わせて解釈するようになり、ぼかした方がはっきり述べるよりも好感を持たれやすいとされる。

（2）ポリフォニーは元々音楽の用語であり、複数の独立した声部から構成されることを意味し、一声部しかないモノフォニーと対比される。

（3）イデオロギー素とは、イデオロギーの根本を構成する要素を意味する。

（4）それぞれの番組から与野党の議員を1人ずつ、当選回数が3回以上の議員を選定した。番組出演時において、石原は、当選回数9回、議員歴26年（59歳）であり、経済再生担当大臣（当時）である。二階は、当選回数11回、議員歴33年（77歳）であり、自民党幹事長（当時）である。玉木は、当選回数3回、議員歴7年（47歳）であり、民進党国会対策副委員長（当時）である。福山は、当選回数4回、議員歴18年（54歳）であり、民進党幹事長代理（当時）である。分析にあたっては、会話分析の枠組みを使用し、質問と回答を1つのセット（question-response sequence）として扱う。石原の23問、二階の37問、玉木の23問、福山27問の計１１０の質問であった。

（5）エピソードという場合、過去の経験や体験を語り、それに対する評価を述べる場合があるが、その評価がない場合も多く見受けられる。そのため、評価の有無に関わらず、過去の経験や体験を話していればエピソードであるとみなしている。

（6）重要5品目とは、コメ、麦、牛肉、豚肉、砂糖（甘味資源作物、高糖度原料糖）を指す。

（7）ＳＢＳ米（Simultaneous Buy and Sell：売買同時契約）は、輸入されるミニマムアクセス米の中で、売買同時契約方式で輸入されるコメを指す。

（8）ミッシングリンクとは、未整備区間で、途中で途切れている区間のことを指す。

（9）傍線は筆者による政治的レトリックの強調である。

第6章

（1）表示規則や解読規則と関する規則として、感情規則（Feeling Rules）が指摘されている。感情規則とは、どのような場面でどの感情を表出すべきかという感情に関する規則を指す。感情規則は、感情の型、強さ、持続時間、タイミング、位置づけに関するルールであり、社会のガイドラインと考えられており、文化によって異なる（ホックシールド、2000）。

（2）安倍首相は、２０１２年、２０１５年、２０１８年に自民党総裁に選出されている。２０１７年、自民党の党則では、自民党総裁は2期連続で同じ人が総裁になれるとしていた。２０１７年3月に党則が変更され、自民党総裁は3期連続で続けられるようになった。インタビューが行われた時期は、２０１７年1月であり、インタビュアーはこの党則が変わるかどうかは知らなかった。

第7章

（1）顔の表示（facial display）と表現するのは、表情と感情が必ずしも一致しないためである。表情は操作されるため、外部の観察者からは顔の表情の表示しか知ることができない。

（2）高文脈文化（High-context cultures）とは、言葉で表現された実際の内容を超えて、言葉にならない内容が相手に理解されるコミュニケーションの方法を指す（Hall, 1976）。低文脈文化では、言葉で表現された内容だけが情報として意味を持ち、言葉で表現されていない内容は伝わらない。日本の場合、幼少期から、人形遊びを行い、人形の気持ちを推察しており、言語外の情報が重要な意味を持つようになる。

（3）サウンドバイトは、テレビなどの放送用に短い言葉を用いるものであり、編集されても問題ないように短く表現することを指す。繰り返して報道されることで視聴者の印象に残りやすくなる。

第8章

（1）自分が相手領域に入り込み、相手のプライバシーに抵触する意見を言うこと、相手の判断を促すこと、相手の行動を促すこと等による緊張や厚かましさの認識を和らげるために笑うことを指す。

第9章

（1）自分の意見であるかのように話すが、実際は政党や集団の意見を述べていることも多い。また、自分の意見と思っているものは、もともとは誰かの意見であることが多い。自身で考える内に自分の意見と他人の意見が同一化することがよくある。

（2）対話の効果（発話効果）は、例えば「クラシックのCDを持っています。貸しましょうか」という発話について、話し手はクラシックが好きで友好的な態度を示すことを意図していたとする。しかし、受け手が、話し手の意図を、自分を感動させるために強引に聞かせようとしていたと認識した場合、聞き手は話し手の発話に対して苛立ちを感じることがある。こうした対話では効果が生まれる。

（3）シバタの研究（Shibata, 2020）は２０１５年9月6日に放送された1つの政治討論番組（85分間）に基づいている。参議院議員の10名のみをサンプルとしている。

（4）明確に引用しているものもあれば、「首相はこう考えています」、「メディアではこう報じられています」といった曖昧な引用も含めている。

（5）ＢＳ‐ＴＢＳで毎週月曜日から金曜日の19:30‐20:54（1時間24分）に放送されている。メインキャスターは松原耕二である。
（6）新型インフルエンザ等対策特別措置法の第45条では、感染を防止するための協力要請等について規定されている。
（7）新型インフルエンザ等対策特別措置法の第24条の9では「都道府県対策本部長は、当該都道府県の区域に係る新型インフルエンザ等対策を的確かつ迅速に実施するため必要があると認めるときは、公私の団体又は個人に対し、その区域に係る新型インフルエンザ等対策の実施に関し必要な協力の要請をすることができる」と規定されている。
（8）この発言の前に、トランプ大統領が、日本がアメリカに輸出する自動車の関税を10倍にする等の日本の想定以上の厳しいことを突き付けてくる可能性があることを述べた。
（9）政治リーダーは、平凡な人物（家庭的な方法）と強い人物像（神聖な方法）の2種類を使い分けて示している（フェルドマン、2006）。大統領が執務室に家族の写真を置くのは、自分が普通の父親であり、家族を大切にしていることを示すためである。また、２０１６年5月5日、トランプ大統領はツイッターでタコボウルを食べる写真とともに「最も良いタコボウルはトランプタワーで作られたものだ。私はヒスパニックを愛している。」とつぶやいた。これに対して、「彼は最も偉大な普通のアメリカ男性だ。わかるよな?」、「俺たちはこの億万長者の普通のアメリカ男性を愛しているんだ。」、「私たちには最も優れた億万長者の普通のアメリカ男性がいる。おわかり?」といったコメントが付いた（ウォール＝ヨルゲンセン、2020）。これらは、政治家が普通の親しみやすい人であることを示す例である。

第10章

（1）正統性（legitimacy）は、選挙で選ばれていることを意味する。他方で、正当性（validity）は妥当であることを意味する。
（2）議員は、「選挙区の選挙民が委任する代理人である」という議論は、17世紀以降のイギリスで否定され、全体として国民の代表であるという理解で決着した。エドモンドバークが１７７４年に行ったブリストル演説において、議会は「1つの利益、すなわち全体の利益をもった1つの国民の審議的集会である」という主張がなされ、議員は国民代表として位置付けられた（山川、1986）。
（3）建設的政治の指標は（1）妥協や合意に注意を払わない党派的な政治、（2）代替案の提示、（3）最新の議事を加味し調整案を提示するの3段階で測定されている。
（4）委員会の情報理論（Informational Theory of Legislative Committees）は、委員会の構成や立法手続きの違い（オープンルールかクローズドルールか）により、専門性を求める動機に違いが生まれるとされる（Gilligan & Krehbiel, 1990）。他方で、委員会は不均質なメンバーで構成されることから、選挙区の政治家の要求を配分すると考える議会の配分理論（Distributive Theory of Legislative Organization）も存在している（Meyhew, 1974; Weingast & Marshall, 1988）。
（5）特定の個人については、奥克彦（外交官）、エドモンドバーク（政治思想家）、トマピケティ（経済学者）、橋下徹（元大阪市長）、田原総一朗（ジャーナリスト）、佐伯啓思（経済学者）、石光真清（日本陸軍の軍人）、飯島勲（元内閣総理大臣秘書官）など経済学者や著名人の声が引用されていた。

(6) 衆議院予算委員会は、２０１９年10月10日、10月11日、11月6日に開催されている。また、参議院予算委員会は２０１９年10月15日、10月16日、11月8日に開催されている。

(7) 具体的な活動に関しては「委員会における国政調査は、その所管事項について国務大臣等から説明を聴取し、質疑を行い、必要に応じて参考人の意見を聴取し、証人から証言又は書類の提出を求め、内閣、官公署その他に対し報告又は記録の提出等を要求し、あるいは委員を派遣してこれを行う」とされている（衆議院、2003）。

(8) ２０２１年10月時点において、衆議院の定数は４６５議席であり、小選挙区２８９人、比例代表１７６人となっている。衆議院選挙では、小選挙区と比例代表の重複立候補が認められていることに特徴がある。他方で、参議院の定数は２４５議席（２０２２年からは２４８議席）であり、選挙区１４７人（２０２２年から１４８人）、比例代表議員が98人（２０２２年から１００人）となっている。参議院の選挙区は都道府県単位で定数が1人から6人となっている。また参議院の比例区は全国単位の非拘束名簿式であり、政党は比例名簿の順位を定めない。そのため、知名度の高いタレントや、利益団体選出の候補者が当選しやすい。

(9) 比例復活で選出された議員は、小選挙区での当選を望んでいるが、結果的に比例区での選出となっていることから、政党の意向に従わざるを得ないと考えられる。そのため、本稿では比例区選出の議員として扱っている。

(10) その他、各議事録から他者の声を識別し、1回の質疑の中で引用した回数及び誰の声かを分類した。また、質疑者の属性である所属政党、年齢、性別、議員歴を識別した。なお、参議院での質疑の回数が多い理由としては、10月16日に実施された総括質疑は、片道方式で実施されたため、答弁している時間が質疑時間としてカウントされていないためである。片道方式の場合、質疑者は少しでも多くの質疑を行うために、問い質すまでの時間を短くし、自らの主張はあまり行わないようにしている。分析対象とした衆議院議員は23人、参議院議員も23人であり、計46人の質疑を対象としている。

(11) 政府参考人に対する質疑は、技術的・専門的知見に関する事柄を尋ねるため、大臣等への質疑と質的に異なると考え、分析対象から除外した。

(12) 河合法務大臣は北広島町で始まるイベントのため、秘書に急ぐように求め、80キロ制限の高速道路を60キロオーバーの１４０キロで走行していたことも報じられた（週刊文春２０１９年11月14日号）。

(13) ２０２０年度からの開始を予定していた英語の民間試験導入について、２０１９年10月24日のプライムニュースにおいて、萩生田光一文部科学相が「身の丈に合わせてがんばって」と発言したことが、教育格差の容認であるとして批判された（朝日新聞２０１９年10月29日）。

(14)「個別に、私（世論調査の結果を）見ました」と指摘しており、メディアの声を引用している。政治家のコミュニケーションとニュースは循環していることが指摘されている（Sheafer, 2001; Aday, 2006; Sellers, 2010）。

第11章

（1）野党の発議者が答弁に立つ場合であっても、質疑の事前通告制があり、前日あるいは、前々日に質問とりが行われることになる。宮下（1993）は、消費税廃止法案の際に、野党の質問とりと答弁書の作成という作業を、地方行政委員会調査室が断り、議員秘書と各党の政策審議会の事務局職員が行ったことを示している。

（2）衆議院委員会先例集80では、「数個の議案が同趣旨であるとき又は関連するときは、一括して議題とし、これを審査する」としている。同様に、参議院委員会先例録54では「審査の便宜上必要があるときは、数個の議案を一括して議題とし審査を行う」とし、「委員会において審査すべき数個の議案が対案関係にある場合、内容が関連する場合その他の場合で、審査の便宜上必要があるときは、これを一括して議題とし審査を行う」としている。

（3）コックスとマカビンズ（Cox & Mccubbins, 2005）の研究では、多数派にとって好ましい法案を議事に乗せる「肯定的議事運営権（Positive Agenda Power）」と、多数派にとって好ましくない法案を議事から排除する「否定的議事運営権（Negative Agenda Power）」が指摘されており、議員立法を議題に載せないことは否定的議事運営権の帰結として捉えることが可能である。

（4）7つの基準は①本会議における議事運営権の所在、②予算関連法案に関する政府特権、③委員会に対する議院の先決性、④委員会の法案修正権限、⑤委員会における議事運営権の所在、⑥議事妨害の排除、⑦法案の継続性である。

（5）国会では逆質問が認められていないが、第１２６回国会（１９９３年）の政治改革調査特別委員会において、発議者が質疑者に逆質問をすることが理事会で承認された例がある（向大野、2002）。

終　章

（1）例えば青沼他（2018）は、ポピュラーカルチャーやInstagramのレトリックなど文化や社会に関わる幅広いレトリックを示している。また、鈴木（2010）は、アメリカ大統領のレトリックを取り上げ、アメリカ大統領選挙のキャンペーンやディベートについて論じている。

あとがき

（1）ジラーらは、政治活動における自尊心の重要性を論じ、パーソナリティと政治との関係を検証した（Ziller et al., 1977）。自己の複雑性とは、自分にはどういった特徴がいくつあるかということで示される。これは自分自身の持っている様々な要因について、１１０個の形容詞のリストから当てはまるものをなるべく多く選び、その結果自分の特徴をチェックするという方法を用いて測定された。自尊心が低く、複雑性が高い場合は、広範な社会問題や出来事や後援者への反応が比較的鋭く、政治家として成功するタイプとされる。

付録

（1）相関関係を示すだけであれば、相関係数や偏相関係数を求めればよい。しかし、本研究では、いくつかのコントロール変数が存在するため、順序ロジットモデルを採用した。本章では、表情とどっちつかずな回答の関係を明らかにしようとしているが、実際には、顔の表情が必ずしも言葉による回答に先行しているとは限らないため、因果関係とは断言できない。

White, P. R. R. (2002). Appraisal: The language of evaluation and stance. In J. Verschueren, J. Östman, J. Blommaert, & C. Bulcaen (Eds.), *The handbook of pragmatics* (pp.1-23). John Benjamins.

White, P. R. R. (2010). Taking Bakhtin seriously: Dialogic effects in written, mass communicative discourse.『語用論研究』*12*, 37-53.

Wiberg, M. (1995). Parliamentary questioning: Control by communication? In H. Döring (Ed.), *Parliaments and majority rule in Western Europe* (pp.179-222). St. Martin's Press.

Wiberg, M., & Koura, A. (1994). The logic of parliamentary questioning. In M. Wiberg (Ed.), *Parliamentary control in the Nordic countries: Forms of questioning and behabioural trends* (pp.19-43). Finnish Political Science Association.

Yuki, M., Maddux, W., & Masuda, T. (2007). Are the windows to the soul the same in the east and west? Cultural differences in using the eyes and mouth as cues to recognize emotions in Japan and the United States. *Journal of Experimental Social Psychology*, *43*(2), 303-311.

Ziller, R. C., Martell, R. T., & Morrison, R. H. (1977) Social insulation, self-complexity, and social attraction: A theory chain. *Journal of Research in Personality*, *11*(4), 398-415.

discourse analysis: The case of Israeli's legislative discourse. *Canadian Journal of Political Science*, *45*, 207-222.

Shibata, M. (2020). Why do politicians cite others in political Debates? A functional analysis of reported speech in a Japanese political debate. *Journal of Language and Politics*, *19*(4), 604-623.

Shimoda, K., Argyle, M., & Ricci-Bitti, P. (1978). The intercultural recognition of emotional expressions by three national racial groups: English, Italian, and Japanese. *European Journal of Social Psychology*, *8*(2), 169-179.

Steiner, J., Bächtiger, A., Spörndli, M., & Steenbergen, M. R. (2004). *Deliberative politics in action*. Cambridge University Press.

Stewart, P. A., Salter, F. K., & Mehu, M. (2009). Taking leaders at face value: Ethology and the analysis of televised leader displays. *Politics and the Life Sciences*, *28*(1), 48-74.

Sullivan, D. G., & Masters, R. D. (1988). Happy warriors: Leaders' facial displays, viewers' emotions, and political support. *American Journal of Political Science*, *32*(2), 345-368.

Tannen, D. (1984). *Conversational style: Analyzing talk among friends*. Praeger.

Temmerman, M., Moernaut, R., Coesemans, R., & Mast, J. (2019). Post-truth and the political: Constructions and distortions in representing political facts. *Discourse, Context & Media*, *27*, 1-6.

Tiedens, L. Z. (2001). Anger and advancement versus sadness and subjugation: The effect of negative emotion expressions on social status conferral. *Journal of Personality and Social Psychology*, *80*(1), 86-94.

Todorov, A., Mandisodza, A. N., Goren, A., & Hall, C. C. (2005). Inferences of competence from faces predict election outcomes. *Science*, *308*, 1623-1626.

Tuchman, G. (1972). Objectivity as strategic ritual: An examination of newsmen's notions of objectivity. *American Journal of Sociology*, *77*(4), 660-679.

Tulving, E. (1972). Episodic and semantic memory. In E. Tulvingm & W. Donaldson (Eds.), *Organization of memory* (pp. 381-403). Academic Press.

Tulis, J. K. (1987). *The rhetorical presidency*. Princeton University Press.

Vliegenthart, R., & Walgrave, S. (2011). Content matters: The dynamics of parliamentary questioning in Belgium and Denmark. *Comparative Political Studies*, *44*(8), 1031-1059.

Wang, J. (2020). Xi Jinping's governance philosophy and language style: Analysis of the Chinese leader's speeches. In O. Feldman (Ed.), *The rhetoric of political leadership: Logic and emotion in public discourse* (pp. 53-68). Edward Elgar.

Ware, B. L., & Linkugel, W. A. (1973). They spoke in defense of themselves: On the generic criticism of apologia. *Quarterly Journal of Speech*, *59*, 276-283.

Weingast, B. R., & Marshall, W. J. (1988). The industrial organization of congress; Or, why legislatures, like firms, are not organized as markets. *Journal of Political Economy*, *96*(1), 132-163.

White, P. R. R. (1998). Telling media tales: The news story as rhetoric (Doctoral dissertation). University of Sydney.

Press.

Olivola, C., & Todorov, A. (2010). Elected in 100 milliseconds: Appearance-based trait inferences and voting. *Journal of Nonverbal Behavior, 34*(2), 83-110.

Otter S., Mousa-Kazemi, R., & Resch, R. (2016). Measuring effects of candidates on voters in Germany. In D. Schill, R. Kirk & A. E. Jasperson (Eds.), *Political communication in real time: Theoretical and applied research approaches* (pp. 128-143). Routledge.

Petty, R. E., & Cacioppo, J. T. (1986). *Communication and persuasion: Central and peripheral routes to attitude change*. Springer.

Polsby, N. (1975). Legislature. In F. I. Greenstein & N. W. Polsby (Eds.), *Handbook of political science. Vol.5* (pp. 257-319). Addison-Wesley.

Prokcsch, S. O., & Slapin, J. (2015). *The politics of parliamentary debate: Parties, rebels and representation*. Cambridge University Press.

Quirk, R., Greenbaum, S., Leech, G., & Svartvik, J. (1985). *A comprehensive grammar of the English language*. Pearson Japan.

Rozenberg, O., Chopin, O., Hoeffler, C., Irondelle, B., & Joana, J. (2011). Not only a battleground: Parliamentary oral questions concerning defence policies in four western democracy. *The Journal of Legislative Studies, 17*(3), 340-353.

Sabag, B. P., & Lehman-Wilzig, S. (2020). Political discourse through artificial intelligence: Parliamentary practices and public perceptions of chatbot communication in social media. In O. Feldman (Ed.), *The rhetoric of political leadership: Logic and emotion in public discourse* (pp. 230-245). Edward Elgar.

Sacks, H., Schegloff, E. A., & Jefferson, G. (1974). A simplest systematics for the organization of turn-taking for conversation. *Language, 50*(4), 696-735.

Scherer, K. R., Matsumoto, D., Wallbott, H. G., & Kudoh, T. (1988). Emotional experience in cultural context: A comparison between Europe, Japan, and the United States. In K. R. Scherer (Ed.), Facets of emotion: Recent research (pp. 5-30). Lawrence Erlbaum.

Schütz, A. (2001). Self-presentation of political leaders in Germany: The case of Helmut Kohl. In O. Feldman & L. O. Valenty (Eds.), *Profiling political leaders: Cross cultural studies of personality and behavior* (pp. 217-232). Praeger.

Sears, D. O. (1993). Symbolic politics. In S., Iyengar & W. J. McGuire (Eds.), *Explorations in political psychology* (pp. 113-49). Duke University Press.

Sears, D. O. (2001). The role of affect in symbolic politics. In J. H. Kuklinski, (Ed.), *Citizens and Politics: Perspectives from political psychology* (pp. 14-40). Cambridge University Press.

Sellers, P. (2010). *Cycles of spin: Strategic communication in the U.S. Congress*. Cambridge University Press.

Sheafer, T. (2001). Charismatic skill and media legitimacy: An actor-centered approach to understanding the political communication competition. *Communication Research, 28*(6), 711-736.

Shenhav, S. R., Rahat, G., & Sheafer, T. (2012). Testing the language: Power assumption of critical

Marinelli, M. (2013). Jiang Zemin's discourse on intellectuals: The political use of formalised language and the conundrum of stability. *Journal of Current Chinese Affairs*, *42*(2), 111–140.

Markus, H. R., & Kitayama, S. (1991). Culture and the self: Implications for cognition, emotion, and motivation. *Psychological Review*, *98*, 224-253.

Martin, S. (2011). Parliamentary questions, the behaviour of legislators, and the function of legislatures: An introduction. *The Journal of Legislative Studies*, *17*(3), 259-270.

Martin, J. R., & White, P. R. R. (2005). *The language of evaluation: Appraisal in English*. Palgrave Macmillan.

Matsumoto, D., Takeuchi, S., Andayani, S., Kouznetsova, N., & Krupp, D. (1998). The contribution of individualism vs. collectivism to cross-national differences in display rules. *Asian Journal of Social Psychology*, *1*(2), 147-165.

Mayhew, D. (1974). *Congress: The electoral connection*. Yale University Press.

McHugo, G. J., Lanzetta, J. T., Sullivan, D. G., Masters, R. D., & Englis, B. G. (1985). Emotional reactions to a political leader's expressive displays. *Journal of Personality and Social Psychology*, *49*(6), 1513-1529.

Medhurst, M. J. (1996). Afterword: The ways of rhetoric. In M. J. Medhurst (Ed.), *Beyond the rhetorical presidency* (pp. 218-226). Texas A&M University.

Mehrabian, A. (1981). *Silent messages: Implicit communication of emotions and attitudes*. Wadsworth.

Mendelski, B. (2020). French state of emergency: Marginalization of the Muslim minority as a consequence of state self-legitimation. In O. Feldman (Ed.), *The rhetoric of political leadership: Logic and emotion in public discourse* (pp. 69-84). Edward Elgar.

Miller center. (2017). February 28, 2017: Address to joint session of Congress. Retrieved form https://millercenter.org/the-presidency/presidential-speeches/february-28-2017-address-joint-session-congress

Montero, M., & Rodriguez-Mora, I. (1998). Discourse as a stage for political actors: An analysis of presidential addresses in Argentina, Brazil, and Venezuela. In O. Feldman & C. De Landtsheer (Eds.), *Politically speaking: A worldwide examination of language used in the public sphere* (pp. 91-105). Praeger.

Mudde, C. (2004) The populist zeitgeist. *Government and Opposition*, *39*(4), 541-563.

Nai, A., & Seeberg, H. B. (2018). A series of persuasive events: Sequencing effects of negative and positive messages on party evaluations and perceptions of negativity. *Journal of Marketing Communications*, *24*(4), 412-432.

Nelson, T. E., Clawson, R. A., & Oxley, Z. M. (1997). Media framing of a civil liberties conflict and its effect on tolerance. *American Political Science Review*, *91*(3), 567-583.

Nie, N. H., Miller III, D. W., Golde, S., Butler, D. M. & Winneg, K. (2010). The world wide web and the US political news market. *American Journal of Political Science*, *54*(2), 428-439

Nussbaum, M. C. (2016). *Anger and forgiveness: Resentment, generosity, justice*. Oxford University

(pp. 16-33). Edward Elgar.
Jucker, A. (1986). *News interviews: A pragmalinguistic analysis.* John Benjamins.
Kahneman, D. (2011). *Thinking, fast and slow.* Penguin.
Kaufman, S. J. (2006). Symbolic politics or rational choice? *International Security, 30*, 45-86.
Keltner, D., Ekman, P., Gonzaga, G.C., & Beer, J. (2003) Facial expression of emotion. In R. J. Davidson, K. R. Scherer & H. Goldsmith (Eds.), *Handbook of affective science* (pp. 415-532). Oxford University Press.
Kiewe, A. (1998). The crisis tool in American political discourse. In O. Feldman & C. De Landtsheer (Eds.), *Politically speaking: A worldwide examination of language used in the public sphere* (pp. 79-90). Praeger.
Kinoshita, K. (2020). Japanese political interviews: The integration of conversation analysis and facial expression analysis. *Asian Journal for Public Opinion Research, 8*(3), 180-196.
Klapper, J. T. (1960). *The effects of mass communication.* Free Press.
Kövecses, Z. (2018). Metaphor in media language and cognition: A perspective from conceptual metaphor theory. *Lege Artis, 3*(1), 124-141.
Krasner, M. A. (2019). The new American electoral politics: How invited behavior and Reality TV explain Donald Trump's victory. In O. Feldman & S. Zmerli (Eds.), *The psychology of political communicators: How politicians, culture, and the media construct and shape public discourse* (pp. 13-30). Routledge.
Krasner, M. A. (2020). Battling for America's soul: Donald Trump, invited behavior, and the midterm elections of 2018. In O. Feldman (Ed.), *The rhetoric of political leadership: Logic and emotion in public discourse* (pp. 86-103). Edward Elgar.
Krehbiel, K. (2004). Legislative organization. *Journal of Economic Perspectives, 18*(1), 113-128.
Lasswell, H. (1948). The structure and function of communication in society. In L. Bryson (Ed.), *The communication of ideas* (pp. 32-51) Harper & Row.
Laustsen, L., & Petersen, M. B. (2016). Winning faces vary by ideology: How nonverbal source cues influence election and communication success in politics. *Political Communication, 33*(2), 188-211.
Laustsen, L., & Petersen, M. B. (2018). When the party decides: The effects of facial competence and dominance on internal nominations of political candidates. *Evolutionary Psychology, 16*(2), 1-13.
Lazarsfeld, P. F., Berelson, B., & Gaudet, H. (1944). *The people's choice: How the voter makes up his mind in a presidential campaign.* Columbia University Press.
Lijphart, A. (2012). *Patterns of democracy: Government forms and performance in thirty-six countries* (2nd ed.). Yale University Press.
Lim, J. (2017). *Leader symbols and personality cult in North Korea.* Routledge.
Lu, X. (2021). Culture and politics in contemporary China: A cultural-rhetorical analysis of Xi Jinping's three speeches in 2019. In O. Feldman (Ed.), *When politicians talk: The cultural dynamics of public speaking* (pp. 221-237). Springer.

shape public discourse (pp. 79-98). Routledge.

Harris, S. (1991). Evasive action: How politicians respond to questions in political interviews. In P. Scannell (Ed.), *Broadcast talk* (pp. 76-99). Sage.

Hart, P. S. (2011). One or many? The influence of episodic and thematic climate change frames on policy preferences and individual behavior change. *Science Communication, 33*(1), 28-51.

Hayakawa, H. (2003). *The meaningless laugh: Laughter in Japanese communication* (Doctoral dissertation). University of Sydney.

Heine, S. J., Lehman, D. R., Markus, H. R., & Kitayama, S. (1999). Is there a universal need for positive self-regard? *Psychological Review, 106*, 766-794.

Heritage, J., & Greatbatch, D. (1986). Generating applause: A study of rhetoric and response at party political conferences. *American Journal of Sociology, 92*, 110–157.

Horiuchi, Y., Komatsu, T., & Nakaya, F. (2012). Should candidates smile to win elections? An application of automated face recognition technology. *Political Psychology, 33*(6), 925-933.

Holmes, M. (2004). Introduction: The importance of being angry: Anger in political life. *European Journal of Social Theory, 7*(2), 123-132.

Hovland, C. I., Janis, I. L., & Kelley, H. H. (1953). *Communication and persuasion: Psychological studies of opinion change*. Greenwood.

Hülsse, R., & Spencer, A. (2008). The metaphor of terror: Terrorism studies and the constructivist turn. *Security Dialogue, 39*, 571-592.

Hutchby, I. (2021). *The political interview: Broadcast talk in the interactional combat zone.* Lexington.

Illie, C. (2006). Parliamentary discourses. In K. Brown (Ed.), *Encyclopedia of language and linguistics* (2nd ed. Vol. 9) (pp.188-197). Elsevier.

Israeli, R. (1998). The pervasiveness of Islam in contemporary Arab political discourse: The cases of Sadat and Arafat. In O. Feldman & C. De Landtsheer (Eds.), *Politically speaking: A worldwide examination of language used in the public sphere* (pp. 19-30). Praeger.

Iyengar, S. (1991). *Is anyone responsible? How television frames political issues.* University of Chicago Press.

Izard, C. E., & Malatesta, C. Z. (1987). Perspectives on emotional development I: Differential emotions theory of early emotional development. In J. D. Osofsky (Ed.), *Handbook of infant development* (pp. 494-554). John Wiley & Sons.

Jamieson, K. H., & Hardy, B. W. (2011). The effect of media on public knowledge. In G. C. Edwards III, L. R. Jacobs & R. Y. Shapiro (Eds.), *The Oxford handbook of American public opinion and the media* (pp. 236-250). Oxford University Press.

Joathan, I., & Marques, F. P. J. (2020). Emotion, reason, and political attacks on *Facebook*: The use of rhetorical appeals in the 2014 Brazilian presidential race. In O. Feldman (Ed.), *The rhetoric of political leadership: Logic and emotion in public discourse* (pp. 214-229). Edward Elgar.

Johnson, C. (2020). Gender, emotion, and political discourse: Masculinity, femininity and populism. In O. Feldman (Ed.), *The rhetoric of political leadership: Logic and emotion in public discourse*

in Japan. *Language and Dialogue*, *2*(3), 375 - 397
Feldman, O., & Kinoshita, K. (2019). Ignoring respect: The effects of threat to face on replies and the ensuing questions during broadcast political interviews in Japan. *Journal of Language and Social Psychology*, *38*(5-6), 606-627.
Fetzer, A. (2019). "And I quote": Forms and functions of quotations in prime minister's questions. *Journal of Pragmatics*, *157*, 89-100.
Fetzer, A., & Weizman, E. (2018). 'What I would say to John and everyone like John is ...': The construction of ordinariness through quotations in mediated political discourse. *Discourse & Society*, *29*(5), 495–513.
Fenno, R. (1973). *Congressmen in committees*. Little Brown.
Fenno, R. (2000). *Congress at the grassroots: Representational change in the south*. University of North Carolina Press.
Finkel, S. E., & Geer, J. G. (1998). A spot check: Casting doubt on the demobilizing effect of attack advertising. *American Journal of Political Science*, *42*(2), 573-595.
Franklin, M., & Norton, P. (1993). Questions and members. In M. Franklin & P. Norton (Eds.), *Parliamentary questions* (pp. 108-113). Clarendon Press.
Friedman, T. (2016, August 10). A country's leader assassinated, spurred by rhetoric. *The Seattle Times*. Retrieved from https://www.seattletimes.com/opinion/a-countrys-leader-assassinated-spurred-by-rhetoric/
Gayoso, A. (2020). Political public relations (PPR) techniques: Emotional input and output. In O. Feldman (Ed.), *The rhetoric of political leadership: Logic and emotion in public discourse* (pp. 104-138). Edward Elgar.
Gibson, T. (2018) The post-truth double helix: Reflexivity and mistrust in local politics. *International Journal of Communication*, *12*, 3167-3185.
Gilligan, T. W., & Krehbiel, K. (1990). Organization of informative committees by a rational legislature. *American Journal of Political Science*, *34*(2), pp. 531-564.
Goss, B., & Williams, L. (1973). The effects of equivocation on perceived source credibility. *Central States Speech Journal*, *24*(3), 162-167.
Grimmer, J., & Powell, E. (2013). Congressmen in exile: The politics and consequences of involuntary committee removal. *Journal of Politics*, *75*(4), 907-920.
Groswiler, P. (1997). Symbolic labelling, the media, and foreign policy. *Journal of International Communications*, *4*, 11-29.
Grube, D. (2013). *Prime ministers and rhetorical governance*. Palgrave Macmillan.
Hall, E. T. (1976). *Beyond culture*. Doubleday.
Halliday, M. A. K., & Matthiessen, C. (2013). *Halliday's introduction to functional grammar*. Routledge.
Hameleers, M. (2019), They caused our crisis! The contents and effects of populists communication: Evidence from the Netherlands. In O. Feldman & S. Zmerli (Eds.), *The psychology of political communicators: How politicians, culture, and the media construct and*

Elster, J. (2007). Introduction. In J. Elster, (Ed.), *Deliberative Democracy* (pp. 1-18). Cambridge University Press.

Ekman, P. (1991). *Telling lies: Clues to deceit in the marketplace, politics, and marriage.* W. W. Norton & Com.

Ekman, P., & Friesen, W. V. (1969). The repertoire of nonverbal behavior: Categories, origins, usage, and coding. *Semiotica, 1*, 49-98.

Ekman, P., & Friesen, W. V. (1971). Constants across culture in the face and emotion. *Journal of Personality and Social Psychology, 17*(2), 124-129.

Ekman, P., & Friesen, W. V. (1975). *Unmasking the face: A Guide to recognizing emotions from facial clues.* Prentice-Hall.

Ekman, P., & Friesen, W. V. (1978). *Facial action coding system: A technique for the measurement of facial movement.* Consulting Psychologists Press.

Ekman, P., Friesen, W. V., & Ellsworth, P. (1982). What are the relative contributions of facial behavior and contextual information to the judgement of emotion? In P. Ekman (Ed.), *Emotion in the human face* (2nd ed.) (pp. 111-127). Cambridge University Press.

Ekman, P., Friesen, W. V., & Hager, J. C. (2002) *Facial action coding system: Manual and investigator's guide.* Research Nexus.

Ekman, P., Friesen, W. V., O' Sullivan, M., Chan, A., Diacoyanni-Tarlatzis, I., Heider, K., Krause, R., Le Compte, W. A., Pitcairn, T., Ricci-Bitti, P. E., Scherer, K., & Tomita, M. (1987). Universals and cultural differences in the judgments of facial expressions of emotion. *Journal of Personality and Social Psychology, 53*(4), 712–717.

Epstein, D., Brady, D., Kawato, S., & O'Halloran, S. (1997). A comparative approach to legislative organization: Careerism and seniority in the United States and Japan. *American Journal of Political Science, 41*(3), 965-998.

Feldman, O. (2014). Prime minister's wife, minister's disease, and mummy government. In T. Magioglou (Ed.), *Culture and political psychology: A societal perspective* (pp. 149-169). Information Age Pub.

Feldman, O. (2020a). Introduction: Persuasive speaking and evoking political behavior. In O. Feldman (Ed.), *The rhetoric of political leadership: Logic and emotion in public discourse* (pp. 1-14). Edward Elgar.

Feldman, O. (2020b). The rhetoric of broadcast talk shows in Japan: The art of equivocation as a political skill. In O. Feldman (Ed.), *The rhetoric of political leadership: Logic and emotion in public discourse* (pp. 139-155). Edward Elgar.

Feldman, O. (2021). Decoding Japanese politicians' rhetoric: Socio-cultural features of public speaking. In O. Feldman (Ed.), *When politicians talk: The cultural dynamics of public speaking* (pp. 203-220). Springer.

Feldman, O. (2022). Politische rhetorik. In S. Zmerli & O. Feldman (Eds.), *Politische psychologie: Handbuch für studium und wissenschaft* (2nd ed.) (pp. 251-272). Nomos.

Feldman, O., & Bull, P. (2012). Understanding audience affiliation in response to political speeches

Carraro, L., Gawronski, B., & Castelli, L. (2010). Losing on all fronts: The effects of negative versus positive person: Based campaigns on implicit and explicit evaluations of political candidates. *British Journal of Social Psychology, 49*(3), 453-470.

Cassen, F. (2017). *Marking the Jews in renaissance Italy: Politics, religion, and the power of symbols.* Cambridge University Press.

Charteris-Black, J. (2006). Britain as a container: Immigration metaphors in the 2005 election campaign. *Discourse & Society, 17*(5), 563–581.

Charteris-Black, J. (2011). *Politicians and rhetoric: The persuasive power of metaphor* (2nd ed.). Palgrave Macmillan.

Cirone, A., & Van Coppenolle, B. (2018). Cabinets, committees, and careers: The causal effect of committee service. *Journal of Politics, 80*(3), 948-963.

Clayman, S. (1998). Displaying neutrality in television news interviews. *Language, Interaction, and Social Problems, 35*(4), 474-492.

Cox, G., & McCubbins, M. (1993). *Legislative leviathan: Party government in the house.* University of California Press.

Cox, G., & McCubbins, M. (2005). *Setting the agenda.* Cambridge University Press.

Cox, G., & Terry, W. (2008). Legislative productivity in the 93rd-105th congresses. *Legislative Study Quarterly, 33*(4), 603-618.

Cremonesi, C. (2019). Populism in self-directed and mediated communication: The case of the Five Star Movement in the 2013 Italian election campaign. In O. Feldman & S. Zmerli (Eds.), *The psychology of political communicators: How politicians, culture, and the media construct and shape public discourse* (pp. 99-122). Routledge.

Danziger, R., & Kampf, Z. (2020). Interpretive constructs in contrast: The case of flattery in Hebrew and in Palestinian Arabic. *Contrastive Pragmatics, 2*(2), 137–167.

De Castella, K., McGarty, C., & Musgrove, L. (2009). Fear appeals in political rhetoric about terrorism: An analysis of speeches by Australian Prime Minister Howard. *Political Psychology, 30*(1), 1–26.

De Castella, K., & McGarty, C. (2011). Two leaders, two wars: A psychological analysis of fear and anger content in political rhetoric about terrorism. *Analyses of Social Issues and Public Policy, 11*, 180-200

De Dios, M. S., & Wiberg, M. (2011). Questioning in European parliaments. *The Journal of Legislative Studies, 17*(3), 354-367.

Döring, H. (1995). Time as a scarce resource: Government control of the agenda. In H. Döring (Ed.), *Parliaments and majority rule in western Europe* (pp.223-246). St. Martin's Press.

Edelman, M. (1985). *The symbolic uses of politics* (2nd ed). University of Illinois Press.

Edwards, G. C., III (1996). Presidential rhetoric: What difference does it make? In M. J. Medhurst (Ed.), *Beyond the rhetorical presidency* (pp. 218-226). Texas A&M University Press.

Ellis, D. G. (2018). Building a theory of communication and ethnopolitical conflict. *Communication Monographs, 86*(1), 68-87.

Bavelas, J. B, Black, A., Chovil, N, & Mullett, J. (1990). *Equivocal communication*, Sage.
Bayram, F. (2010). Ideology and political discourse: A critical discourse analysis of Erdogan's political speech. *ARECLS*, *7*, 23-40.
Beer, F. A. & De Landtsheer, C. (2004). Metaphors, politics, and world politics. In F. A. Beer & C. De Landtsheer (Eds.), *Metaphorical world politics* (pp. 5-52). Michigan State University Press.
Berggren, N., Jordahl, H., & Poutvaara, P. (2010). The looks of a winner: Beauty and electoral success. *Journal of Public Economics*, *94*(1–2), 8-15.
Berry, C., & Fowler, A. (2016). Cardinals or clerics? Congressional committees and the distribution of pork. *American Journal of Political Science*, *60*(3), 692-708.
Blank, P. D., & Rosenthal, R. (1982). Developing strategies for decoding 'leaky' messages: On learning how and when to decode discrepant and consistent social communications. In R. S. Feldman (Ed.), *Development of nonverbal behavior in children* (pp.203-229). Springer.
Brehm, J. W. (1966). *A theory of psychological reactance*. Academic Press.
Brooks, D. J., & Geer, J. G. (2007). Beyond negativity: The effects of incivility on the electorate. *American Journal of Political Science*, *51*(1), 1-16.
Bull, P. (1994). On identifying questions, replies, and non-replies in political interviews. *Journal of Language and Social Psychology*, *13*(2), 115-131.
Bull, P. (1998). Equivocation theory and news interviews. *Journal of Language and Social Psychology*, *17*(1), 36-51.
Bull, P. (2002). *Communication under the microscope: The theory and practice of microanalysis*. Routledge.
Bull, P. (2019). The construction of political journalism: A microanalytic approach. *Discourse, Context & Media*, *27*, 7-14.
Bull, P., & Elliott, J. (1998). Level of threat: A means of assessing interviewer toughness and neutrality. *Journal of Language and Social Psychology*, *17*(2), 220-244.
Bull, P., Elliott, J., Palmer, D., & Walker, L. (1996). Why politicians are three-faced: The face model of political interviews. *British Journal of Social Psychology*, *35*, 267-284.
Bull, P., & Feldman, O. (2011). Invitations to affiliative audience responses in Japanese political speeches. *Journal of Language and Social Psychology*, *30*, 158–176.
Bull, P., & Feldman, O. (2012). Theory and practice in political discourse research. In R. Sun (Ed.), *Grounding social sciences in cognitive sciences* (pp. 331-357). MIT Press.
Bull, P., & Mayer, K. (1993). How not to answer questions in political interview. *Political Psychology*, *14*(4), 651-666.
Bull, P., & Miskinis, K. (2016). Whipping it up! An analysis of audience responses to political rhetoric in speeches from the 2012 American presidential elections. *Journal of Language and Social Psychology*, *34*(5), 521-538.
Bull, P., & Wells, P. (2002). By invitation only? An analysis of invited and uninvited applause. *Journal of Language and Social Psychology*, *21*(3), 230-244.
Butler, S.D. (1972). The apologia, 1971 genre. *Southern Speech Communication Journal*, *37*, 281-289.

ロザンヴァロン，ピエール（宇野重規（解説），古城毅・赤羽悠・安藤裕介・稲永祐介・永見瑞木・中村督 訳））（2020）『良き統治――大統領制化する民主主義』みすず書房．

ログミーBiz（2017）「トランプ米大統領初めての議会演説」
https://logmi.jp/business/articles/192107（2021年10月3日確認）。

英語文献

Aarøe, L. (2011). Investigating frame strength: The case of episodic and thematic frames. *Political Communication*, *28*(2), 207-226.

Abdul-Latif, E. (2011). Interdiscursivity between political and religious discourses in a speech by Sadat: Combining CDA and addressee rhetoric. *Journal of Language and Politics*, *10*, 50-67.

Aday, S. (2006). The frame setting effects of news: An experimental test of advocacy versus objectivist frames. *Journalism & Mass Communication Quarterly*, *83*(4), 767-784.

Anderson, W., Box-Steffensmeier, J., & Sinclair-Chapman, V. (2003). The keys to legislative success in the U.S. House of Representatives. *Legislative Studies Quarterly*, *28*(3), 357-386.

Anderson, R. D. (1998). Pragmatic ambiguity and partisanship in Russia's emerging democracy. In O. Feldman & C. De Landtsheer (Eds.), *Politically speaking: A worldwide examination of language used in the public sphere* (pp. 64-75). Praeger.

Ansolabehere, S., & Iyengar, S. (1995). *Going negative: How political ads shrink and polarize the electorate*. Free Press.

Aristotle (trans. H.C. Lawson-Tancred). (2004). *The art of rhetoric*. Penguin Books.

Armstrong, J. S., Green, K. C., Jones, R., & Wright, M. (2010). Predicting elections from politicians' faces. *International Journal of Public Opinion Research*, *22*(4), 511-522.

Argyris, C. (1994). Good communication that blocks learning. *Harvard Business Review*, July–August, 77–85.

Asano, M. (2018). Smiles, turnout, candidates, and the winning of district seats. *Politics and the Life Sciences*, *37*(1), 16-31.

Asano, M. (2020). Facial expressions in election campaign posters: The effect of smiling on winning political seats during the 2017 Japanese lower house election. In O. Feldman (Ed.), *The rhetoric of political leadership: Logic and emotion in public discourse* (pp. 172-194). Edward Elgar.

Atkins, J., & Finlayson, A. (2012). '…A 40-Year-old black man made the point to me': Everyday knowledge and the performance of leadership in contemporary british politics. *Political Studies*, *61*(1), 161-177.

Atkinson, J. M. (1984). *Our masters' voices: The language and body-language of politics*. Routledge.

Bakhtin, M. (1984). *Problems of Dostoevsky's poetics*. University of Minnesota Press.

Baron, D. P. (2000). Legislative organization with informational committees. *American Journal of Political Science*, *44*(3), 485-505.

Baumann, R. (2002). The transformation of German multilateralism: Changes in the foreign policy discourse since unification. *German Politics and Society*, *20*, 1-26

ハーフェナー, トルステン（柴田さとみ 訳）(2015)『とっさのしぐさで本音を見抜く』サンマーク出版.
橋元良明 (1994)「笑いのコミュニケーション」『言語』23 (12), 42-48
バフチン, ミハイル (1996)『小説の言葉』平凡社.
バフチン, ミハイル (2013)『ドストエフスキーの創作の問題』平凡社.
早川治子 (2000)「相互行為としての「笑い」」『文学部紀要』14 (1), 23-43.
早川治子 (2001)「「笑い」の分類に基づく数量的分析」『文学部紀要』14 (2), 1-24.
フェルドマン, オフェル (2006)『政治心理学』ミネルヴァ書房.
藤井美保子 (2002)「ジェスチャー表現に関わる聞き手の存在」齋藤洋典・喜多壮太郎（編著）『ジャスチャー・行為・意味』(80-100 頁), 共立出版.
深田博己 (2002)『説得心理学ハンドブック――説得コミュニケーション研究の最前線』北大路書房.
福元健太郎 (2000)『日本の国会政治』東京大学出版会.
防衛省 (2015)『防衛白書 2015 ――日本の防衛』日経印刷株式会社.
ポグントケ, トーマス・ウェブ, ポール (2014)「民主主義社会における政治の大統領制化」岩崎正洋（監訳）『民主政治はなぜ「大統領制化」するのか』(1-36 頁), ミネルヴァ書房.
ホックシールド A.R.（石川准・室伏亜希訳）(2000)『管理される心――感情が商品になるとき』世界思想社.
堀内勇作・今井耕介・谷口尚子 (2005)「政策情報と投票参加」『年報政治学』56 (1), 161-180.
増山幹高 (2003)『議会制度と日本政治――議事運営の計量政治学』木鐸社.
松本俊太・松尾晃孝 (2010)「国会議員はなぜ委員会で発言するのか？ ――政党・議員・選挙制度」『選挙研究』26 (2), 84-103.
松本俊太 (2014)「連邦議会指導部によるコミュニケーション戦略の発展と 2012 年連邦議会選挙」吉野孝・前嶋和弘編『オバマ後のアメリカ政治―― 2012 年大統領選挙と分断された政治の行方』(125-158 頁), 東信堂.
向大野新治 (2002)『衆議院――そのシステムとメカニズム』東信堂.
武蔵勝宏 (2006)「最近の日本における立法の動向と問題点」『北大法学論集』57 (1), 371-399.
武蔵勝宏 (2016)「国会審議の効率性と代表性――国会審議をどのように変えるべきか」『北大法学論集』66 (5), 301-326.
宮下忠安 (1993)「国会調査機関からみた消費税廃止法案等の審議」中村睦男『議員立法の研究』(485-505 頁), 信山社.
メイナード, 泉子, K. (1993)『会話分析』くろしお出版.
山川雄巳 (1986)『政治学概論　第 2 版』有斐閣。
山口二郎 (1993)「議会改革の基本的視点」中村睦男『議員立法の研究』(43-53 頁), 信山社.
読売新聞政治部編 (2015)『安全保障関連法――変わる安保体制』信山社.
読売新聞 2021 年 4 月 12 日.
李礼真・松本芳之 (2011)「日本人と韓国人における表示規則」『心理学研究』82 (5), 415-423.
リッチモンド, V. P.・マクロスキー, J.C.（山下耕二 編訳）(2006)『非言語行動の心理学――対人関係とコミュニケーション理解のために』北大路書房.

『週刊文春』「河井克行法相――妻の参院選に公選法違反の疑い」https://bunshun.jp/articles/-/15073（2020年2月3日確認）。

『週刊文春』「河井前法相の大幅スピード違反を広島県警が見逃していた！」https://bunshun.jp/articles/-/15259（2020年2月3日確認）。

衆議院（2003）『衆議院委員会先例集』平成十五年版，衆栄会．

鈴木健一（2010）『政治レトリックとアメリカ文化――オバマに学ぶ説得コミュニケーション』朝日出版社．

瀬戸賢一（1995）．『メタファー思考』講談社．

総務省消防庁（2020）「令和元年台風第１９号及び前線による大雨による被害及び消防機関等の対応状況（第64報）」https://www.fdma.go.jp/disaster/info/items/taihuu19gou64.pdf（2020年12月23日確認）。

曽根泰教・岩井奉信（1987）「政策過程における議会の役割」『年報政治学』38, 149-174.

大坊郁夫（2007）「社会的脈絡における顔コミュニケーションへの文化的視点」『対人社会心理学研究』7, 1-10.

第193回国会衆議院予算委員会議録．

第200回国会衆議院予算委員会議録．

第200回国会参議院予算委員会会議録．

高瀬淳一（1999）『情報と政治』新評論．

高瀬淳一（2005a）『情報政治学講義』新評論．

高瀬淳一（2005b）『武器としての言葉政治――不利益分配時代の政治手法』講談社．

谷勝宏（2003）『議員立法の実証研究』信山社．

谷口将紀（2002）「マスメディア」福田有広・谷口将紀編『デモクラシーの政治学』（269-286頁），東京大学出版会．

谷口将紀（2012）「テレビと選挙――政治家のソフトニュース出演の効果」川崎修（編）『政治の発見6伝える――コミュニケーションと伝統の政治学』（119-146頁），風行社．

築山宏樹（2012）「政策位置の多層構造――憲法改正問題を事例として」『公共選択の研究』第57号, 46-58頁．

常木暎生（2006）「視聴者にとっての政治討論番組――サンデープロジェクトと日曜討論の分析」『関西大学社会学部紀要』37（3），271-291.

東京新聞2019年10月5日．

ナヴァロ，ジョー・カーリンズ，マーヴィン（西田美緒子 訳）（2012）『FBI捜査官が教える「しぐさ」の心理学』河出書房新社．

中村真（1991）「情動コミュニケーションにおける表示・解読規則」『大阪大学人間科学部 紀要』17, 115-146.

中村真（1993）「情動判断の日米比較」『大阪大学人間科学部紀要』19, 41-57.

西田亮介（2018）『情報武装する政治』角川書店．

日経新聞2012年12月28日夕刊．

野中尚人（2016）「日本の政策過程にはなぜ討論がないのか」野中尚人・青木遥（2016）『政策会議と討論なき国会――官邸主導体制の成立と後退する熟議』（147-190頁），朝日新聞出版．

岡井崇之・金京煥・宮所可奈・黄美貞・石川旺（2002）「2001 年参院選テレビ政治討論番組の内容分析」『コミュニケーション研究』32, 83-103.
岡田陽介（2016）「政治家の印象形成における声の高低の影響――音声合成ソフトを用いた女声による実験研究」『応用社会学研究』58, 53-66.
岡田陽介（2017）『政治的義務感と投票参加――有権者の社会関係資本と政治的エピソード記憶』木鐸社.
岡部朗一（1992）『政治コミュニケーション――アメリカの説得構造を探る』有斐閣.
岡部朗一（1994）『大統領の説得術――人を動かすレトリック』講談社.
岡本哲和（2017）『日本のネット選挙――黎明期から 18 歳選挙権時代まで』法律文化社.
神夏磯秀・山本大平・横田雅俊（2021）「2000 人調査で解明! 好感度アップの会話のメカニズム」『プレジデント』2021.9.17 号, 16-23.
川人貞史（2005）『日本の国会制度と政党政治』東京大学出版会.
川人貞史（2008）「衆参ねじれ国会における立法的帰結」『法学』72（4）, 505-536.
木下健（2015）「国会審議の映像情報と文字情報の認知的差異――政治コミュニケーション論による実証分析」『レヴァイアサン』56, 117-138.
木下健（2017）「安保法制をめぐる政治過程」岩井奉信・岩崎正洋編『日本政治とカウンター・デモクラシー』（55-82 頁）, 勁草書房.
木下健（2019a）「政治インタビューにおける情報提示」『福岡工業大学研究論集』52（1）, 15-24.
木下健（2019b）「対抗型の審議は国会審議を建設的にするか」『社会環境学』8（1）, 1-12.
木下健（2020a）「政治的レトリックとしての他者の発言とエピソード」『福岡工業大学研究論集』53（1）, 27-35.
木下健（2020b）「国会審議における他者の声――誰の意見が表明されているか」『社会環境学』10（1）, 1-11.
木下健（2021）「なぜ政治家は幸福の表情を見せるのか――菅義偉官房長官出演時のケーススタディ」『福岡工業大学総合研究機構研究所所報』4.
木下健（2022）「安倍首相の記者会見における表情と非言語表現・レトリック」『社会環境学へのアプローチとその展望』（291-308 頁）, 風間書房.
木下健・フェルドマン, オフェル（2018）『政治家はなぜ質問に答えないか――インタビューの心理分析』ミネルヴァ書房.
小松伸一（1998）「エピソード記憶と意味記憶」『失語症研究』18（3）, 182-188.
榊博文（2002）『説得と影響――交渉のための社会心理学』ブレーン出版.
佐藤綾子（2014a）『安倍晋三　プレゼンテーション　進化・成功の極意』学研教育出版.
佐藤綾子（2014b）『非言語表現の威力――パフォーマンス学実践抗議』講談社.
産経新聞 2015 年 8 月 31 日.
産経新聞 2016 年 3 月 8 日.
産経新聞 2016 年 4 月 19 日.
産経新聞 2017 年 3 月 13 日.
『週刊文春』「有権者に香典や供花――菅原一秀経産相の新たな公選法違反疑惑をスクープ撮」https://bunshun.jp/articles/-/14904（2020 年 2 月 3 日確認）。

参考文献

日本語文献

青沼智（2018）「言語コミュニケーション：レトリックのカノンとメディアとしてのことば」青沼智・池田理知子・平野順也（編）（2018）『メディア・レトリック論――文化・政治・コミュニケーション』（15-27頁），ナカニシヤ出版.

青沼智・池田理知子・平野順也（編）（2018）『メディア・レトリック論――文化・政治・コミュニケーション』ナカニシヤ出版.

朝日新聞 2015年9月5日大阪版.

朝日新聞 2019年10月28日.

朝日新聞 2019年10月29日.

朝日新聞 2021年7月18日.

東照二（2010）『選挙演説の言語学』ミネルヴァ書房.

アリストテレス（戸塚七郎 訳）（1992）『弁論術』岩波書店.

五十嵐敬喜（1994）『議員立法』三省堂.

岩井奉信（1988）『立法過程』東京大学出版会.

岩崎正洋（編著）（2019）『大統領制化の比較政治学』ミネルヴァ書房.

稲葉哲郎・森有八（2009）「衆議院議員ウェブサイトの分析――双方向性の視点から」『選挙研究』25(1), 89-99.

稲増一憲・池田謙一（2009）「多様化するテレビ報道と、有権者の選挙への関心および政治への関与との関連――選挙報道の内容分析と大規模社会調査の融合を通して」『社会心理学研究』25(1), 42-52.

稲増一憲・三浦麻子（2016）「「自由」なメディアの陥穽――有権者の選好に基づくもうひとつの選択的接触」『社会心理学研究』31（3），172-183.

上田章（1995）「国会改革の一項目としての議員立法の活性化について」『法政論叢』31, 77-84.

上田章（2005）『議員立法五十五年』信山社.

ウォール＝ヨルゲンセン，カリン（三谷文栄・山腰修三 訳）（2020）『メディアと感情の政治学』勁草書房.

エクマン，ポール・フリーセン，ウォレス（1987）『表情分析入門』誠信書房.

大石眞（2017）「国会の構成と組織をめぐる問題」大石眞・大山礼子編『国会を考える』（252-281頁），三省堂.

大山礼子（2017）「国会の機能と手続をめぐる問題」大石眞・大山礼子編『国会を考える』（282-307頁），三省堂.

ヤ　行

ラ　行

ワ　行

タ　行

ナ　行

ハ　行

マ　行

事項索引

ハ 行

マ 行

ヤ 行

ラ 行

人名索引

著者紹介

木下　健（きのした・けん）

1987 年　大阪府生まれ。

2014 年　同志社大学大学院総合政策科学研究科博士課程（後期課程）修了。博士（政策科学）。

現在　福岡工業大学社会環境学部准教授。

著　作

『二院制論——行政府監視機能と民主主義』信山社，2015 年。

『政治家はなぜ質問に答えないか——インタビューの心理分析』共著，ミネルヴァ書房，2018 年。

「安保法制をめぐる政治過程」岩井奉信・岩崎正洋編『日本政治とカウンター・デモクラシー』勁草書房，2017 年。

「第一次安倍政権」岩渕美克・岩崎正洋編『日本の連立政権』八千代出版，2018 年。

『地方議会改革の進め方』共著，八千代出版，2020 年。

オフェル・フェルドマン（Ofer FELDMAN）

1954 年　イスラエル・テルアビブ市生まれ。

1982 年　エルサレム＝ヘブライ大学大学院政治学科修士課程修了（修士号取得）。

同年　　文科省奨学金により来日，大阪外国語大学，東京大学新聞研究所・留学生研究生。

1984 年　東京大学社会学研究科社会心理学研究室博士課程。

1987 年　東京大学社会学研究科社会心理学研究室博士課程修了（博士号取得）。

現在　同志社大学政策学部教授。

著　作

Politics and the News Media in Japan, MI, Ann Arbor: University of Michigan Press, 1993.

Talking Politics in Japan Today, UK., Brighton: Sussex Academic Press, 2004.

『政治心理学（MINERVA 政治学叢書）』ミネルヴァ書房，2006 年。

The Psychology of Political Communicators: How Politicians, Culture, and the Media Construct and Shape Public Discourse, NY & London: Routledge, 2019,（共編著）.

The Rhetoric of Political Leadership: Logic and Emotion in Public Discourse, UK, Cheltenham & MA, Northampton, Edward Elgar Publ., 2020（編著）.

When Politicians Talk: The Cultural Dynamics of Public Speaking, Singapore: Springer. 2021（編著）.

Politische Psychologie: Handbuch für Studium und Wissenschaft (2ed.), Baden-Baden, Germany: Nomos, 2022（共編著）.

他，スペイン語・ルーマニア語・日・英・独・露語などにより，多数。

政治家のレトリック
言葉と表情が示す心理

2022年4月20日　第1版第1刷発行

著者　木下　健
オフェル・フェルドマン

発行者　井村寿人

発行所　株式会社　勁《けい》草《そう》書房
112-0005 東京都文京区水道2-1-1　振替　00150-2-175253
（編集）電話 03-3815-5277／FAX 03-3814-6968
（営業）電話 03-3814-6861／FAX 03-3814-6854
堀内印刷所・松岳社

ISBN978-4-326-35185-5　Printed in Japan